"人民教育家论坛"文库

教育
培育美好人性

主编◎陈玉琨

华东师范大学出版社
上海

图书在版编目(CIP)数据

教育:培育美好人性/陈玉琨主编.—上海:华东师范大学出版社,2012.8
("人民教育家论坛"文库)
ISBN 978-7-5617-9826-3

Ⅰ.①教… Ⅱ.①陈… Ⅲ.①中学—校长—学校管理 Ⅳ.①G637.1

中国版本图书馆 CIP 数据核字(2012)第 185968 号

"人民教育家论坛"文库
教育:培育美好人性

主　　编	陈玉琨
策划编辑	彭呈军
审读编辑	薛　莹
责任校对	胡　静
装帧设计	陈军荣　杜静静
出版发行	华东师范大学出版社
社　　址	上海市中山北路3663号　邮编200062
网　　址	www.ecnupress.com.cn
电　　话	021-60821666　行政传真 021-62572105
客服电话	021-62865537　门市(邮购)电话 021-62869887
地　　址	上海市中山北路3663号华东师范大学校内先锋路口
网　　店	http://hdsdcbs.tmall.com
印刷者	上海商务联西印刷有限公司
开　　本	787毫米×1092毫米　1/16
印　　张	15
字　　数	199千字
版　　次	2012年10月第1版
印　　次	2023年11月第7次
印　　数	17601—18700
书　　号	ISBN 978-7-5617-9826-3
定　　价	30.00元
出 版 人	王　焰

(如发现本版图书有印订质量问题,请寄回本社客服中心调换或电话 021-62865537联系)

总序

（一）

这是一部扎根于中国大地的"草根"教育学，作者是一批奋战在一线的现任中学校长。为不断完善中国的教育，他们一直在苦苦思索着"教育是什么"，"教育为什么"以及"怎样才能办出真正的教育"。中国社会正处在转型期，中国教育正面临着前所未有的挑战。社会也急需中国教育工作者对这些问题给出与时代发展相吻合的答案。

教育：从自发走向自觉

校长是学校教育的践行者，在很大程度上，他们对教育的理解决定着教育的样式。糊涂的校长办糊涂的教育，自觉的校长办自觉的教育。为此，教育部中学校长培训中心始终把提升校长的教育自觉作为自己最重要的使命，并为之作出了不懈的努力。在培训中心的各类培训班，尤其是高级研究班，参加的校长也都把提升自己对教育的理解作为学习的首要任务。教育，从自发走向自觉已经成了我国一批教育先行者的追求。

全国第一期优秀中学校长高级研究班班长，清华大学附中校长王殿军坚信："教育是什么，教育为什么，教育工作者的使命在哪里？只有搞清这些问题，我们工作的目标、价值和意义才能更明确。……学校的使命是如此重要，它直指学校的存在理由与价值追求；使命是校园的灵魂，它让每一个前行的人听到有力的召唤，看到光明的指引。"

东北师大附中校长李桢则对此作了理论的回答。她说："'自觉'是个体自我意识发展的主体表征，'自'是主体性的表述，'觉'是内心的觉悟和自我意识的主动觉醒与成熟。"她进一步指出："自觉教育的内在含义，就是真正给予学生这个特殊阶段的'人'以符合规律的教育，也就是在合规律性与合目的性的结合点上寻找中学教育的责任与使命。"

兴教当以百年计,育人当为百年谋

在今天的中国,"教育是什么?"是一个在马路上随意找一个人就能谈出一大堆见解的问题,当然,一百个人可能谈出几百种理解,一个人上午谈的与下午谈的就可能很不一样,前面谈的与后面谈的也会自相矛盾。尽管如此,可以肯定的是:"升学"是绝大多数人在谈教育时绕不开的关键词。对于中学校长来说,"升学"不仅是一个理论问题,更是办学校过程中的实践问题。初中面临的是"中考",高中直面的是"高考"。面临着政府的、社会的、家长的巨大压力,于是,教育就变成了应付考试的教育。"应试教育"也由此得名。在一个充满浮躁与短视的社会氛围中,"反教育"与"假教育"盛行。

所谓"反教育"就是违反规律的、认"分"不认"人"的教育。拔苗助长,无视孩子的兴趣,忽视孩子的人格。说到底,反教育就是不把人当人的教育。在根本上违反了教育的本意。

所谓"假教育"就是行教育之名,收自己名利之实的"教育"。浙江杭州长河高级中学校长陈立群说,对孩子的爱有"真爱"与"假爱"之分。假爱:名曰爱学生,实则爱自己,教师把学生的成绩当作捞取自己名利的工具,校长把学校当跳板,贩卖文凭是假教育的典型。

对教育的这些问题,浙江省教育厅原副厅长张绪培有非常深刻的论述。对他的见解,本人深有同感。

于是,社会呼唤着"正教育"与"真教育"。怎样才能办出真正的教育?"正教育"是经得起时间检验的教育。江苏省锡山高中唐江澎校长指出:兴教当以百年计,育人当为百年谋!这些话语载荷着中华民族的认识智慧与厚重文化,历经千载传承至今,给了我们一种谋划教育的眼界、一种思考教育的角度、一种认识教育价值的历史尺度、一种判断教育功效的时间标准。一派大气,视域宏阔!如果说中国当今教育还有许多饱受诟病的地方,积弊之由大概多是以眼前之虑替代了百年大计,用稻粱之谋遮蔽了生命之树,急近功利的倾向让本来雍容大度的教育变得短视、浮躁、萎靡。为此,唐江澎校长特别呼吁:要"把'人的成全'作为教育的至上追求"。

"正教育"是"与祖国共命运"的教育。关于"教育为什么"的问题,杭州二中叶翠微校长借用该校"赤子之钟"的一段铭文作了回答:"我们在此铭心相约:一切皆不能将我和祖国的命运分开,无论是天灾,还是人祸,是金钱,还是权势,是疾病,还是劳累。"在题为"铭心相约:与祖国共命运,让师生心连心"一文中,他强调:"'铭心相约'意味着师生有共同的价值追求;意味着与祖国同命运,与人民共呼吸;意味着学子们承担了为民族复兴和天下大同而求索奋斗的责任。"

"正教育"是为了孩子成长的教育。石家庄市第四十四中面对的是一批朴实无华的孩子。该校校长夏强深深地体会到:社会需要一大批创新拔尖人才,然而,也需要数以亿计的高素质劳动者。与创新拔尖人才相比,我们周围更多的是平凡普通的人,他们说不上多么富有,有多高地位,但却以干净得体的衣着、礼貌谦恭的态度感染他人;他们说不上才华横溢、学识丰富,但却明事理,懂得关心温暖他人;他们活得幸福知足,虽然说不上对国家发展社会进步起着多大作用,但却在平凡的岗位上默默奉献,做好一颗闪闪发光的螺丝钉。他们是社会发展的和谐音符、重要基础。基础教育阶段是为学生持久发展奠基的过程,初中三年可以影响孩子一生。在这一认识的基础上,夏强校长提出"不苛求人人成才,但必须个个成人"的教育理念,并在办学实践中始终坚守着这个教育的真谛,取得了巨大的成功。

"正教育"也是回归生活的教育。深圳市前海学校校长程显栋说:"教育无小事,这是人们普遍认可的;其实,教育也没有多少大事,这也同样是被我们一天天的教育生活证明了的。为此,让学生过好每一天就成了学校教职员工的共同追求。""教育是什么?"根据他的理解,教育"就是一排排高大的芭蕉树下的雕像,就是绿色草坪上铺满的鲜花,就是那阔叶树下自由欢畅游动的金鱼,就是那宣传栏里一张张孩子们的书画、海报,像一首首凝固的音乐,浸润着孩子们的灵魂"。于是,学校把该做的事变成好玩的事,用活动吸引学生,让学生喜欢学习。

教育是人社会化的过程,是基于孩子的实际,引领孩子发展的社会活动。然而,现代的不少学校为孩子确定的是虚幻的理想,让孩子在过度的竞争中过着变态的生活,强加给孩子的是过重的课业与心理负担,缺乏对孩子本性的关怀。这种教育是扭曲的教育,是培养不出德智体美全面发展的社会主义建设者与接班人的。

"正教育"呼唤"真教育"。"真教育"拒绝任何人把教育当作谋取私利的工具。它把学生的成长,而不是学生的成果当作学校教育成功的标志。"一切为了学生,为了一切学生,为了学生的一切",这才是"真教育"的真谛。

教育执着于真善美

为全面贯彻党的教育方针,多年来,我国基础教育改革的一批先行者积极探索全面实施素质教育之路,创造了一批富有启示意义的素质教育模式,其中,江苏省苏州十中校长柳袁照倡导的"本真、唯美与超然的诗性教育"、唐山市开滦一中校长张丽钧的"追求美的教育"、浙江省杭州长河高中校长陈立群的"爱与责任的教育"、上海市曹杨二中校长王洋的"文理相通,人文引领的博雅教育"以及河南省新乡市第十中学校长马玉芬的"阳光育人,多元发展的教育"等都给人们留下深刻的印象。

柳袁照说:"诗性,是美好的,又是从心所欲不逾矩的,是一种审美境界,也是一种道德境界,融审美情感与道德情感为一体。它是一种对高尚优美的人格的向往,也是受教育者的情不自禁的追寻。'诗性教育'在某种程度上,是一种以'浸润'为特征的教育,它让教育成为一种自然的流露和呈现。"

张丽钧说:"教育工作者要做一个美的'布道者'。懂得教育之美,理解教育之美,并执着于教育之美。追求美的教育就是要以对教育美的理解,实现教育对美的追求;以教育对美的追求,丰富及完善教育之美。"

陈立群说："教育是一种培养人的社会活动。爱是教育的内在动力，而责任则是个体对外在社会规定与内在自我要求的意识与实践行为。教育需要责任，也需要培育学生的社会责任。"在此基础上，他进一步区分了教育中的"真爱"、"假爱"、"错爱"以及每一种不同的爱的相应责任表达。长河高中立足于爱与责任为主题的系列教育活动，走出一条从创办宏志班到提炼宏志精神，从宏志精神的迁移到精神教育的成功之路。

王洋说："教育必须尽力让学生感悟人生真谛，诸如生命与生活、幸福与自由、个性与尊严等，增强对人生本质和价值的理解，寻找现实生活永恒的精神支柱，挖掘个人前进的不竭动力。"为此，他认为，"文理相通、人文引领"的博雅教育是以人为本的教育理想体现，他倡导引导学生自我完善的人文追求；期望从师生的德性锤炼开始，让师生成为有思想、灵魂和判断能力、有人类共同理想和普世价值的文化人；期望通过博雅教育引导学生不要过分地追求功利，而是要淡泊名利成为精神高贵的自由人。

马玉芬说，我们确立"阳光育人"，志在把学校打造成充满理想和热情的学校，使师生人人都有内在的生命活力；努力营造阳光和谐校园，让学校成为教师发展的乐土，学生成长的乐园。阳光是多彩的，是"赤橙黄绿青蓝紫"多彩的统一。单一的发展不可能是阳光的，也是违背人性的。确立"多元发展"目的是给每一位教师搭建多元发展的舞台，让每一个学生都有自己成长的一片天空。充分挖掘每个师生的潜能，充分张扬每个师生的个性，努力铸造每个师生的成功。

这是一线校长对教育的理解！一篇序言在有限的篇幅里不可能对本部丛书的每篇论文都作出概括。不过我相信，无论本序言中提到的还是没有提到的论文，它们都是独特的，对我们当下的教育都会有启示意义。

（二）

本部丛书是"全国优秀中学校长高级研究班"成果的展示。"全国优秀中学校长高级研究班"是教育部为培养一批能引领我国基础教育改革与发展的教育家型校长而举办的高层次校长研究班。

改革开放以来,随着我国经济社会的不断发展,培养造就社会需要的大批合格人才,促进我国教育事业持续、健康发展,成为时代对教育的迫切要求。在这一背景下,教育家办学问题逐步受到教育工作者乃至全社会的重视。党和国家领导人对这一问题也给予了高度关注。早在1986年,邓小平同志就明确指出"我们也希望中国出现一大批三四十岁的优秀科学家、教育家、文学家和其他各种专家"。1996年,江泽民同志强调"高校的党委书记、校长应该努力使自己成为社会主义的政治家、教育家"。2006年以来,温家宝总理先后四次发表关于教育家和教育家办学的讲话。温家宝总理在2006年的《政府工作报告》中提出:"要培养一支德才兼备的教师队伍,造就一批杰出的教育家。"在2007年的《政府工作报告》中,温家宝总理又提出:"要提倡教育家办学,鼓励更多的优秀青年终身做教育工作者。"在促进我国教育发展专门举行的教育座谈会上,温家宝总理也多次强调吸引优秀人才从事教育工作,培养和造就大批教育家的重要性。

党和国家领导人对教育家和教育家办学问题的重视,不仅反映了国家对我国教育形势和任务的认识,同时也反映了教育发展规律的要求,说出了我国广大教育工作者的心声,因而受到我国教育界的热烈欢迎和热情回应。教育部对"教育家办学"问题非常重视,将培养造就大批教育家型校长、促进教育家办学局面的早日形成作为促进我国教育健康发展、促进教育质量不断提高的重要措施。2007年3月8日教育部印发的《全国教育系统干部培训"十一五"规划》提出:"举办实施素质教育高级研究班等班次,培养一批引领中小学校改革发展的专家型校长,努力造就一批实施素质教育的带头人。"2007年5月18日国务院批转教育部执行的《国家教育事业发展"十一五"规划纲要》中更明确提出:"提倡教育家办学。选拔一批忠诚于党的教育事业、能力突出、潜心办学的优秀人才担任各级各类学校的主要领导。改进对学校主要领导干部的管理与考核制度,加强对各级各类学校领导干部的培训,不断提高领导学校发展与改革的能力。

加强各级各类学校领导班子的思想建设、组织建设和作风建设,增强建设和谐校园的能力"。教育家办学由此成为我国教育政策的重要内容,成为促进我国教育干部队伍建设、促进教育质量不断提高的重大政策措施。

为贯彻落实《国家教育事业发展"十一五"规划纲要》提出的"提倡教育家办学"的要求和《全国教育系统干部培训"十一五"规划》精神,有目的、有计划、有组织地促进教育家型校长成长,储备教育家型校长后备人才,大力营造"教育家办学"的格局,促进我国基础教育质量的不断提高,教育部人事司作出了相应的工作部署。2009年4月23日,教育部人事司原副司长吕玉刚在武汉召开的"全国中小学校长培训工作研究会第十一届年会暨全国教育干部培训工作研讨会"讲话中,将"以培养造就教育家型校长为目的的高级研修培训"作为"贯彻全国干教会精神,扎实推进大规模校长培训工作"的重大措施,并提出"为促进教育家型校长成长和储备教育家型校长后备人才,依托教育部中学校长培训中心和教育部小学校长培训中心,连续5年每年遴选一批特别优秀的中小学校长,通过名师指导、境内外访学、立项研究、资助出版等形式,进行为期1~3年的重点培养,努力造就一批教育家型的杰出校长"。

根据教育部人事司的工作部署和有关指示精神,教育部中学校长培训中心从2009年初开始筹办"全国优秀中学校长高级研究班",并于同年7月正式开班。

在全国首期"优秀中学校长高级研究班"的开学典礼上,教育部副部长李卫红指出:"称之为家的,如企业家,可以说这样的称谓现在并不少见,但是现在很少有人将教育工作者称为教育家,真正的教育家,还没有得到社会的认同,他们的教育思想及教育实践成果,没有在更大的范围内得到承认,其影响不能在更大范围内产生作用。与此同时,一些因片面追求升学率而成功的做法,往往被社会追捧,也从一定意义上影响了我们对教育家的认可。"李卫红坚定地认为:"让教育家去实践教育和管理教育,让他们真正成为教育事业的骨干力量,成为教育思想的创造者、教育实践发展的引领者、指导者已经成为时代的要求。"她说:"中学校长培训至今已经有20年的历史,20年里培养了一批优秀的、活跃在我们祖国各地,特别是名校的优秀校长。所以在20年后,在以往的工作基础上,办这个高级研究班,是非常适时的,完全有能力办好的。如果说,在20年前就办这样的优秀校长高级研究班或许还有些早,那么20年后的今天是完全可以办好的。"

全国优秀中学校长高级研究班正是根据教育部与教育部人事司的指示,为在我国造就一批教育家型校长而进行的研究活动。这一活动受到了全国中学校长的欢迎,在大家共同努力下也逐步显现出了一定的成效。

(三)

教育部中学校长培训中心一直认为,教育家是在实践中成长起来的,仅仅依靠培训是不可能培养教育家与教育家型校长的。但是,培训确实能为校长走向教育家提供一定的帮助。这些帮助主要是:

第一,理论的支持。理论是千百年来世界各国教育工作者在实践与实验基础上对教育活动理性概括的结果。如果能与实践结合起来,它对一线的教育工作者会有很大的启迪作用。

第二,交流的平台。校长与校长之间的交流和思想的碰撞是校长观念提升,能力提高的最好途径。教育部中学校长培训中心聚集了一批全国最优秀的校长,在这一平台上,校长之间的交流对校长思想的升华起到了极大的作用。

第三,反思的机会。反思是人对自己以往工作中成功的经验与失败的教训再认识的过程。在1—3年学习的过程中,校长有机会认真总结自己的工作,梳理自己的思想,在规律性水平上重新认识教育,以著书立说的方式呈现自己的研究结果。这无论对校长自身还是对其他校长都有促进作用。

在实践基础上形成自己的教育思想,理清自己的教育理念,对校长而言是十分重要的。根据我们的研究,一个校长(同样也适用于教师)成为

教育家要经历下述三个阶段:

1. 先成才(Being A Qualified Educator):先成才意味着要成为教育家,首先要成为教育领域的专门人才。教师要成为合格的教师,校长要成为合格的校长,他们要熟悉教育的规律,懂得国家的教育方针,知晓国家的教育法律法规;教师要具有一定的教育与教学的经验,校长还要具有一定的学校行政与管理的经验,有足够的专业知识、技能与能力去完成自己所承担的教育或管理工作。其承担的工作能使学生、同事、社会各界与政府领导满意。

2. 后成名(Being An Advanced Educator):成为合格教师或合格校长后,基于其对教育事业的热爱、专注和付出,凭借着独特的人格魅力与教育智慧,校长与教师都有可能获得良好的办学绩效,在同行中和社会上享有广泛的声誉,为他人所敬仰。社会各界对他们办学成效的认可,使他们当之无愧地成为"名师"或"名校长"。在大多数的情况下,"名师"或"名校长"的称号不是来自上级行政部门的加封,也不是学术职务评定的结果,这些称号来自社会的认可,来自同行的认可,"名校长"或"名教师"的称号具有较强的民间色彩。然而,这种民间的认可要比官方的承认更具权威性和影响力。

3. 再成家(Being A Great Educator):不同于"名师"或"名校长",教育家型的教师或校长其最显著的特征是,他们具有独特而鲜明的教育思想。这些思想是能够示范与迁移的,是能够带动、引领一个地区,甚至一个时代教育发展的。这就是教育家的价值:他不只是在办一所学校,而是通过一所学校带动一个地区甚或一个时代的教育。

正是基于对教育家这种巨大社会价值的认识,近年来,浙江省、江苏省与吉林省等地正在分别实施"浙派教育家共同体"建设、"江苏人民教育家培养工程"与"吉林省杰出中小学校长高级研修工程"等工作,他们选拔一批特级教师及办学成效显著、有办学追求的中小学校长进行重点培养,使他们成长为在国内外有重要影响、具有鲜明教育风格的人民教育家。

此外,由上海市教委、江苏省教育厅、浙江省教育厅三地联合举办的

"长三角地区中小学名校长培训班"也于2010年委托教育部中学校长培训中心牵头,联合江苏省教育行政干部培训中心、浙江省教育干部培训中心举办。

根据教育家成长的规律,教育部中学行政培训中心十分重视名校长教育思想的提炼。可以说,在为期1—3年的高研班培训期间,其核心工作就是为了这些校长早出思想并出好思想。在这个过程中,其培训要点有:

1. 隐性知识显性化。众所周知,人所知的往往比其所能说的与写的要多得多。在我国的校长队伍中,校长们具有大量的隐性智慧,如何将其潜在的、隐性的知识显性化,是培训的重点之一。每位校长在办教育、抓管理过程中都积累了很多的经验,这些知识当然有不少是隐性且不能言传。我们承认"可意会而不能言传"知识的客观存在。但是,可以肯定地说,其中绝大部分只要我们仔细加以梳理是可以显性表述的,是可以用文字或口语的形式加以传播的。当然,这是一件很艰苦的工作,所以很多人就以"可意会而不能言传"为由来加以搪塞。针对这一情况,"全国优秀中学校长高级研究班"把将校长"可意会的知识"转化为"可言传的知识"作为自己的重要任务,帮助校长提炼思想,明晰理念。这就是"隐性知识的显性化"。

2. 个别知识普遍化。规律总是具体的,与一定条件相联系的。为此,按教育规律办学,就要排除偶然性的影响,个别知识的普遍化就是不断地排除偶然性,从而不断逼近教育本质与规律的过程。校长在办学中的诸多实践,有成功的经验,也有失败的教训,个别知识普遍化就是要校长从理性的角度去思考和厘清这些问题的重要过程。其结果就是校长能更为坚定地坚守教育的规律,使其成果能有更大的推广价值。

3. 零散知识系统化。办学过程中,校长掌握了丰富的知识,而这些知识,往往是零散的,缺乏系统性,难以形成体系,如果不把这些知识加以系统整理,那么校长的一些具有借鉴意义的做法,只能停留在"做法与想法"上。零散知识系统化则使校长的办学思想成为体系,使其他学校能够借鉴其思想,从而在自己的基础上,创造新的模式,而不是简单地照搬、照套一些所谓"成功的做法"。

"全国优秀中学校长高级研究班"开班已经两年多,至今已有 25 位校长做了办学思想的介绍。我们非常欣喜地看到这些校长的思想一批比一批成熟,认识一批比一批深刻。"人民教育家论坛·全国优秀中学校长教育思想研究"是开放性的论坛,相信以后还会有更优秀的校长登上这一论坛,发表他们更有质量的成果!

陈玉琨

2011 年 10 月 16 日华东师范大学建校 60 周年之夜

于丽娃河畔

目录

面向全体,全面培养领袖才能——清华附中的教育使命　　1
（清华大学附属中学　王殿军）

一、观点的澄清:领袖、领袖才能与领袖人才及其培养 …………… 3
二、名校的使命:培养领袖才能,为领袖人才奠基 ………………… 5
三、基础的奠定:领袖素质与才能培养之要点 …………………… 10
四、素养的培育:领袖人才培养的几个关系问题 ………………… 12
五、实践的探索:清华附中领袖人才培养的实验 ………………… 15
六、资源的拓展:为领袖人才奠基的进一步思考 ………………… 27
七、勇敢的突破:关于建立国家杰出人才培养体系的建议 ……… 28

整合社会资源,回归教育本质,办人民满意学校　　33
（北京市第三十五中学　朱建民）

一、校长要积极在满足社会需求中推动学校发展 ………………… 35
二、校长要善于从社会的角度探究教育的本质 …………………… 42
三、校长要努力成长为新时期的教育家 …………………………… 52

教育:培育美好人性　　55
（浙江省新昌县澄潭中学　李辛甫）

一、背景来由:回望与批判 ………………………………………… 57
二、美好人性教育:内涵与特征 …………………………………… 61
三、美好人性教育:探索与实践 …………………………………… 64
四、美好人性教育:实践案例 ……………………………………… 78

铭心相约：与祖国共命运，让师生心连心　　　87
（浙江省杭州第二中学　叶翠微）

一、"铭心相约教育"的提出——历史与逻辑的统一 …………… 89
二、"铭心相约教育"的特征——树人与立身的追求 …………… 92
三、"铭心相约教育"的构建——现实与理想的交融 …………… 105
四、"铭心相约教育"的追求——思想与精神的解放 …………… 112
结语 ………………………………………………………………… 117

教育：爱与责任的事业　　　119
（浙江省杭州市长河高级中学　陈立群）

一、概念的厘析：爱与责任 ………………………………………… 121
二、观念的澄清：教育中的爱与责任 ……………………………… 125
三、践行的足迹：以爱与责任奠定学生成长的基石 ……………… 129

诗性教育：本真、唯美与超然　　　155
（江苏省苏州第十中学　柳袁照）

一、"久存的心愿"——我对诗性教育的理解与追求 …………… 157
二、"自觉的行为"——在诗性教育路上的前行 ………………… 163
三、"星星的降临"——诗性教育未来道路的思考与探索 ……… 183

百年坚守　　　187
（江苏省锡山高级中学　唐江澎）

一、"百年坚守"的价值与意义 …………………………………… 189
二、"百年坚守"思想的形成与呈现 ……………………………… 199
三、"百年坚守"的基本主张与实践探索 ………………………… 200

面向全体,全面培养领袖才能
——清华附中的教育使命
清华大学附属中学　王殿军

《国家中长期教育改革和发展规划纲要》在谈到高中阶段教育时强调：要"满足不同潜质学生发展的需要。探索发现和培养创新人才的途径"。发现、发掘与发展学生的领袖潜质，积极探索培养学生这种能力的途径，是我们高中教育工作者的重要任务之一。清华附中多年来立足多元成功的理念，坚持面向全体学生，全面培养学生的领袖才能，取得了不俗的成绩。

一、观点的澄清：领袖、领袖才能与领袖人才及其培养

纵观人类社会和科学的发展史，不难发现杰出人才所发挥的巨大作用。领袖可以引领一个国家、一个民族走向繁荣富强，可以引领一个时代的发展，甚至能对全世界和全人类社会的发展产生巨大影响。同样，各个领域的大师们也可以引领一个甚至若干个领域的巨变。大师和领袖都是人类社会发展和进步最宝贵的人力资源，是时代发展的引领者。要成为领袖，需要具备一定的天赋和潜质，离不开家庭的熏陶，离不开社会的影响，更离不开学校的教育和培养。领袖的成长不完全依靠教育，但是良好的教育环境和培养模式，一定有利于领袖的成长。而不适当的教育则很容易埋没具有领袖潜质的学生。

为能说明问题，我们有必要先对几个概念作些讨论。

（一）领袖

"领袖"原意是指衣服上的领口和袖口，这两处因与皮肤直接接触，摩擦比较多，容易起毛破损，所以古人制衣时，均单独用料，并镶以金边。后来引申为同类人物中的表率和突出者。由此可见，领袖应当是不同行业、不同领域和不同群体之中的杰出者。

许多人对"领袖"这个词比较敏感，容易理解为"政治领袖"。我们说的领袖，是指在各行各业中热爱自己的工作、卓有成就，并引领行业发展的人。用流行的话语来说，就是这个行业或者领域中的杰出人才、拔尖人才。

(二) 领袖素质与才能

领袖应当具有哪些基本素质与才能？这是个复杂而有争议的问题。我们觉得，领袖人才至少应该具备以下素质与才能：

第一，高远的理想。纵观历史，领袖都有远大的抱负；

第二，高尚的品格。保持对真、善、美的执着追求和高尚的情操；

第三，出众的才能。业务能力突出，而让众人信服和追随；

第四，超常的耐力。能够适应时局的起落变化，不怕挫折，坚韧刚毅；

第五，服务的意识。懂得如何服务他人，服务大众，服务社会。

(三) 领袖人才

领袖人才就是具有领袖素质和才能的人。领袖人才与领袖又有很大的不同，领袖人才并不一定是领袖，也不一定能成为领袖。但是，领袖应该是具有领袖才能的人，是领袖人才。不能简单的把"领袖"和"领袖人才"等同起来，更不能把"领袖"与"政府官员"等同起来。

(四) 关于领袖素质与领袖人才培养的几个基本观点

在多年的教育实践中，我们的体会是：

第一，每个学生都在某一或某些方面，具有不同程度的领袖素质与领袖才能。有的可能在社会活动，有的可能在科学研究，有的可能在工程技术等不同方面有着潜在的领袖素质与才能。

第二，不同的教育对学生领袖素质与才能的发展有着不同的影响。优质教育有助于学生领袖素质与才能的发现与发展；劣质教育则可能压抑与埋没学生的领袖素质与才能。

第三，所谓"名校"就是善于发现、发掘并发展学生才能的学校。

第四，教育要面向全体、追求公平。但是，面向全体、追求公平的教育不应当是标准化、同质化、平庸化的教育。忽视学生领袖素质与才能的培养，对极大地提升我国的国际竞争力，真正实行人才强国的战略非常不利。我们缺少的是具有拔尖创新能力的"领袖人才"。我们缺少优秀的士兵,更缺乏能引领发展的杰出将帅。作为国家与地方的名校应当主动地承担起培养杰出人才的任务,为培养一大批优秀的领袖人才奠基。

当然,在中学阶段,也许使用"领袖人物"比用"领袖人才"更加贴切。中学主要在于发现学生的领袖素质,培养学生的领袖才能。

二、名校的使命:培养领袖才能,为领袖人才奠基

作为一名教育工作者,作为一个校长,我思考的最多的一个问题是:学校的使命究竟是什么?只有搞清这个问题,我们工作的目标、价值和意义才能更明确。学校使命应该是国家、民族、社会赋予学校的责任与学校对这些责任的担当。学校的使命既要传承历史,也要激励和面对当下,更要前瞻未来、面向世界。学校的使命是如此重要,它直指学校的存在理由与价值追求;使命是校园的灵魂,它让每一个前行的人听到有力的召唤、看到光明的指引。

简单而宏观地讲,每个学校的使命应该都是为国家培养合格的人才。但是,每个学生存在个体差异,每个学校情况不同,社会行业分工对人才的需求也千差万别。所以,同样的学校使命可以有不一样的学校特色。没有多样化的人才培养,就无法适应多样化的人才需求。我特别赞成陈玉琨教授所说的一句话:"办学要办奥运会,教育不搞世界杯。"世界杯只有一个唯一的冠军是胜利者,其他都是失败者;而奥运会体育项目众多,各路豪杰均有用武之地,而且设有金、银、铜牌,成功者众多。所以,学校只有如《规划纲要》所倡导的那样,走多样化、特色化的发展之路,才能真正满足学生的需求,才能真正适应社会发展对人才的需求。学校只有为不同潜质、兴趣的孩子提供了适应其个性发展的教育,才能培养出多样化的杰出人才,才能满足国家发展壮大的需求。

我以为,我国的各类著名中学,必须把为国家所需要的各行各业的领袖人才奠基作为自己的教育使命,要力争把学生培养成各行各业的领军人物。让自己的学生具有领袖那样的气概,具有领袖那样的坚韧刚毅,具

有领袖那样的卓越追求,具有领袖那样的素质修为。

(一) 实践的呼唤

中国正面临从制造大国向创新大国的转变。当前全球面临的金融危机要求中国加速经济的转型。以往单靠劳动密集的发展方式正受到越来越大的挑战。人民币升值的压力,使我们不能不考虑:只靠简单的、没有核心技术的"代工厂",中国的经济还能持续地高速发展吗?建设创新大国需要有一大批在各行各业的领军人物,这些领军人物就是各行各业的领袖。这是中国社会发展的客观需要。

此外,多元智能理论与学校人才培养的实践都告诉我们:学生是有差异的。差异是宝贵的教育财富,是学校应该而且可能办出特色的基础。我们都知道多元智能理论。按照多元智能理论,每个人都会在某些智力类型方面有突出的才能和潜力。如果承认多元智能理论,我们就不能对学生求全责备,必须彻底改变对学生的培养和评价机制。允许学生多元成功,多元卓越。所谓多元成功,不是多方面成功,更不是全面成功,而是选择自己的智力优势方向、感兴趣的方向去努力发展并最终取得成功。作为学校教育,就要肩负着发现学生智力优势方向,为学生实现多元成功创设平台的责任。只有这样才能培养出在某些方面极为优秀的杰出人才,使他们某方面的领袖才能得到最充分的发展。

基础教育问题很多,所以基础教育的发展机遇也很多。当我们说,学生是有差异的,其实这就涉及一个问题,那就是谁来关注未来精英、大师和领袖的培养?想到这个问题是必然的,但是提出这个问题和讨论这个问题却需要勇气,而且需要很大的勇气。第一,容易被误认为与教育公平的理念相矛盾;第二,容易被误认为很狂妄,不自量力。但是,面对今天的教育危机,总需要有人敢于公开站起来,勇敢面对"钱学森之问"。现在大家都认可,教育公平是指享受教育的机会公平,承认学生潜质的差异,提供适合学生个性发展需求的教育才是真正的公平。许多人把教育公平片面的理解为一个标准的杠铃,学生们都要去举这个杠铃。让永远也无法举起这个杠铃的孩子天天试图去举起,天天灰心丧气,失去自信;让能轻松举起这个杠铃的学生也天天重复举,以至于失去兴趣。教育和培养好一个杰出人才很难,但是,不适当的教育耽误甚至毁掉一个有天赋的孩子却很容易。

一个优秀人才为社会发展作贡献的一生就如一场持久战。培养人才就如一场马拉松式的接力赛。这个接力赛是换接力棒、换运动场,不换人。一个学生,如果把培养看成是接力棒,学校看作是运动场,那么,整个从小到大的培养过程,就是一棒接一棒地传递着,一个运动场到一个运动场地跑动着。许多时候,我们把每一段都视作一次短跑,一次决赛,让孩子全力以赴去冲刺,去冲高分,去冲状元,完全没有整体概念。如此反复,我们耽误了太多富有天赋的孩子。

一个杰出的人才,一生最重要的贡献往往就在一两个领域之中,人才最重要的是有特长、有专长,在某一领域是领袖。但是,我们的教育过程中,培养、评价和选拔都采用 N 项全能,必须让孩子全面发展,样样精通。教育方针提出德智体美全面发展,这里的智育中的知识学习应当全面,但是,并不一定非要科科卓越。在一定意义上而言,每科都全面远不如每科都合格而某一科极其突出更有意义。但是,现行评价和选拔机制的导向是全面优秀,而不是全面合格、专项卓越。

(二) 国际的经验

美国是公认的教育普及化程度比较高的国家。但是,美国依然十分重视英才培养。美国的各行各业都有来自世界各地的优秀人才,但是其领军人物基本上都是美国本土培养出来的精英人才。美国能培养出如此众多的英才绝非偶然。美国的教育体系是多元化的,没有全国统一的教育制度。每个州都有自己不同的教育制度。虽然许多课程也有国家标准,但是,这些标准也仅是参考性、选择性的,并不是强制性的。

美国从 20 世纪 50 年代教育开始普及,但是,在普及的同时,联邦政府就通过了特殊的方案,设立专门的资金用于培养数学、科学和外语等方面的天才学生,20世纪70年代还专门设立了天才儿童教育处,甚至就天才儿童的培养专门立法。美国在大学和中学教育衔接方面也很有自己的传统特色,有非常完备的大学先修课程(即AP课程)体系。尤其建立了一些非常出色的科技高中,为杰出人才培养创造了非常有利的条件。位于弗吉尼亚州Fairfax郡的杰弗逊科技高中就是其中最著名的一所。这个学校提出要"培养21世纪有责任感的公民和领袖"。

多样化、有特色的高中培养模式,灵活的培养机制,是美国杰出人才辈出的重要原因。他们把各中学5%左右的资优生单独划分出来,予以特别关注和培养。这种培养从教学内容、教学方式、学习方式、培养模式和师资配备等许多方面,都不同于对一般学生的培养。他们最值得我们借鉴的经验之一就是普及与提高一样受重视。

英国在培养杰出人才方面,也有其自身传统和独到的做法。他们利用全国最高水平的公学精心培养2%左右的资优生,为这些资优生创造最好的教育环境,配备最好的教育资源,特别是配备一些大师级的教师,可见其对英才教育之重视。世界著名大学牛津和剑桥有50%以上的学生来自英国公学,这些资优生会在大学得到进一步的良好培养。

法国英才教育制度设计也很完善。他们最大的特点是在一些高水平的中学设立了大学预科。要进入大学预科,必须接受非常严格的选拔,只有10%左右的非常优秀的高中生才能进入大学预科。完成两年的大学预科学习之后,还要经过严格的笔试和面试,成绩优异者可以进入法国大学校深造,成绩不合格者,则分流升入其他普通的学院或大学继续完成学业。法国的大学校肩负着法国英才教育的任务,培养了一大批学术、经济、政治等领域的精英人才,这些学校的规模都不是很大,但是,学生水平非常高。可以说,法国是大学与中学教育衔接体系最完善的国家之一。特别要指出的是,针对这样的教育体系的设计,他们的课程体系和教师的选拔培养也非常严格。

亚洲的许多国家也纷纷向欧美发达国家学习,逐步建立起了自己国家的杰出人才培养体系,这其中包括韩国、日本、新加坡等。我们的近邻印度也非常重视英才培养。

我国在英才培养上已经严重滞后。今年教师节前夕,温总理在北京三十五中听课之后举行的座谈会上指出:"我国教育不适应经济、社会发展形势,不适应国家人才培养的要求。"这就是说,从某种意义上而言,我们的教育还没有让总理放心,没有让人民满意,教育的发展滞后于经济、社会的发展;我们的教育没有在国家发展、民族复兴中发挥应有的作用。

我们的教育与世界教育发达国家相比,英才教育方面的差距很大,基础教育阶段的英才教育差距更大。我们的基础教育体系采用几十年如一日的培养方式,完全忽略了孩子的个性和天赋,没有很好地体现因材施教的教育原则。我们过分强调知识传授的重要性,误认为学生学的知识越多,能力就越强,创造力也越大。我们的课程内容普遍偏多、偏难,学习时间几乎挤占了学生所有的时间。而实际上,传授知识不是目的,培养动手能力和创造能力、启迪智慧和掌握方法才是培养目的。知识的掌握需要很大的智力成本和时间成本,过度传授知识会严重降低培养效率,付出沉重的智力代价。

这种理念的差别导致了人才培养水平的极大差异,尤其是英才培养能力的巨大差异。虽然英才在任何社会历史发展阶段中都是少数人,但他们在社会历史发展进程中所发挥的作用却是十分巨大的。如果一个国家缺少了这样一部分杰出人才,其发展势必会变得缓慢甚至衰退。我们建设创新型国家需要大批的英才,但是,我们对英才的渴望仅仅停留在呼唤和渴望上。我们缺乏对英才教育的足够重视,缺乏对英才教育的系统研究,甚至不敢正视自己英才培养的缺失和失败。难以相信,一个最需要英才的国家,在最需要英才的时代,却完全没有建立起自己的英才教育体系。我们的政府和民众更多关注的是教育的公平、均衡和普及,不愿意承认学生天赋的差异,不敢理直气壮地提英才教育,这种状况怎么能不令人担忧?

(三) 理论的基础

心理学的最近发展区理论告诉我们:人的许多能力的培养都有一个

最佳时期,在最佳时期培养可以起到事半功倍的效果。英才教育和创造力的培养的最佳时期就是中学阶段。高中教育阶段,可以起到承上启下、发挥英才培养的奠基作用。中学是培养人才创新精神、创新意识和创新素质最重要的时期,所以英才培养必须首先从初中和高中抓起。

心理学的研究结果还表明:具备突出天赋的学生一般占全体学生的2%～5%左右。如果按照这种比例来计算,我们国家的资优生数量可谓相当可观。他们是我们未来最有可能成为某个领域杰出领袖的人,是国家最宝贵的人力资源"金矿"。但是,我们的教育体系的设计中却完全忽略了这部分资优生,于是他们中的绝大部分最多也只能成为一名高考状元、考高分者或者竞赛金牌获得者而已。

我们的教育发展已经处在一个非常关键的时期,我们不能等待我们理想中的教育均衡达到之后,再来考虑英才培养问题,那样的做法是对民族和国家的未来不负责任。我们应该意识到我们国家的英才教育已经迫在眉睫,我们必须大胆创新,勇于改革,虚心借鉴国际英才培养的成功经验,同时认真研究英才教育的规律,开创出中国英才教育的新局面。

三、基础的奠定:领袖素质与才能培养之要点

在中学阶段,培养学生领袖素质与领袖才能要坚持面向全体学生,培养学生追求卓越的领袖精神、领袖素质和领导能力;对于在学校中已经表现出一定领袖潜质的学生,学校应当为他们提供更大的发展空间,全面培养他们的领袖才能,为他们未来成为某个领域的领袖人才奠定良好的基础。

为领袖人才奠基,就是要努力培养学生具备领袖素质。应该注意到,世界上许多杰出人物、大师和领袖,早在中小学阶段就崭露头角,表现与众不同。因此,在中学阶段,甚至小学阶段,及早发现、保护和培养富有天赋和潜质的学生,毫无疑问是教育非常重要的责任。

首先,奠健康身体之基。健康的体魄是实现梦想的资本。我们强调

锻炼身体、强健体魄，为未来大展鸿图奠定强健的身体基础；青少年时期是身体发育最重要的时期，要均衡营养、加强锻炼。我们要努力让学生养成爱好体育运动、坚持体育锻炼的习惯，从而受益终身。

其次，奠能力之基。包括领导能力：积极进取、勇于表达，锻造凝聚他人的魅力、影响他人的实力、号召他人的魄力；协作能力：不怕竞争、学会合作，尊重团队、乐于付出；真诚待人、善于沟通；创新能力：培养问题意识、战略眼光，想他人之未想、言他人之未言，具有好奇心和想象力；排疑能力：独立发现问题、分析问题、解决问题；实践能力：了解社会，理解社会，适应社会，并在力所能及的范围内改造社会；抗挫折能力：遇到挫折能够自我调整，保持乐观向上的心态，继续奋斗，坚持不懈。

第三，奠习惯之基。习惯决定命运，中学影响一生。在中学阶段，我们要培养学生养成良好的习惯。对人：多看别人的优点，多从别人身上学习好的东西；对事：付诸行动，行胜于言。如果话说得很满，事做得很差，势必不会赢得人心；兑现比承诺更重要，人生要勇于承诺，全力兑现。这样会获得别人更多的信任和机会。养成好的学习习惯：主动、高效地学习，不断反思，总结课前、课中、课后的学习方法与学习侧重。培养兴趣、投注热情、保留激情。与他人探讨、与老师互动，自己寻找答案，在有限的时间内完全掌握，在完全掌握后收获更多。健康用脑、轻松自然。养成好的沟通习惯：平等、尊重、自尊、耐心、真诚，发自内心地与同学、老师、父母、社会沟通。在社团活动中，既要抒发己见，又要善于听取别人的意见。要学会团队合作，分享成果。培养精准、生动的书面的、口头的、肢体的表达才能，培养演讲能力。

学生中的"领袖人物"，必须具备一种具有公信力和征服力的内在品质，在品德风范、道德情操、理想志向、认知能力、管理能力等方面具有示范性。

作为"领袖人物"，必须具有一种富含亲和力、凝聚力、号召力的人格魅力。这种人格魅力，从具有善于与人沟通的交际能力、准确传情达意的表达能力、深入打动人心的鼓动能力等方面具体表现出来。

作为"领袖人物",还必须在认识事物时表现出视野的开阔性,在分析形势时表现出判断的准确性,在组织活动时表现出策划的缜密性,在实施计划时表现出控制的有效性,在面对突发事件时表现出应变的机敏性,在实现目标时表现出的坚定性和面对挫折不放弃的坚韧性。当然,在具体的教育实践中,不可能要求学生领袖能够充分满足每一个条件要求,只希望通过努力,能够促进学生把自己的个性才能发展与培养目标有机结合,为学生树立追求实现自我价值的人生目标,为学生日后的发展打下良好的基础。

四、素养的培育:领袖人才培养的几个关系问题

(一) 知识与兴趣

有一次在清华与一位计算机学科的著名教授闲谈,谈及中学教育,他向我说起了他的一个博士生的事情。这个学生当年是以高考前十名的成绩进入清华的,本科阶段几乎每门功课都是全年级第一,毕业时学分累积全年级第一,顺利免试推荐在清华读研究生。攻读硕士阶段,各科成绩依然是年级第一。但是,攻读博士阶段却没有了学习动力,整天无精打采。老师甚为担忧,仔细交谈之后,感到哭笑不得。原来,此天才学生,一直以考第一作为自己的奋斗目标。到攻读博士阶段,没有了考试课程,主要是读文献,研究问题,完成项目,撰写论文。没有成绩可比,于是她就没有了拿第一的机会,对学习也就失去了兴趣。老师屡次找她谈,也无济于事。好不容易,经过师生努力完成了研究生学业,拿到博士文凭。毕业后,她毫不犹豫地选择了回自己就读过的中学担任教师。导师问及原因,她说是要回去继续培养能考第一的学生,导师闻之无语。我闻听此事,也感到十分惋惜,只有一声叹息。

(二) 全面发展与特长发展

现在奥数在全国很热闹,因为许多名校都把奥数作为培训和选拔学

生的手段。我们国家是近二十多年来获得国际奥林匹克数学竞赛团体冠军和金牌最多的国家。国际上最高的数学奖是菲尔茨奖,近几年世界上有好几位菲尔茨奖获得者是国际数学奥赛的金牌获得者。但是,中国有如此多的金牌获得者,却鲜有大师。这其中的原因很复杂,远远不是我所能分析清楚的。但是,下面的两个例子应该可以引起我们的一些思考。

有一个中国学生,两次代表国家队参加国际数学奥赛,两次以满分的成绩获得金牌,应该算是少见的富有数学天赋的奇才,最后也顺利保送进入北京大学数学科学学院学习。但是,由于偏爱数学,迷恋数学,在数学上投入过多精力,没有特别重视其他一些非数学类必修课的学习,最后因为一些非数学必修课没有通过而未能从北大顺利毕业,未能拿到本科文凭。在这样一个崇尚文凭的时代,其后来的发展之路可想而知。我自己常常问自己,究竟是谁剥夺了他成为大数学家的机会?这不能不说是我们中国教育的一个悲哀。我们是不是过于强调了全面,而忽略了专长?我们用人的时候,需要的是他的专长,而我们培养人、评价人、选拔人的时候,却过分强调全面。

有一个澳大利亚华裔数学家陶哲轩,他1975年出生在澳大利亚,也曾在国际数学奥林匹克竞赛中获得金牌和银牌。2006年他获得了菲尔茨奖。2010年4月他被英国一家重要媒体的专栏记者评为最伟大的十位数学家之一。中国也有不少奥数奖牌获得者,但是到目前为止没有人能够取得像陶哲轩这样杰出的成就,有些人甚至远离了数学,这不能不说是一种遗憾。陶哲轩自己分析说,数学研究和奥数所需的环境不一样,奥数就像是在可以预知的条件下进行短跑比赛,而数学研究则是在现实生活的不可预知条件下进行的一场马拉松,需要更多耐心和独立钻研。在中国,有一些学生将奥数视为升入一流学校的捷径和敲门砖,达到目的后就放弃了。陶哲轩认为这个目标太小了。放弃数学那是学生和家长的自由,但是,用僵化的体制和机制毁掉那些不想放弃的、有数学天赋的奇才,无疑是教育的过失。

陶哲轩一直在环境宽松的私立学校读书,学校和家长一起为他制定了个性化的培养方案,他可以选听高年级的数学课程,自学大学微积分。尤其重要的一个细节是,由于成绩优异,父母起初试图让孩子跳级,但是,发现他在行为和心智上,很难与年龄大的孩子交流和相处,最后,还是决定让他与同龄孩子一同学习,只是学的内容与其他孩子不同,有很多超前。而我们也从中领悟到应当仔细研究一下我们对超常儿童的培养模式。智商、知识、情商、心智的成长有各自的规律,不能随意违背。

以上的例子,应当引起我们思考。我们的教育如何克服短视行为,如何克服片面追求学生智育"全面"的问题,如何才能发现、保护、培养好我们那些具有特殊天赋的学生。我们什么时候才能为像陶哲轩那样的中国的天才儿童创造适合他们发展的平台,把他们培养成不同领域的学术领袖。

我们的教育在均衡发展、公平就学、全面普及等诸多方面已经取得了举世瞩目的成就,从学前教育、义务教育、高中阶段教育到高等教育,入学率和毕业人数都有大幅度的增加。但是,我们的教育依然"不适应国家经济社会发展的需要,不适应国家建设对人才的需求"。由此可见,我们的人才培养虽在量的方面已经取得了了不起的成绩,但在高水平杰出创新人才和领袖人才培养方面,还差得很远。

应该看到,我们的基础教育和高等教育,人才培养标准化、同质化的趋势十分明显,这严重影响了精英人才的培养,对于提高国家的核心竞争力、建设人力资源强国和创新型国家都十分不利。因此,解决我国具有拔尖创新能力的"领袖人才"的培养问题已是刻不容缓。"领袖人才"培养的时代责任应该是优质中学的教育使命。

中学阶段教育,尤其是高中阶段教育,是学生形成个性、自主发展的关键时期。《规划纲要》把普及高中教育作为一个重要的发展目标。从普及的角度看,高中阶段教育肩负着提高国民素质的责任。但是,从提高的角度而言,为了满足不同潜质学生发展的需求,为了适应经济社会发展对不同层次和不同类型人才的需求,真正体现因材施教原则,优质高中必然要通过特色化发展,承担起培养杰出人才和领袖人才的使命。

(三) 英才培养与教育公平

英才培养往往要占用一些优质的教育资源,容易受到教育公平方面的质疑。英才教育是建立在学生智能差异存在和多元智能理论的基础上的,是建立在国家对不同层次人才的需求上的,不能把搞好英才教育与教育公平对立起来。实际上,为每个学生提供更适合他的教育才是真正的教育公平。

(四) 自发生长与早期培养

"领袖人才"的培养就是要有意识地创造条件,让有潜力的学生跑得更快、更远。这是人才培养战略中不可缺少的一部分。当然,"领袖人才"培养的意义远不止于此。

学校教育的培养目标,必须通过以课程为载体、以活动为手段等一系列的转化过程才能实现。所以学生"领袖人才"的培养也必须探索如何建立相应的课程体系和活动机制,确保学生"领袖人才"的培养能够具体体现在学校日常的教育活动设计中,体现在具体的教育过程中,体现在学生的现实发展中。

五、实践的探索:清华附中领袖人才培养的实验

(一) 清华附中的文化理念和教育改革实验

清华附中的教育理念是:以育人为中心,以学生为主体,为了每一位学生个性自由而全面的发展。所确立的培养目标是:品德高尚,理想远大,全面发展,学有所长。附中想努力体现的特色是:大、中、小学衔接,进行多种培养模式的人才培养改革试验,努力培养高层次的杰出人才。为了实现这个目标,今天的附中人依然在努力着。

在秉承清华大学的精神和文化的基础上,附中形成了自己"民主、宽松、和谐、大气"的校园文化。我们沿用了与大学一样的校训:自强不息,厚德载物;我们营造着与大学一致的文化:德先于智,行胜于言;我们有

着与清华大学一脉相承的追求:明德启智,修已树人。我们让老师们牢记"今天我影响你,明天你影响世界"这句沉甸甸的话。我们提倡让学生"带着问题学进去,带着感悟学出来"。尤其是,我们充分认识到了作为大学附中的独特优势,继续了前辈们在衔接培养人才方面的改革和探索。

首先,大胆而明确地提出了要"依托清华,衔接培养",并充分挖掘传统优势,背靠大学优越的资源,办出自己的特色,走出一条属于自己的创新之路。

在大中学衔接部分进行多种培养模式的教改试验,为一流高校,特别是为清华大学输送各类优秀学生,是清华附中突出的传统特色。早在20世纪60年代,清华大学和清华附中就开始在高中生中试办"大学预科班"。80年代,为探索优秀田径后备体育人才的培养途径,与大学一起举办了"马约翰体育班"。90年代,为探索理科拔尖人才培养,受原国家教委委托,清华大学和清华附中又试办了"高中理科试验班"。1998年开始,清华大学附属学校"一条龙"整体教育改革实验计划开始启动,试办了"一条龙"试验班。2000年开始与清华大学美术学院一起试办"高中美术特长班"。这些实验虽然规模不大,但是意义深远。

1986年,经国家教委和北京市高教局批准,清华大学和清华附中共同创办了以田径为主的马约翰体育特长班,面向全国招生。该班以清华大学著名教授马约翰先生之名命名,已开办了22年,为各大学输送优秀体育人才400多人,其中有100多人进入清华大学,其余大部分学生进入北京市其他重点大学,共培养出国际健将4人,田径健将19人、一级运动员106人;有11人次获北京市金帆奖,44人次获北京市银帆奖,在各种中学生国际、全国、市、区体育运动会和比赛上获得好成绩。该班教练员队伍由清华大学的教授、副教授和外聘的高级教练组成,目前已成为全国较有影响的体育特长班。

全国理科试验班试办11年,我校聘请了吴文虎、关治、张三慧、徐功华等十多位清华大学名教授到校任教,把科研方法和学科前沿知识渗透到中学的课堂教学中,使"一条龙"的教育改革实验在外语、计算机、语文、数学、体育等学科取得了明显进展。

理科实验班多由教授自编教材或选用实验教材。例如,英语学科针对现行英语教材在培养学生能力上存在的缺陷和不足,适当改编国外教材,探索与之相适应的课堂教学模式、测试标准和培养学生综合运用英语能力的有效途径,并且在部分班级进行了优秀学生在中学阶段一门外语过关(达大学英语4级要求)的研究和实践,取得了初步的效果。

从1993年开办到2003年停止招生,11年中共招生227人,毕业207人。理科实验班,培养了一批杰出的人才,现在均活跃在不同的战线,完成了特定时期的历史使命。今年颁发的《规划纲要》所提出的大学与中学衔接培养人才的理念,也算是对理科实验班探索的一种肯定和借鉴,会迎来高层次人才培养的又一个春天。

在清华大学领导下,积极进行附属学校"一条龙"整体教育改革的研究与试验,在德、智、体、美等方面探索大中小学衔接培养高素质、有特色、创新型人才的有效教育模式。高中"一条龙"试验班的学生从本校初三和高一新生中进行选拔(部分学生可在中考前认定)。在学生培养方面,注重全面素质、创新精神和实践能力的培养,注重与大学教育的衔接。在"一条龙"的教学实验中,我校将"自主性、活动性、创造性"贯穿于课堂教学的全过程,特别是数学学科把自主性作为三性之首,教学时结合生活中的事例,激发学生自身产生一种强烈的求知欲望,调动学生的学习积极性。而活动性并不单纯指学生形体上的运动,更是强调学生作为主体对课堂教学的参与,通过教师规范的语言和板书,培养和训练学生动脑、动口、动手。创造性是21世纪人才必须具有的能力素质,教学中教师有意识地为学生创设创造、探索的环境和科学研讨的氛围,教给学生科学的探索方法,鼓励学生勇于创新、积极探索。

为发挥背靠清华大学的优势,探索培养思想道德品质良好、美术素质与文化素质优秀的美术后备人才,附中与清华大学美术学院合作,于2000年创办了高中美术特长班,美术课由美术学院教师讲授,文化课由附中担当教学任务。八年来,试验取得很大进展,为清华美院输送了一批优秀的学生。

清华附中90多年的发展历史充分体现了清华附中作为探索大、中学衔接的"一块教改实验田"这一创立之初的理念,这也成为清华附中探索创新之路的坚实基石。

(二)为领袖人才奠基的探索和实践

当今时代,青年领袖人才培养得到越来越多的重视,"青年领袖"、"领导力"等词语也得到人们的关注。我们继承了清华附中勇于改革的精神,从2009年开始,针对现在培养的学生普遍缺乏大视野、大追求的弊端,开办了"学生领袖训练营",这也是学生成长模式上的一次创新。

训练营立足于清华附中优秀的学生资源,希望培养勇于承担社会责任、具有国际视野、追求卓越的领袖人才。通过开设系列课程和活动,培养学生的公民意识、创新精神和领袖气质,使学生在责任意识、优秀能力和多元文化视野方面得到全面的提升。

首先,目前的项目通常是在短期内(一周左右)通过高峰论坛、交流研讨和活动体验来搭建一个提升交流的平台,而我们的探索希望通过比较长期的过程来真正影响学生,让他们能有真正内在的改变和提升。

其次,从具体的方式来说,通过邀请社会各界精英和专家进行演讲,给学生创造了开阔视野和提升交流的机会;通过课外拓展活动来拓宽学生视野,并让学生在行动中感悟和成长;通过开展系列读书推荐和交流活动,并以推荐书目和举行读书报告会的方式来营造读书的氛围,提高人文、科学等综合素养,并在结业前进行毕业活动方案设计或某个研究项目的设计。

一年以来,按照学生领袖营的课程计划,共组织了10次主题活动,包括不同领域的嘉宾讲座、课外拓展、读书交流和项目设计。下面以大事记的形式呈现领袖训练营一年的历程。

大事记之一:领袖营开营

我作了题为《努力提高竞争力,为领袖人才奠基》的演讲。希望同学们具备勇气、创造力、竞争与合作精神、兴趣与激情、品位与境界、领导力和行动力等等,并鼓励大家树立理想,有激情并积极地去行动。演讲结束后,我与同学们进行了面对面的交流,回答了同学们感兴趣的问题,比如校园文化、如何在顺境中成长等。现场气氛非常好,同学们深有感触,觉得对自己的成长很有帮助。下面摘录同学们参加完这次活动的部分感言。

　　学生感言之一:当强烈的灯光照在每一个人的脸上,当会场上的所有目光都聚焦在王校长的身上,当我们一次又一次地在心里为他激情幽默的演讲鼓掌时,我的笔尖始终在纸上不停地旋转,记下一句句触动人心的话语,写下一个个短暂停留的想法以及每一个片刻的思考。与此同时,也有一支无形的笔始终在我脑海里描绘着一幅幅蓝图,在我心里一次次留下深深的印迹。在那里,在那时,梦想被照得透亮。

　　学生感言之二:校长谈到了规律与规则:"尊重规律,重视规则。"做到它,是一种博弈,一种懂得平衡的智慧。可以说这是精彩人生的必要基础,我想我会把它作为我的座右铭,以此来警示自己要方圆结合,因为每一次的超越都要付出更加沉重的代价,因为长远的幸福需要牺牲眼前短暂的利益。

　　当然,他谈得最多的是如何做一个好的领袖。在自身修养方面,他说我们应该做一个有品位的人,一个有品格的人,一个有境界的人。本是很模糊的概念在他的诠释下是那样地让人震撼,我在这一句话后面画上了三个感叹号。

——摘自《梦想起航》

大事记之二:邀请凤凰卫视付勇导演演讲《从媒体角度看青年责任》

　　12月4日,凤凰卫视资深制片人和导演付勇先生应邀来到清华附中学生领袖训练营演讲并和同学们交流。付先生执导的电影《朗朗的歌》获得华表奖最佳纪录片奖。

付先生给同学们讲述了凤凰卫视的发展历程和特色,分享了他关于媒体对世界影响的思考,特别是中国声音对世界的影响。付先生还鼓励同学们要关注社会,具有全球视野,培养独立人格,注重细节,学会尊重,重视个人素质的培养。

付先生的演讲深刻而丰富,亲切而幽默,演讲结束后付先生还就同学们感兴趣的媒体责任、话语权、国民自信、成功标准等问题和大家进行了交流。

学生感言之三:我想"领袖"这个词离我们还有些远,我们更应该做的是如付老师眼中的凤凰卫视在国际传媒产业中找到了自己确切的位置一样,在一群龙盘虎踞的群英之中找到自己确切的位置。而为了成为一个领袖,这个位置,必然是越高越好。我非常同意付老师所说的建立"世界人,全球观"的观点。要做到这一点,我认为首先必须心系世界,这个世界的纷冗复杂的问题我们都要关心,要做一个世界的孩子。全球观更多的应该是不仅仅以中国的眼光看待问题,而是要多听听不同的声音。就比如同一个新闻事件的报道,外国媒体和中国媒体的角度必有差异,而找到这种差异并能正确分析,评判适合与不适合(并非绝对的对错),这便是跨区域的以全球化的视角,以一个世界人的身份看待问题。

——摘自《戴着镣铐跳舞》

学生感言之四:作为中国年轻人,作为下一代接班人,我们要充分地认识我们的能力和现状。中国现在是一个有了大骨骼的躯体,但是中间还有更多的血肉等着我们这一代去填充。我们更多的责任应该是让它变得强健,继而变成一个能自由掌控自己的人,让它能和 the strong 进行竞争,但更多的是让它做自己想做的事。我们今天所做的事一方面是为了继承我们的父辈而努力,另一方面也是为我们更美好灿烂的明天奋斗,但更重要的一方面是我们的今天要成为我们下一代的积淀储备。中国的强大是一个历史顺潮的必然,作为这个时代的青年,有良知之人,我们有必要,有责任,有义务,也有能力为这个伟大时刻的到来和成就奉献自己!

——摘自《我们的视野和责任》

大事记之三:邀请陈明秋老师组织拓展活动:"坦克大战"——感受团队合作

12月17日,训练营邀请心理中心陈明秋老师组织拓展活动。

活动开始前,陈老师通过责任测试和抢数游戏让同学们认识到了团队中责任意识和信任合作的重要性。在随后的"坦克大战"中,各队同学需要团结协作,利用报纸、胶条等简单的工具制作出能让全队成员进入的"坦克",并且进行行进角逐,最先安全到达目的地的团队为优胜团队。

活动结束后,队员们分享了自己的感受,认识到了团队中的竞争与合作,合作的意义,合作的前提和必要条件,以及合作中的分工、组织、协调、沟通都是重要的因素。

学生感言之五:大伙都有要分享的想法和感触,有些同学谈到从多角度思考问题,世界色彩便不会照旧、单调,有些同学向他人表达了感激之情,有些同学谈到了注重细节的必要性,我则谈到了资本的原始积累与实践的重要性,还有同学补充了我的观点——在实践中不断提升自己亦是不可或缺的。在分享中,每个人都以"满意"和"快乐"为那天的活动画上了圆满的句号。在人生过程中,我们在竞争中如何让自己感到更加充实快乐,如何生活得更加从容淡定。

——摘自《我们在竞争什么》

学生感言之六:团队,真的好重要啊。当队员间发生了化学反应时,这个小集团就会充满能量。然而,问题是,怎样才能制造出这样的队伍呢?这次活动中,大家是自发形成的。我想这是因为我们都有很强的能力,而且关系融洽,没人热衷于领导他人,人人平等。因此,组员间才会有默契的配合而不是矛盾。然而,生活中,这样的时候实在是太少了。如果想使团队诞生,领袖是必不可少的。领袖是方向,是核心,是被大家所认同的。这就带来了问题:谁?怎样才能成为领袖呢?

我个人的想法是,通过价值的体现来展示能力,来使大家接受你。同时,作为核心,要摆正心态,一视同仁,能够时刻保持清醒的头脑,并具有独到的见解。这真的好难,但却是必要的。我会尽力朝着这个方向去努力,决不放弃!

——摘自《"我"和团队》

大事记之四:邀请清华大学何茂春教授演讲《全球化与中学生的国际视野》

1月21日,清华大学何茂春教授应邀来到训练营进行了题为《全球化与中学生的国际视野》的演讲并和同学们进行了交流。

何教授是国际关系方面的专家,他经历丰富,著有《大国论》等著作。何教授分享了他丰富的外交经历和外交智慧,阐述了他对于国际关系的若干观点,对与中国有重要关系的国家和地区进行了分析。他的解读有理论的依据又有现实的智慧,令人回味,令人深思。何教授还结合中国现在以及未来的发展勉励中学生应当具有国际的视野和胸怀,关注世界发展,为中国的强盛贡献力量。

学生感言之七:何为大国?人们不免有这样的疑问。的确,"就像大行星没有科学的定义一样,大国也没有一个可严格量化的指标体系。但这并不妨碍人们称一些国家为大国。大国不弱小,大国不胆怯,大国不仰人鼻息,大国不求人优惠,大国不兴无名之师,大国不出卖原则"。听了这样的解释,让人豁然开朗却又忍不住深思。大国有一定的国家规模和竞争力,大国的国格可为他国楷模,大国的号召经得起历史的考验。大国令人畏,更令人敬,大国的领袖是世界的领袖。

——摘自《大国之思》

大事记之五:一次重要的读书报告会

3月22日下午,训练营举行了第一次读书报告会。本次报告会分别就《中国凭什么不高兴》和《大国崛起》两本书进行讨论,两个小组的代表也做了精彩的发言。《中国凭什么不高兴》读书小组和大家分享了作者以及各方观点对目前中国形势的判断和分析,提出了自己的见解,并号召大家脚踏实地多做实事,真正为国家的发展作出贡献。《大国崛起》读书小组则和大家分享了世界强国的发展历程,同学们在之前讨论的基础上更深入地思考了国家的发展问题和对别国经验教训的借鉴。

交流过程中大家踊跃发言,针对所读书目发表了独特深刻的见解,涉及社会、政治、经济、哲学等多个学科,精彩纷呈,大家受益匪浅,真正实现了思想交流的初衷。

作为"学生领袖训练营"的重要组成部分,读书交流采取读推荐书或自选书、阅读思考、小组探讨和报告会交流相结合的方式。同学们阅读并推荐了《阮次山:与世界领袖对话》、《外交十记》、《李开复自传:世界因你不同》、《世界上最神奇的24堂课》、《大国的博弈》等书籍。此次读书交流活动给同学们提供了交流探讨的平台,大家也在深入探讨中加深了对国家发展的认识和对青年责任的理解。

大事记之六:邀请李开复博士演讲《成长中的十个启发》

4月1日,清华附中邀请李开复博士来校做题为《成长中的十个启发》的演讲。领袖训练营的学生参加了活动并担任了主持。

李开复博士在演讲中,结合自己的成长、工作经历,以独特的视角阐述了对人生的见解,他希望青少年能自信、谦虚,认真找寻自己的兴趣;学会思考,正视挫折,努力实现有用的创新等。

整个演讲轻松幽默,诙谐风趣,既发人深省又激人奋进,演讲结束后,李开复博士与同学们进行交流。

附:

李开复博士分享的十个启发分别是:

1. 自信不失谦虚,谦虚不失自信;

2. 天赋就是兴趣,兴趣就是天赋;

3. 思考比传道更重要,观点比解惑更重要;

4. 我不同意你,但我支持你;

5. 挫折不是惩罚,而是学习的机会;

6. 创新不重要,有用的创新才重要;

7. 完美的工作:学习成长、兴趣、影响力;

8. 用勇气改变可以改变的事情;用胸怀接受不能改变的事情;用智慧分享两者的不同;

9. 最好的领导:让你的员工学习成长,做有兴趣的事,发挥影响力;

10. 你的价值观不是拥有多少,而是你留下多少。

大事记之七:邀请白重恩教授作题为《经济结构转型和财政政策》的报告

4月22日下午,清华附中邀请清华大学经济管理学院经济系白重恩教授来校做题为《经济结构转型和财政政策》的报告,训练营的同学参加了报告会。

白重恩教授从数据入手,分析了1993年以来我国国民储蓄率、资本形成率、固定资本形成率等情况。白教授提出,要解决经济增长等问题,政府应考虑增加建设性的投资,这样才能拿出钱来支持社保,让老百姓的社保负担减轻,让居民部门的收入增加,最终才能够增加消费。

白重恩教授的报告理论联系实际,规范与实证分析相结合,数据翔实、分析到位,并能基于事实分析,提出实在的政策建议,使大家获益匪浅。

学生感言之八:白教授学识渊博,谦虚求真,是一位学术派经济学家,绝非一般的政策派经济学家。他从实证数据出发,以事实为根据,推断经济现象背后的重重原因,因此可信。他的诸多政策性建议更是令人支持和信服的。因为,经济政策,应当是有利于经济发展,同时,也是有利于民生的。

——摘自《我们需要什么样的经济学家》

大事记之八:与哈佛大学学生会主席 Tony Wang 交流

5月20日,学生领袖训练营邀请哈佛大学学生会主席 Tony Wang 来到附中,和同学们进行了交流。Tony Wang 和同学们分享了自己的学习成长经历,并就中美教育比较、高中和大学阶段规划以及提升领导才能等话题用英语进行了交流。

大事记之九:"财智人生"的财商训练

6月3日下午"学生领袖训练营"举办主题为"财智人生"的财商训练活动。与一般的课程讲座不同,这次活动是让学生们通过游戏来感悟财富观念。

活动模拟了从青年到中年到老年的各个人生阶段的资产关系,学生们需要通过各种方式赚到一定的个人财富,并且将这些财富合理分配,比如储蓄或进行合理的投资,并且在投资中形成现金流的良性竞争。这个活动让学生形象地感受到了财富观念和行动的重要性,帮助学生跳出传统的金融思维模式,建立良好的财富观念。

> 学生感言之九:财商就是一个人投资理财的能力。这次财商训练活动非常直观,比直接去看相关的书让人更有兴趣。我能够在游戏中感受到金钱的作用,钱是怎么来的;还有一些财富观念,比如通过储蓄、投资从财富的"慢车道"进入"快车道",实现自己的财富自由。
>
> ——摘自《我对财富的认识》

大事记之十：读书报告会之二

6月12日，训练营举行了第二次读书报告会。三个读书小组分别就《圣人无意》、《世界上最神奇的24堂课》和《水知道答案》进行了交流。

《圣人无意》读书小组认为这本哲学书最重要的作用并不在于阐明某种观点，而在于让我们看到西方人眼里的中国究竟是怎么样的，并提出了中学为体、西学为用和不卑不亢、拿来主义的态度。《世界上最神奇的24堂课》读书小组分享了作者在这本书中为我们建造的一个完整的个人潜能开发体系，传授给我们成功奠定基础的终极原则和基本理念。《水知道答案》读书小组展示了作者所拍摄的多幅水结晶的照片，分享了水的智慧和人生的智慧。

大事记之十一：项目研究

学年结束前，领袖训练营的同学们开始做结业的项目设计，因为今年是校庆95周年，所以项目设计以校庆为主题，采访校友或设计校庆方案。他们将在暑假完善自己的方案并提交，并对一年来的资料进行整理，于下一学年开学初进行结业典礼。

大事记之十二：推荐书目

阅读使人充实，会谈使人敏捷，写作与笔记使人精确。……史鉴使人明智，诗歌使人巧慧，数学使人精细，博物使人深沉，伦理之学使人庄重，逻辑与修辞使人善辩。你有一种思想，我有一种思想，彼此交换，我们就都有两种思想。

第一类是进行交流分享的推荐书目：《中国凭什么不高兴》、《大国崛起》、《圣人无意》、《世界上最神奇的24堂课》、《水知道答案》。

第二类是要求自己阅读并撰写体会的推荐书目：《李开复自传：世界因你不同》、《阮次山：与世界领袖对话》、《外交十记》、《朱镕基答记者问》、《哈佛书架》、《21岁当总裁》、《潜伏》、《大国的博弈》、《当众讲话——让掌声响起》、《人类群星闪耀时》、《科学哲学艺术断想》、《社会性动物》、《谎言》、《货币战争》、《当代中国问题：现代化还是现代性》、《把信送给加西亚》、《如何掌控自己的时间和生活》、《挺立在孤独、失败和屈辱的废墟上》、《开放中国:改革的 30 年记忆》《大国崛起》《秘密》《活法》等。

一年的时间很快过去了,回顾学生领袖训练营第一期的点点滴滴,收获很多,有不少经验可以总结,也有可反思改进的地方。总结经验有以下几点:

1. 精心设计每次活动,内容丰富,领域广泛,形式多样,受到同学们的欢迎,同学们也感觉到有很多收获。

2. 让同学写感想,因为"有所思才有所行动"。

3. 调动学生主动性,让学生参与活动的组织和安排,在活动过程中提高他们各方面的能力。

以后可进一步加强的方面有:

1. 可更好地利用网络平台共享资源、交流心得。

2. 可进一步发挥小组的作用。

3. 如何把领袖训练营的受益范围进一步扩大,让每个学生能在领袖意识、素质方面得到培养。

4. 领导力的培养如何常态化、规范化、课程化。

我们的探索才刚刚开始。为了培养出更优秀的人才,有高远目标的人才,心中有国家、眼中有未来、自身有能力、一生有追求的未来领袖,我们会把这样的努力探索进行到底。

六、资源的拓展:为领袖人才奠基的进一步思考

要开发相应的校本课程和选修课程。我国中小学实施的是国民教育,目的是培养合格公民,而不是精英人才。这样的常规课程体系不可能适用于"领袖群体"培养的需求。为了培养"领袖人物",可以以校本课程和选修课程的形式开设一些专门的课程。

要设计构建一些能让学生主动参与、积极表现,具有激励氛围的活动。由于"领袖"不是主观臆想的产物,也非自我标榜所能成就,而是一种公众评价的结果。"领袖人才",不是依靠课程就可以培养出来的,而是在

具体的实践活动中涌现出来的。因此,我们应该在学校里创设这样的活动,创设有利于培养学生领袖精神和涌现学生领袖的环境。

一个学生领袖的产生大致经历以下过程:自我显示阶段、公众认同阶段、"领袖能力"生成阶段、社会威望和引领作用发挥阶段。

在学校的活动中,要强化"不怕冒尖,敢于冒尖"的校园主流价值观;要提倡敢于"质疑权威,永争第一"的挑战精神;努力打造各种展现学生个性才能的平台,为领袖精神的培养和领袖人物的涌现提供条件。

开发课程资源。充分利用清华大学的课程和教师资源,开设一些含有"社会学"、"管理学"、"人才学"、"哲学"、"逻辑学"、"心理学"、"美学"、"道德伦理"、"人生规划"等相关学科内容的综合性选修课。

采用专家讲学,精英引领;开展学生论坛,让学生展现自我;精心营造校园的文化氛围,利用墙报、标语、雕塑等各种载体,营造出一种充满激情、催人奋进、激励成才的氛围,让学生每时每刻都在接受着这些潜移默化的教育引导;积极组织学生社团活动,积极鼓励学生开展形式多样的社团活动,让学生以自己的实践方式,创造充满活力的校园生活,展现丰富多彩的个性才能,涌现众望所归的领袖人物。

开展学术创新活动。我们积极鼓励学生学有所长,勇于创新,大胆参加国内外的各种学科竞赛活动、学术交流活动、合作研究活动,让学生体验创造的乐趣,体验成功的喜悦,体验杰出者的自豪,让学生在与著名学者、名家巨匠近距离的交往中接受熏陶。

开展的社会实践活动,强调学生走向社会,参加公益事业,强化社会责任感;走入贫穷地区了解弱势群体,全面认识中国国情,努力培养民族使命感和责任感。开展文化之旅,积聚民族文化底蕴。鼓励走出国门,了解世界,培养国际视野。

七、勇敢的突破:关于建立国家杰出人才培养体系的建议

要搞好英才教育,首先要搞清楚英才成长的规律和英才培养的规律。

只有尊重规律、按照规律办事,才能搞好英才教育。我们国家缺乏对英才教育的足够重视,缺乏对中国英才成长和培养的系统研究,故而英才教育缺失就不足为奇了。

我们并不缺少具有成为高层次杰出人才潜力的学生,我们缺少的是对这些资优生的培养。我们的许多重点中学,在招生的时候十分重视吸引和选招资优生,甚至专门设有超常儿童实验班和天才班。但是,在现有的应试教育体系中,无法真正培养好这些宝贵的资优生,他们更多关注的是考高分、考状元。因为,无论他们多优秀,也要经过高考这一关,由于高二是不能参加高考的,他们即便再优秀,也必须读完三年的高中。无论跑得快慢,无论是否提前跑完,我们的体制是要求大家同时到达终点。

由于我们单一的评价和选拔人才的体系,导致中学教育中功利主义盛行;由于我们没有全面正确地理解教育均衡和公平的真正涵义,导致在我们的中学教育实践中真正体现的是平均主义,无论学生天赋如何,都接受完全相同的教育。我们没有正确理解"有教无类",更没有正确理解"因材施教"。我们总是由一个极端走向另一个极端。谁也不该提英才教育,似乎觉得,谁提英才教育就是歧视天赋不优秀的人,就是违背教育公平的原则。这样中庸的教育实践,浪费了资优生的智力资源,也让天赋平平的儿童苦不堪言。

对于英才教育,我们也不能等待理论完全研究清楚了再去实践,有些问题,就要首先抓住关键问题,采用实践探索、总结反思、不断提高的思路来推进工作。我们认为,英才培养最关键的就是要创新培养模式。实践已经证明现有的模式无法使英才成长,我们就必须坚决地对培养模式进行改革。在改革培养模式的同时,再创造其他保障条件。

英才培养一定要突出能力,尤其是创造能力,而能力的培养必须依靠学生自主学习、自己探究,这些都需要时间。因此,对于英才的培养,精简教学内容,降低学习难度,学科发展不搞平均主义,在普遍达标的前提下,允许学生在一部分自己特别感兴趣的学科上投入更多的精力。总之,具有足够的自主时间是英才培养的一个重要保障。

要搞好英才培养,我们要彻底改变传统的教学方式和学生的学习方式。学生应该以自主学习、研究性学习、科学探究为主,老师则主要起到引导和总结的作用。在教学中,要尊重学生的个性,尊重学生的兴趣,允许学生从中学阶段开始,就在高水平导师的指导下,开展一些课题研究。创造条件,让资优生能在高中阶段走进实验室,走到科学家身边,在科学家的指导和影响下不断成长。

要搞好英才教育,一定要努力保护好学生的好奇心、想象力,激发学生的学习兴趣。好奇心和想象力是成为创新人才的前提。应试教育的最大危害就是磨灭了优秀学生的好奇心和想象力。而最好的保护方式就是允许学生提出任何自己感兴趣的问题、探索自己感兴趣的课题。只有这样才能激发学生的学习兴趣,解决学生成长的动力问题。

可喜的是,在我们的基础教育战线,也有许多有识之士已经意识到了英才教育的重要性,并且进行了大胆的探索和实践。

在上海市,上海中学、华东师大二附中、上海交大附中、复旦附中,已经率先开展了改革拔尖创新人才培养模式的实验,突破了常规的教育体系,在评价遴选、培养模式、大学与中学衔接培养等许多方面都有很大的变化,这无疑是对现有的人才培养体系的一个重要的补充和改进,大大弥补了现行体制在英才培养方面的严重缺陷。但是,这种改革和实践,对于我国整体英才需求而言,依然是杯水车薪。

清华附中也曾经在理科人才培养方面进行了长达十年的探索和实践,做出了突出的成绩,积累了丰富的经验。尤其在大学与中学衔接培养上,做出了非常有效的探索和实践。这十年所培养出来的近两百多名优秀学生,已经在不同的领域崭露头角。遗憾的是,这样难能可贵的探索实践,被突然叫停,而且没有进行认真系统的总结。

如果不突破现有教育体制和高考制度,英才培养模式改革也难以真正实现,如果不建立英才教育的国家体系,中国的英才教育形势也难以真正改观。

实践证明,我国的英才教育是很不成功的,或者说根本就没有真正意义上的英才教育。这说明现行的教育体制无法满足英才培养的需求。要想搞好高层次人才的培养,我们必须改变原有的教育理念、培养模式、评价方式和选拔方式,这就需要我们进行教育创新。

英才培养体系,必须首先打破中学与大学之间在培养人才上的明确界限,搞好衔接式培养、合作培养,尽可能减少应试教育对英才培养的影响。为了实现英才培养的目标,必须进行教育创新,充分借鉴国际经验,在不影响现行教育体制的前提下,把英才教育变成国家行为,建立国家"英才培养工程"。

建立国家英才教育体系不是一件容易的事情。但是,对于国家的发展而言已经是刻不容缓。我们已经耽误了太久,我们已经远远落后,我们已经不能再等待。

拔尖创新人才的培养在《规划纲要》中占据着重要的地位。要成为一个创新人才,必须具备足够的领导力,才能起到引领作用。国家的发展需要"领袖人才",时代呼唤"领袖人才"。我们不缺乏具有领袖潜力的学生,也具备培养出杰出人才的能力。虽然缺少宽松有利的培养和成长环境,但我们不能缺少对"领袖人才"培养的追求。

一个学校不是学生的,不是家长的,更不是校长的。许多时候,我们没有去做该做的事情;许多时候,我们无法做想做的事情;许多时候,我们做了许多我们不应该做的,甚至有悖于我们教育使命的事情。现实和理想的矛盾,将会永远存在,问题和挑战也将永远存在。没有问题就没有发展的机遇,搞不清问题就找不到解决问题的方法,解决不了问题就无法前进和发展。

作为教育工作者,作为校长,许多时候,我们不属于自己,不属于家庭,不属于学校,我们属于国家、民族,甚至属于世界。我们必须承担起属于我们自己的责任和使命,去努力培养杰出的下一代人。

整合社会资源,回归教育本质,办人民满意学校

北京市第三十五中学　朱建民

我的校长任职经历有些特殊：从2000年初次踏上校长岗位至今，我先后担任过4所学校的校长。虽然每所学校的任职时间都不长，但是我都能很快进入状态，带"火"这所学校的发展！10年间，不论是在哪所学校，我都始终带着这样的责任感与使命感，虔诚地履行着自己的职责。10年的校长之路，我从未停止过思考，也不曾有过一丝的倦怠。这4个单位的经历，使我积累了一些经验与教训，也促使我慢慢地"悟"出了一些学校发展中的"共性"。

今天的学校不能消极地等待社会为学校创造出我们所"理想"的育人环境，而是要在了解社会需要的基础上，把握学校发展的机会，在服务社会的发展中实现学校的发展。为此，在办学过程中，我不是单纯地把关注的焦点局限在学校这个有限的"围墙"内，而是放开视野，把"无限的"同时是"可资利用的"社会资源都纳入教育的视野之内，实现"可资利用的资源"向学校"实际利用的资源"的转化，以此拓展学校教育的时间和空间。

我深知：教育绝不是孤立存在的，有什么样的时代就会有什么样的教育，有什么样的教育就可能造就什么样的社会。一个优秀的校长必须学会观察社会、思考社会，从而找到自己办学的方向。

同时，学校更要注重回归教育本质：坚持育人为本，促进学生自由全面发展；坚持教师第一，不断增强教师的专业能力。"内外兼修"，形成特色，保障教学质量的稳步提升。

"整合社会资源，回归教育本质，培植学校特色"是实践中我对学校教育价值坚持不懈的探求！

一、校长要积极在满足社会需求中推动学校发展

《文翁书院》中有这样一段描述："社会是个圆，圆周无迹可寻，圆心无处不在，半径就是教育，我们所能做的就是将这个半径拉得更长，让这个圆更大。"全社会创造了非常庞大的教育资源，而"教育是最大的民生"，作为教育者，我们该如何把这些资源有效地组织起来，启动起来，服务社会，

改善民生？

这意味着作为校长的我们绝不能只是关心学校教育、教学这分内的"小账本"，而应该自觉地把教育事业的发展放到社会发展的统一棋局上去"算大账"，要打破"小教育"的框框，用"大教育观"来办"大教育、大服务"。这种"跳出教育看教育，跳出教育发展教育"的思维方式，渐渐地成为我在办学过程当中常用常新的"秘密武器"！

(一) 整合资源，服务社会，创建学校办学特色

"器，有容乃大。"在办学过程中，我没有闭门造车，这其中，"整合社会资源，培植学校特色"是我在发展4所学校时的共通之处。

办教育是件难事。把一所名不见经传、无论物质条件还是师资力量都不足以使它脱颖而出的学校，办得被社会认可，更加不易。我担任校长的第一所学校——北京第三十三中，就是这样一所名不见经传的普通学校。

三十三中曾经是一所完中。1997年，由于西城区教育布局调整，学校停办高中，变为纯初中校。一个不大的操场加上颇有些年代的教学楼是三十三中的全部家当。当时教师闹调离，学生闹转学，社会上微词迭出。并且，随着初中生源的逐年减少，办学效益比较低的学校还面临着被撤销吞并的危险。尤其是三十三中临着长安街，虽然地皮不大，却因为地理位置好而对外界有着很大的吸引力。一旦学校的教学质量搞不上去，早晚有一天会被人家吞并。我当时就想，自己一定不能成为三十三中的最后一任校长。于是，我静下心来，开始寻找改变学校面貌的策略。

2001年，北京市开展了声势浩大的申办2008年奥运会的活动，市政府发出全市人民学外语的号召。这个号召大大激发了人们的积极性，但是也给普通市民带来了一系列实际的问题，比如：到哪学？谁来教？学什么？……我敏锐地意识到，这对学校来说，或许是一个发展的机会。

很快，我们在北京市中小学当中率先提出由三十三中提供师资，提供场地，开展市民学英语活动。并顺势提出了三十三中英语教学改革方案：

由外语教研室主持编写出《三十三中迎奥运实际英语一百句》,在学校范围内普及后,号召老师和学生做志愿者,走进社区,为社区居民免费普及英语。

实践证明,我们的举措深受社区群众的欢迎。英语进社区活动,不但实现了学校利用自身资源服务于社会的目的,同时也激发了学生学习英语的热情,让他们在社会实践中得到充分锻炼,尝到了学以致用的甜头。此外,为了在月坛社区普及奥运英语,学校还正式举办了月坛社区文明市民学校三十三中外语培训中心的挂牌仪式。这个举动引起了很大的轰动。当时,北京市奥申委的官员、北京市讲英语组委会的领导、西城区区委区政府的领导、区教育局的领导共来了200多人。随着国际奥委会投票选择2008年奥运会举办城市的临近,国内外近30家新闻媒体,从不同的角度宣传和报道了三十三中为支持北京申奥为北京市民普及英语的情况。

对于一贯优秀的学校来说,这样的关注或许只是锦上添花,但对曾经困顿的学校而言,这些关注是多么实在而又激动人心啊!经历这件事情之后,在三十三中,不管是老师还是学生,甚至是家长,大家的"心气儿"都一股劲儿地提上来了。我趁热打铁,提出以奥运为契机,创办三十三中英语特色校。从2000年11月20日开始,在三十三中初一年级7个教学班中,利用每天早读的时间开设了英语活动课。并与北京语言文化大学(现北京语言大学)开展合作办学,利用课余时间,请留学生们到校与学生开展语言文化交流。

如今,各个学校开展英语进社区的活动已经非常普遍。而作为这一活动形式的"先行者",我不仅因此"盘活"了这所学校,也成功地实践了自己"创设没有'围墙'的学校"的教育观。

2003年7月,我被调到北京市第一一零中学当校长,这是一所美术特色学校。对于已经具备鲜明特色的学校来说,如何更上一层楼是个新课题。2003年12月26日是毛泽东诞辰110周年,与学校的校名正好吻合!两个110,是巧合,更是机缘!基于对老将军们跟随毛主席出生入死建立新中国的真挚感情的敬重,基于学校美术教学的办学特色,也基于实现特色教育资源社会化共享的心愿,我们成立了"北京一一零中学老将军书画室",邀请到了136名老将军参加。这样既为老将军们提供了一个"以画会友,以墨结缘,老有所为,老有所乐"的活动场所,又可以借助这个载体,利用书画艺术这种形式,让老将军们与同学们一起切磋和交流的同时,用他们的革命经历和光荣历史对学生进行活生生的爱国主义、革命传统和民族精神的教育。紧接着我们将征集到的老将军、老首长的书画作品共计110多幅,和一一零中学15位同学的15幅美术习作一起编辑出版了精美的书画作品集:《老将军与下一代》。全国政协委员、中国书法家协会原副主席、军事博物馆研究员李铎先生为书画作品集题写了书名。

"北京一一零中学老将军书画室"是全国唯一一个与基础教育相结合的老将军书画艺术组织。新华社、中央电视台、《人民日报》、北京电视台、《北京日报》等多家权威新闻媒体对此进行了报道。我觉得更重要的是,通过这个组织,学校将"老将军"这一宝贵的资源充分整合并继承下来,有力地影响了青少年学生!这一举措,为一一零中学注入了新的活力,也掀开了学校发展的新篇章。

2005年7月,我被调到北京市第一五六中学。一五六中学和一一零中学不同,是一所拥有75年历史的文化老校,历史积淀相对深厚,传统文化特色鲜明。不过,老校所承载的既有历史的辉煌,也有因历史而沉积下来的一些痼疾,如何使她步履轻快地登上新的制高点,可能是所有有着悠久历史的学校面临的现实课题。

一五六中是一所传统文化特色鲜明的学校,我当时就想,能不能继续在传统文化上面再做些"文章"?书法,应该说是最能体现中国传统文化特色的一门艺术。鉴于此,我确定了以书法教育为龙头的文化兴校战略,邀请中国书法家协会名誉主席沈鹏先生作为一五六中名誉校长,并成立了"沈鹏书法艺术学校"。作为一代书法大师,沈鹏先生追求普及书法教育,而这所"沈鹏书法艺术学校"是沈先生在全国唯一一所书法艺术普及教育机构。我们还特别邀请了中国学界泰斗、96岁高龄的季羡林先生亲自为"沈鹏书法艺术学校"题写了校名。揭牌仪式那天,沈鹏、娄师白、张锲、王巨才、顾明远等各界著名人士专程到会祝贺,场面极为热烈。

之所以成立书法学校,不仅仅在于希望通过此举在一五六中实现社会资源与教育资源的互动双赢,我更看重的其实是"书法"背后的教育功能。汉字特别讲究结构的和谐,这是中国传统文化的核心。中国的"和"文化首先来自于个人心性之和,然后推己及人,由小及大,从人际之和,到国家之和,人类之和,再到天人之和。我期望借助书法艺术教育,来提升学生的文化品位、情操修养和思想境界。学书法如同做人,人要像汉字那样堂堂正正,规规矩矩,要脚踏实地做事,顶天立地做人!

2008年1月,一纸调令,我来到了北京第三十五中,开始担任这所市级示范校的校长。

一年后的9月4日,温家宝总理来到三十五中,为制定《国家中长期教育改革与发展规划纲要》做专题调研。一时间,三十五中成了全国闻名的"明星校"。新华社、《人民日报》、《光明日报》、《北京日报》等各大媒体都全文登载了温家宝总理在三十五中座谈会上的讲话。

一个13亿人口大国的总理,一上午连续在一个班里听了五节课,下午对这五节课进行了评课座谈。我认为,这是中国教育史上一个里程碑式的事件。总理调研之后,三十五中人一直处在感动与激动当中。当然我们也深知,不能总处在这样单纯的感动与激动中,我们要做的不仅仅是"明星校",而应该成为真正名副其实的"名校",要深入学习落实总理的讲话精神,要马上行动起来!

温总理在三十五中的评课和讲话中,肯定了新中国建立六十年和改革开放三十年中国教育所取得的重大成就,同时也指出了中国教育两个不适应,一个是不适应经济社会发展的要求,一个是不适应国家对人才培养的要求。同时总理提出了中国教育的两个深层次的问题,一是借"钱学森之问"重提"我们的学校为什么总培养不出杰出人才",二是我们的"素质教育搞了多年,为什么成效总不明显"。总理说:"要想培养优秀的人才,必须转变思想观念,要从教育体制、教育机制、教学内容、教学方法、评价方式上进行改革与创新。"三十五中在这一年中,围绕温总理提出的两个问题进行了系统深入的思考与改革实践。而我一贯秉持的"整合社会资源,培植学校特色"的理念也再一次有了更大的"用武之地"。

为了落实温总理的讲话精神,为了求解"钱学森之问",三十五中于今年的5月11日与中国科学院(京区)科学技术协会签定了"中国科学院科技创新人才早期培养方案"框架协议,启动"科技创新人才早期培养班"项目。该班依托中科院强大的教育资源,设计特色课程,将学校科技教育与同步进入国家院所实验室结合起来,实施在导师指导下的菜单式选修及学分制管理。学校为学生设计了五大课程模块,包括基础必修课程、综合选修课程、中科院系列课程、研究性学习课程和社团活动课程,提供共计172门课程供学生选择。

其中,中科院专家科技系列课程是为"科技创新人才早期培养班"专门设计的一套系列课程。每个学生要完成30个左右的专题讲座,涵盖数学简史、材料化学研究动态、计算化学在化学中的应用、环境地球化学等等。他们还要按照兴趣爱好分成基础科学、生命科学、资源环境科学、高技术科学四个领域进行专题研究。每周半天,来自中科院十几个研究所的科学家将亲身授课,一些热心于青少年教育的院士也将走上讲台。

"科技创新人才早期培养班"的学生由中国科学院(京区)科学技术协会与学校共同颁发中科院科技创新人才早期培养结业证书。由中国科学院两名以上的教授、博士生导师对优秀的学员提供申请国内外大学所需的推荐信,为重点大学自主招生提供优秀的创新型拔尖人才。我们正在不断探索一套"如何利用各种资源培养拔尖创新人才"的育人模式,从而把学校建设成为北京市乃至全国具有引领示范意义的青少年科技创新人才教育基地之一,为国家培养高素质人才打下坚实的基础。

从基础薄弱校三十三中,到美术特色校一一零中,到准重点校一五六中,再到今天的市级示范校北京第三十五中,应该说,我所走过的这4所学校无论是历史背景、办学水平还是具体发展过程中遇到的问题、难点都不一样。每所学校都有自身的特点。根据学校的特点,抓住学校发展的契机,找到学校工作的突破口,充分挖掘并整合校内外教育资源,为我所用,实现资源的社会化共享,便能以此提升学校办学水平和办学质量。这是我每到一所新学校,都能很快地适应这个学校的环境、抓住学校发展的契机、找准工作的切入点,在短时间内使学校实现跨越式发展的关键因素。

(二) 以外促内,内外兼修,夯实办学基础

学校办学外部资源与内部实力缺一不可。大家都知道,现在是"注意力"时代。作为学校,也要懂得适时地吸引媒体、吸引领导、吸引家长、吸引社会的注意力。前面谈到的我在4所学校办学过程中比较有代表性的"亮点"工作,应该说很好地实现了这一点。不过,吸引大家的注意力并不是我的初衷。"有为"才能"有位"——开展这些工作更深层次的原因在于,我希望通过吸引注意力,在争取社会方方面面支持的同时,凝聚师生的向心力,培植学校的特色,并能以此为突破口,推动学校的内涵发展,提升学校的办学品质。

就像国家总督学陶西平在《大家不同,大家都好——关于学校特色发展问题的思考》报告中所说的那样:"特色学校就是核心价值与附加价值的统一。核心价值就是贯彻国家教育方针、实施国家的课程标准、落实国家的培养目标;附加价值就是自身改革的切入点、自身的个性追求、自身的独特传统。根据办学理念、办学模式、学科建设、学校文化的不同,就形成了多彩的学校办学特色。"这个"附加值"是我关注得更多的。我希望通过这些"亮点"工作在学校的顺利推进,实现它的"附加值",即:形成学校特色、学校品牌与发展机会之间的良性循环,让学校能够以较快速度发展。

比如,在三十三中,当大家心气儿都提上来的时候,我提出了"以创新促改革,以改革求发展,以发展创特色"的18字办学方针,邀请了西城区教科所的专家们与学校一同制定三十三中"十五"教科研规划。此外,我们抓住奥运契机,创办三十三中英语特色校。请专家做名誉校长、与北京语言文化大学合作办学、请留学生到校与学生开展语言文化方面的交流……这些实实在在的改革举措,让学校的办学特色由理念变为现实。从过去老百姓不愿意来,慢慢地变为要"择校"进入三十三中,应该说是把这个学校"盘活"了。

到三十五中后,我又将温总理的调研之行作为学校发展的一个良好契机。温总理强调:"教育既要面向未来、面向世界、面向现代化,与时俱进;又要办出具有中国特色、中国风格、中国气派的现代化教育。"在深入学习和领会总理讲话精神的过程中,三十五中进一步明晰了学校的发展方向,那就是:努力将三十五中建设成为一所具有中国特色、中国风格、中国气派的现代化学校。

中国气派、中国风格,不光表现在学校的"外壳"上,我想更重要的是必须要有内涵!基于此,我进一步在学校提出了"五有"人才和"四证"教育的培养目标与培养途径,以此为抓手,将"三个中国"的办学理念真正落到实处。

教育应该由学校、家庭、社会三者结合,这三者如同三足鼎立,缺一只脚的话,教育就会动摇。综合这4所学校的办学经历,我的体会是:校长一定要善于寻找社会需求和学校发展的契合点。找到这个契合点的同时要充分发挥社会资源对学校发展的促进作用,努力突破学校看得见的"围墙"的束缚。这样,教育不再是狭隘的学校教育,家长、学生、老师,以及每个与学校相关的个人、团体都是促进教育发展的"点",这些点建构了教育的"面",他们交错纵横,完善了教育的"体",也就真正实现了以"大教育观"办"大教育、大服务"的理想。

二、校长要善于从社会的角度探究教育的本质

欧盟委员会在教育白皮书中指出:"未来充满危机还是机会?全看个人是不是有能力去适应,是不是有足够的知识去赶上未来。"我始终认为:培养能适应社会发展变化、对未来充满信心的学生是教育的根本任务。

究竟该如何培养？这就要求校长要"仰望星空"，抬起头来观察教育发展的趋势：我们不仅要站在学校的角度去理解教育、审视教育，而且还要善于从社会的角度去挖掘教育的本质。

有了这种对教育趋势的判断与思考，接下来要考虑的问题就是：究竟什么样的学校能让学生喜欢？什么样的学校能让教师感到幸福？什么样的学校是人们心目中的理想学校？这是教育"质量"的主题下最具现实意义、也最具挑战的课题。

我们说，能够为未来培养优秀人才、有特色的学校才是最具有竞争力、最受学生欢迎和最被社会认可的学校。而要办好这样的一所学校，在"仰望星空"的同时，还需要"脚踏实地"地践行。这其中，最关键的因素有两点：一是要回归教育本质，真正牢固学校的功能去培养"人"；二是要真正促进教师的发展，其核心是专业发展。而校长的重要职能，就是要对自己的团队和每一个成员，进行有效的引领和有价值的服务。下面，我将以我在三十五中的办学为例，谈谈我对这一问题的思考与实践。

（一）为学生全面而有个性化的发展奠基

学生将来是要走向社会的。而能否适应社会、适应程度如何往往不是看他们学了多少书本知识，而是要看他们具备了哪些素质，拥有怎样的能力。所以，我常跟老师们说起这样一个观点：我们的教育应着眼于人的长远发展、一生发展，而非短期成绩；在此原则下为学生打下的基础，才是真正的基础。"为学生全面而有个性的发展奠基"以及由此引申出的"五有"人才和"四证"教育正是基于这种思考提出的培养目标，三十五中的许多教育活动就是围绕着这一点展开的，这些活动无关高考，无关成绩，却极大地丰富着孩子们的校园文化生活。

所谓"五有"人才，即具有中华民族的文化底蕴和中国情怀、具有国际视野、具有正义感与责任心、具有适应社会的能力、具有科学精神和探究意识的创新型人才。

"五有"人才这一培养目标的锁定，不是为了学生几年以后的升学，不是为了做好一份卷子,而是基于学生的长远发展,给学生提供的成长、成人和人生不可缺少的营养和元素。

围绕"五有"人才的培养目标,学校又推出了一系列操作性极强的举措。比如,我们植根于厚重的历史文化土壤,抓住民族精神的核心,提炼出"勤、孝、礼、善、诚"五字学德,将其作为学校德育的重要内涵,让每一个从三十五中走出去的学生都带有这五字学德的烙印。在教育实践中,我校还注重"取其精华"、"保持民族性、体现时代性",努力将国学中的民族精神转化成潜在的文化课程,旨在把民族精神注入学生的头脑和生活中,用国学教育为学生擦亮民族精神底色。

又如,我们注重加强国际理解教育。秉承联合国教科文组织"通过教育、科学及文化来促进各国间之合作"的宗旨,在传承与发扬中国文化,促进中西文化交流以及增进国际理解方面大胆开拓、求真务实,开展了多项具有开创意义的工作。我们与加拿大新斯高沙省教育厅开展了课程合作项目;与英国乔顿中学建立并推进友好校关系;与北京联合国教科文组织合作启动了赴美交换生项目;引进了欧盟教育基金委员会的SDP课程等等。这些举措,不再是传统意义上的"表面镀金",而是探求深度的有效合作。

对应着"五有"人才中的五个"有",我们逐一推出了相应的培养举措。

所谓的"四证教育",则是指三十五中的高中毕业生都应具备"四个证书",即:高中毕业证书、做社会志愿者的经历证书、诚信证书、才艺证书。

以才艺证书为例。之所以将其列为四证之一,是因为我们认为,如果一所中学,不能在学生的青春年华时代激起年轻人诗心的回荡,唤起他们对美、对善、对真理的执著精神,那么这所学校无疑是缺乏感染力的。艺术、科技、体育都是很好的中介,热爱它们,才能让学生生活得丰富多彩。我也时常提醒老师,不要用学习和作业填满学生的时间。在三十五中就读的这几年,一定要让每个学生都有一到两项特长,不是为了能加多少分,而是为了他以后的人生能丰富起来。将来,不论我们的学生是高层科技人员,还是普通劳动者,如果他能始终保持一项体育或艺术的爱好,他的生命质量就会不一样。

为此,三十五中专门成立了艺术教育办公室,统筹全校的艺术教育。艺术教育办公室直接由校长领导,是与德育处、教导处、总务处平行的一个职能处室。我校的金帆民乐团是目前北京市学生团队中规模最大、编制最完整的。几年中,我们的乐团连续在中山音乐堂、北京音乐厅、人民大会堂、国家大剧院等顶级艺术殿堂举办了主题为《民族魂——长城情》、《民族魂——历史情》、《民族魂——奥运情》、《民族魂——京腔神韵》的青少年音乐欣赏专场音乐会。2009年,乐团50名成员作为民族打击乐乐手参加了国庆60周年庆典表演;2010年,金帆民乐团参加全国第三届艺术展演获得了金奖……

孩子们出色的表现、取得的成绩是值得赞叹的,但那仅仅是"能够测量"的部分。至于学生对艺术魅力的沉醉、对艺术的热爱和无尽的探索精神,以及名次背后孩子们历炼和提高的过程,却是一个奖杯无法反映的!我们更看重的是这些"无形"的成绩。比如我们向学生提出引导性的发展口号,在学生中掀起:崇尚"做人德字为先、学艺品字为高、好学钻研为上"的金帆行动准则并出台《"金帆在行动"指导手册》,对乐团的学生从初一入学到高中毕业的成长与发展作了详细的指导说明,对学生阶段性发展评价方案作了量化细则。

金帆民族乐团作为三十五中的示范团队,对学校的学生艺术团起到了积极的引领作用,在它的带领下,我校的学生合唱团、学生舞蹈队迅速崛起,2008年学校初中学生混声合唱团在4月份北京市中小学生艺术节合唱节中获得混声组唯一的一等奖。而三十五中的舞蹈队已经能够以较高的水平参加市级比赛。此外,我校还成立了娄师白书画艺术学校,并由周巍峙先生题写了校名,这是继金帆民族乐团、京剧进入课堂后,我校在"培养学生具有中华民族的文化底蕴"方面的又一具体举措,让学生能够有机会接触到大师级人物,受到高水平的国画、书法的艺术熏陶。

这种丰富的教育世界,对学生而言,才是完整而不残缺的世界;这种多彩的教育生活,才是为学生奠定心灵基石的生活。而当我们没有过多地把关注度聚焦在升学率上的时候,我们的升学率仍是稳步上升的。而且越到后来,提高得越快。2008年,我们的一本上线率为72%;2009年,达到84%;2010年,这个数字更是直线上升为96%。我想,这也从一个侧面反映了我们"注重学生全面而有个性地发展"的办学成果。

此外,三十五中申报了国家教育体制改革试点项目实验。试点周期为2008年9月~2014年7月。我们试图通过人才培养模式改革,从根本上减轻学生过重的课业负担,促进学生全面而有个性的发展。

具体改革举措为:

1. 课程设置由"单一"到"多元"。开设丰富多彩的选修课,进行自主排课,改变学生选课方式,增加"生涯规划"的教育,改变学业管理方式,为学生提供多种课程选择,搭建多个成长平台,促进学生全面发展和个性发展,以此激发学生的学习兴趣,使学生学习由被动到主动,从而减轻学生对学习的心理负担。尤其要以三十五中"六年一贯制课程改革项目班"(以下简称"项目班")为载体,与中国科学院科学技术协会合作办学,为"项目班"的学生量身定制课程,并实施在导师指导下的菜单式选修及学分制管理。

2. 教学方式由"单一"到"多元"。以课堂教学为核心,采用教室内"网络教学",营造科学、民主、平等的师生关系,培养学生自主学习、合作学习和探究性学习的学习习惯,以及批判性的思维方式和勇于挑战权威的质疑精神。同时,让学生有时间走出校门,增加学生的社会实践机会,并与中科院合作,增加学生进入中科院实验室与科学家近距离接触的机会,为孩子提供更多的机会与平台,使学生不仅学会知识,还要学会动手、学会动脑。

3. 文化素养由"单一"到"多元"。取消"项目班"初三第二学期的中考复习,利用该时间段组织"项目班"全体学生作为北京联合国教科文组织赴美文化交流小使者,到美国生活、学习半年,作为三十五中项目班的境外课程。让学生了解、理解世界多元文化,形成多元思维方式,培养学生的国际视野。同时,引进英国剑桥大学"SDP"课程,并与北京外国语大学合作进行英语素质教育改革。

4. 广泛开展活动课和各项社团活动。充分利用三十五中特有的艺术、体育、科技等特色教育,发现和培养学生的兴趣和特长,提升学生的艺术修养和人文、科学素养,为学生的全面发展和个性发展提供更多的平台和机会,塑造学生大爱、和谐的心灵。

5. 建立健全"项目班"学生的评价体系。在注重学生学习成绩的同时,更加注重学生的综合能力、整体素质和发展潜力的全方位评价,不以学习成绩作为唯一的评价标准。力争使"项目班"学生在高中毕业时,人人都要拿到"高中毕业证"、"做志愿者的经历证"、"个人才艺证"、"个人诚信证"和中科院与三十五中共同颁发的"科技创新人才早期培养班结业证"5个证书。

6. 三十五中于2010年7月11日正式加入世界名中学联盟。这个联盟是由欧盟基金会联合世界近百所中学组成的,旨在加强与世界名中学之间的交流与合作,借鉴东西方素质教育的经验和理论成果,创建与中国政治、经济、文化发展相适应的中学素质教育课程和评价体系,引领21世纪中学教育改革的发展方向。

7. 家校结合。转变家长对人才认识的误区,帮助家长认识自己孩子的优势和兴趣点,进行家校结合的"扬长"教育,通过与家长的沟通和家校教育的融合减轻学生课外学习的负担。

目前,这两个项目的运作已进入实质阶段,首届"科技创新人才早期培养班"也已于今年的8月31日正式开班。开学典礼上,我和中国科学院(京区)科学技术协会的袁志宁主席共同为首期的80多位学员颁发了"科技创新人才早期培养班"的录取通知书。9月26日,我们在中国科学院生物物理研究所又隆重地举行了开班仪式。高登义教授用自己的科研经历和人生感悟在这个顶级的科研院所里为孩子们上了生动的第一课。

我们期望通过这种试验,在进一步梳理我们的育人和教学传统、提炼我们的实践和做法的同时,创新有本校特点或特色的"充分利用各种资源培养拔尖创新人才"的育人模式,为学生全面而个性化的发展奠定坚实的基础。而这,也正契合着如今社会对教育的呼唤与需求。

(二)用"教师第一"来强调教师的主人翁地位

毛泽东说:"人民群众是创造历史的主人。"

用这话来形容学校的发展是同样恰当的:一所学校能不能够办好,有诸多的因素,其中,最核心的因素是"人"——教育优质化发展的根本在"人",教育质量不断提高的关键在"人",教育核心竞争力增长的核心还是在"人"。

教师是学校的第一资源,对学校的持续发展、对素质教育的推行,都起着极为重要的作用。有人说,一个学校能不能办好,成在教师,败也在教师。在实践中我们也能深刻体会到,一个优秀的教师往往能带出一个优秀的学科,一个优秀的班主任往往能带出一个优秀的班集体!所以,有什么样的教师队伍,有什么样的干部队伍,决定着这所学校的成败。假如教师的教育教学是失败的,学生怎么可能成功?只有教师成功了,才有可能换来学生的成功;学生的成功才能证明学校是成功的。在这样一个链条上,教师是最主要的。

于是,"用'教师第一'来强调教师的主人翁地位"也就成为了我办学指导思想中非常重要的一条。具体体现为:

教职工的身体第一。教职工的身体健康状况在我看来是最重要的。上任后我积极联系医院,为老师们做了高规格的体检。其中五位老师的疾病,因这次体检发现得早,都及时得到了有效的手术治疗,应该说是躲过了一劫。

家庭孩子第二。作为一个老师,对上要是一个好儿子、好女儿,对下要是一个好父亲、好母亲。要把父母孝敬好,把孩子教育好。

学校工作第三。只有老师的身体好了,家庭好了,才能最大限度地把精力投入到学校工作中。

同时我向广大教职工提出:有困难找校长,不幸福找校长。并提出了三个服务,即:教师为学生服务,干部为教师服务,学校为社会服务。将"学生对老师的教学满意不满意,家长对学校的管理满意不满意,社会对学校培养出来的学生满意不满意"作为衡量和评价学校办学质量的客观标准。这些不是我对自己的标榜,也不是只停留在字面上的口号,而是一种实实在在的工作标准和工作态度。在实践中,我尽力地一点一滴地营造着教师发展的良好氛围。一方面,学校为教职工办实事:食堂、停车、子女入托入学等教职工关注的事情都是学校的关注焦点;另一方面,加大了"校级先进"的评选力度,每年学校有近四分之一的教师获奖,让每一位教师都觉得自己在这个集体中能有所追求、有所作为。此外,着重建立民主科学的教育管理机制,做到有法可依、有章可循,使广大教师通过一定的形式和渠道参与到学校管理工作中。通过这些渠道为教师们创造"敬业、乐业"的土壤,让他们在这片土壤里提升自己的生命价值。

同时我也深知,在教师队伍建设中营造良好的人文环境只是一个方面,更重要的是要使教师"有奔头"。所谓"有奔头",就是让大家知道努力的方向,有发展的通道、上升的台阶,只要自身努力就能一步一步走向成功。构建教师的成长阶梯,目的只有一个,就是让教师一步一个台阶,不断向着更高的目标迈进。

为此,我校着力搭建起了以"全员、全程"为特色的教师成长平台。

1. 营造书香校园,从读书入手,提升教师素质

温家宝总理说:"书籍是人类智慧的结晶。读书决定一个人的修养和境界,关系一个民族的素质和力量,影响一个国家的前途和命运。一个不读书的人、不读书的民族,是没有希望的。"学校作为教书育人的阵地,更应如此。

"学校要有读书风,教师要有书卷气",营造书香校园,用阅读丰富教师们的精神世界,这应该说是我校教师培养的一大得力举措。在三十五中的校园里,处处散发着隽永的书香。每年我们都要根据老师的意见购进新书、订阅报刊,号召大家认真学习教育理论。例如,我们先后有针对性地选购了《校长需要什么》、《教师需要什么》、《责任比能力更重要》等书

籍下发到每位教师手中,并由我本人亲自进行首期导读,在全校掀起了读书的热潮。我极力倡导老师们把学习与实践结合起来,使工作学习化,学习工作化,使学习完全地融入生活和工作。

2. **构建科研体系,让教研成为教师成长的"着力点"**

教师的专业成长又依赖于强大的教育系统的支撑。三十五中坚持完善科研、教研、课改三位一体的科研管理机制,把每学期有计划、有组织的专题研究与群体性日常教学研究紧密结合,把课题研究落实在常态教学和日常工作中,并有针对性地建立了首席教师制度。这个制度规定每个备研组组长就是这个年级、这个学科的首席教师,他们就像乐队的"首席演奏",能在整个团队中起到"定音"的作用,承担起整个学科团队的组织建设任务及培养、指导青年教师的责任。我校申报的科研课题:《创建学习型学校实践研究》,被列为全国教育科学"十一五"规划2009年度教育部规划课题;2009年10月,三十五中加入了教育部"十一五"重点课题"信息技术条件下新课程教育方式实验研究",我们试图打破时间和空间限制,建立网络学习平台,实现"官教兵、兵教官、兵教兵",师生共同开发课程资源,研制和编写学案和教案,形成师生学习共同体。目前,初中的语、数、外、理、生等学科已开展了"网络平台课"实验,老师根据教学内容自主选择教学方式,学校则利用课时费来鼓励教师参与实验。此外,三十五中还成为了教育部重点规划课题"高中办学多样化研究"的实验学校。

3. **以课改为龙头,让教师与课改同行**

基础教育已经从注重规模发展、全面普及转到内涵发展、提高质量的新阶段。关注课堂教学已是必然。素质教育只有深入到课程教学层面,才算是深入到了本质。课程改革是全面推进素质教育的龙头与把手。"以课改为龙头,与课改同行、共成长"是我校在新的历史条件下对教师学习的新要求。

近两年,我们充分利用周二学习时间和教研组、备课组活动时间,有计划、有目的地组织大家开展学习,从内容、时间、形式上给予保证,与以往相比有了很大改进。我们除了请专家开展专题讲座之外,共组织了七次学习论坛,进行体会交流,由区级学科带头人对《基础教育课程改革纲要》进行要点解读,由高三毕业班的任课教师就"新课程背景下的考试研究"发表见解,请各学科备课组长就新课标谈学习体会,组织一线教师围绕"有效教学大家谈"进行研讨交流,广大教师热情参与新课程理念与有效教学策略的学习讨论,都收到了很好的效果。通过学习论坛这种形式,我们感到新的课程理念不能束之高阁,必须与教学实践紧密结合,让身在一线的教师把先进的理念和策略用于教学实际,解决实际问题,指导自己的教学行为。理论与实践紧密结合,体现了学习的意义和实践的价值,这正是老师们感觉有收获,有提高的原因所在。

在老师们的探索与实践中,学校收获了大量具有代表性的教改经验。诸如物理教师宁成的"学案式导学"教学法就是很好的例证。

"学案"是宁成老师在准备教案的同时,根据本节课教学知识的特点、教学目的、学生的认知水平和认知规律设计编写,以供教学之用的导学材料,涵盖着知识点、学习网络、能力要求,条理清晰。在这种课堂教学模式中,学生表现得热情极高。提问、查找资料、回答问题、小组讨论、研究性学习甚至社会实践等形式新颖、内容丰富的课堂结构,使学生们在自我管理、自我学习中得到更多的知识。

以学案为支撑点,将45分钟课堂向课前、课后有效地进行了延伸,真正地变传统讲授式的"要我学"为学生积极主动参与式的"我要学",效果很明显。

我们敏锐地意识到,学案导学教学法是学校实现有效教学的落脚点,是教师提高课堂教学质量的一个有力"抓手",通过这一直接媒介,能进一步深层次改变教师的教学思考定式、教学方式,从而实现学生学习方式的改变,真正使我们的教学为学生的终身学习、终身发展服务。

于是,2008年我校提出了"借鉴高中物理学科经验,在全校推广并进行学案导学教学法"的实验研究。2009年10月16~17日,我们举办了三十五中第8届教学研讨会,将主题定为"新课程背景下课堂教学行为研究暨学案导学教学法中期总结推广大会",统一全体教师的思想认识,将学案真正作为"老师的助手,学生的帮手",通过"学案导学教学法"的推广和使用,把教学的重心由老师如何教转移到如何让学生学会、会学,沟通了师生之间的教学关系,增强了教学的民主性和双向交流性。

这些,只是三十五中深化课堂教学改革的众多举措之一。

温总理去年的三十五中调研之行,在谈到教学改革时强调要"注重启发式教育,把学、思、知、行结合起来",三十五中按照总理的讲话精神,提出了"'会学'比'学会'更重要,'学会思考'比'学会知识'更重要"的课堂教学目标。今年学校建立了两个移动数字化实验室,可利用无线上网卡登陆网络学习交互式平台。

校长要把师生真正地装在心里,一切从为老师的发展、学生的发展和干部的发展去考虑,这样就具备了成为一名成功校长的基本素质。"我爱我校,幸福伴我每一天"。教师的"幸福",不仅体现在有一个宽松舒适的工作环境,更体现在他们能感受到教师专业成长的幸福,体现在他们能感受到教师职业的幸福。如今,我校倡导的这一理念已不再是空洞的口号,也不再是乏味的教条,而是渗透到每位教师心里,切切实实地改变着每一位教师的工作和生活。

三、校长要努力成长为新时期的教育家

中国的基础教育正处在非常关键的改革与发展期,急需有理念、有思想、有理想、有魄力的校长来办学,"造就一批教育家"和"倡导教育家办学"也因此成为了教育发展的时代诉求。现在,在千万名教育工作者中,已经涌现了一批教育家。像"民主管理"的魏书生、"为了自由呼吸的教育"的李希贵、"生命因教育而精彩"的康岫岩、"人生为一大事来"的刘彭芝……他们从普通的教师做起,在实践中以自己的热情、智慧和责任感,回答了新时代的命题,成长为教育家,为我们的一线校长树立起了精神的标杆。那么,教育家的特质是什么?怎么才能成为教育家呢?

顾明远先生说:"当代中国教育家最需要两方面的根基,一是中国文

化的根,二是国际文化的视野。"

华东师范大学陈玉琨教授则认为,教育家的成长途径有三条:"敏于教育发展的'盲点'、善于把握社会需要与自身优势的结合点、勇于探索教育的难点。"

专家们的论述给了我很大的启发,同时也引导我对校长工作有了更深层次的思考。我觉得,校长必须成为一个理想者、思考者、学习者和实践者。

(一) 校长要对中国教育现状保持清醒的头脑

在从事教育近 30 年、任校长 10 年来的过程中,我深刻意识到,一个合格的校长,首先要对中国教育现状保持清醒的头脑,要时不时仰望星空,让教育引领社会,而不是迎合社会。而想做到这一点,一是要在研究国家政策、教育方针的基础上进行预见;二是可以从当前的教育弊端去思考问题,从而做出科学的决策。惟其如此,校长才能在深刻把握教育规律和学生成长规律的基础上,对基础教育的发展趋势有一个宏观把握和一种内在的预见性,并把教育理想果断付诸教育实践。

(二) 校长要成为学习的"首席"

要想做好校长工作,只凭热情和实干是不够的,必须有系统的专业知识作基础。苏霍姆林斯基说过:"要天天看书,终身与书籍为友,这是一天也不断流的潺潺小溪,它是充满着思想的江河。"所以,我始终把提升自身的专业技术水平纳入我的生活内容。校长一定要成为学校学习的"首席","学愈博,思愈远",学问愈是博大,教育的视野就愈发开阔,也就愈能主动想明天的事,主动做明天的事。

(三) 校长要成为课程的管理者和引领者

朱永新教授说:"一所理想的学校应该有一个面向所有学生,为了学生全面发展的课程体系。"

一所学校,有什么样的课程观,就决定了这所学校有什么样的人才观。学校有什么样的课程结构,就决定了这个学校学生的素质结构;而这个学校的课程质量,就决定了学校的教育质量。课程改革,是学校未来发展的生长点,也是校长工作的重要着力点。在这场变革面前,校长唯有躬身其间,直面痛痒,抓住课堂教学这根弦,敢于承担责任,勇于破旧立新,做到静心、耐心、恒心并举,才能引领广大教师共同参与,以真正务实的态度,研究问题,解决问题。

(四)校长要有教育理想,要有教育激情

如果一个校长只能按上级文件办事的话,那么他只能做一个平庸的校长、维持型的校长。校长应该不唯上,不唯书,只唯科学与发展。但同时,校长又不能空有理想,在高扬的理想背后,校长要有自己的独立思考能力,有对自己主张的执守,还要有饱满的热情和精神。

记得革命先烈、也是我们的建校董事之一的李大钊曾经说过这样一段话:"凡事都要脚踏实地去做,不弛于空想,不骛于虚声,而惟以求真的态度做踏实的工夫。以此态度求学,则真理可明,以此态度做事,则功业可就。"我常以这段话来鞭策自己:要坚守教育理想,不浮躁,不跟风,要竭智尽力,倾心治校,做一个真正的教育者。

"教育家"——这个称号是对教育职业价值的最高认可。我愿意朝这个方向努力。

教育:培育美好人性

浙江省新昌县澄潭中学 李辛甫

《人民教育》2009年第一期以《用精神为学生的人生导航》为题,长篇报道了澄潭中学艰难创业的过程和教育探索之路,报道的结尾写道:"在澄潭中学,有那么多感人的瞬间和动人的故事,让我们看到了教育震撼人心的力量。这所学校的精神,令人尊敬,这所学校的未来,值得期待。"

作为这所学校的校长,学校的快速发展并不等于我已把握了教育规律,因而在探索和实践美好人性教育的历程中,我总在想:教育是什么?教育为什么?我们的教育要追求什么?我们的学校在社会上扮演着什么角色?能给社会、学生留下什么?正是怀揣着这份国家责任和教育情怀,我一直穿行在理想和现实、想法和做法之中,不断地寻觅着教育的真谛,于是有了自己对教育的一些思考、想法和做法。

一、背景来由:回望与批判

21世纪开篇以来,中国正以其经济的高速增长模式和负责任的大国形象走在世界的前沿。但当代中国如大河奔流、泥沙俱下,在高科技迅猛发展、物质生活迅速提高的同时,社会的公正、公义等普世价值正面临严峻的挑战,社会的道德底线屡屡被突破,社会的人文素养、科学精神倍受挑战,这一问题若不解决,将极大地危害中华民族的伟大复兴事业。

(一) 现象回放

现象一:1991年11月1日,一位名叫卢刚的中国留学生制造了一起震惊世界的惨案:他在刚刚获得爱荷华大学太空物理博士学位之后,开枪射杀了3位教授、1位和他同时获得博士学位的中国留学生山林华,还有这所学校的副校长安·柯莱瑞。安·柯莱瑞是爱荷华大学最有权威的女性之一。很久以前,她的父亲曾远涉重洋,到中国传教,她也因此出生在中国的上海。对于中国人,终身未婚的她有着特殊的感情,就像对待自己的孩子,无微不至地予以关照与呵护。

每年的感恩节和圣诞节,她总是邀请中国学生到她家中作客。然而,她却最终死于中国学生的枪口所喷射出的仇恨火焰。1991年11月4日,爱荷华大学的28000名师生全体停课一天,为安·柯莱瑞举行了葬礼。也就是这一天,她的兄弟们强忍无限悲痛,以极大的爱心宣读了一封致卢刚家人的来信:

"我们经历了突发的剧痛,我们在姐姐一生中最光辉的时候失去了她。我们深以姐姐为荣,她有很大的影响力,受到每一个接触她的人的尊敬和热爱——她的家庭、邻居,她遍及全国学术界的同事,学生和亲属。我们一家从很远的地方来到这里,不但和姐姐的众多朋友一同承担悲痛,也一起分享着姐姐在世时留下的美好回忆。当我们在悲痛和回忆中相聚一起的时候,也想到了你们一家人,并为你们祈祷。因为这个周末你们肯定是十分悲痛和震惊的。安最相信爱和宽恕。我们在你们悲痛时写这封信,为的是要分担你们的悲伤,也盼你们和我们一起祈祷彼此相爱。在这痛苦的时候,安是会希望我们大家的心都充满同情、宽容和爱的。我们知道,在此时,比我们更悲痛的,只有你们一家。请你们理解,我们愿和你们共同承受这悲伤。这样,我们就能从中一起得到安慰和支持。安也会这样希望的。

诚挚的安·柯莱瑞博士的兄弟们　弗兰克/麦克/保罗·柯莱瑞"

现象二:文革历来与每一个中国人的灵魂同在,本来每个人都应该为自己灵魂中的麻木、愚蠢、冷漠、残忍、懦弱、虚伪而忏悔,但是一场灾难过后,除"四大恶人"之外,所有的中国人顷刻之间就令人遗憾地都成了受害者。同样,正是由于对于承担共同责任的逃避,因此对于法律的犯罪之外的良知的犯罪也就毫无意识。一代又一代的中国人,除了"怨天尤人",除了没完没了地彼此控诉,就是人人都在批判别人中开脱自己的罪责,并强化自己的道德优越感,但是却从未意识到"罪恶"并不端坐于我们对面,而是狞笑于我们内心。

现象三：我国的经济发展已取得举世公认，社会的各项事业也得到了长足的进步，但沉渣泛起，世道浇漓的世风和一场场自然的、人为的灾难，中华民族的"危险时刻"一刻都没有消失过。

人们不追求自我超越，不敬畏自然神明，而是投机取巧只顾赚钱，不择手段追求物质享受，满街都是梦想一夜暴富的人，急功近利、自私冷漠、损人利己、以怨报怨、以牙还牙的价值取向，人与人之间的关系已防范冷漠到"敌我"关系，见死不救，见死不敢救，病人不相信医生，家长不相信老师，进饭店吃饭也疑心是否吃进了地沟油，"不要跟陌生人说话"也成为家长教育孩子的一句口头禅，已成为公安部门告诫市民防止受骗的一句宣传语，更让人担忧的是，连最基层最质朴的农民阶层都"菜农不吃自家种的菜，粮农不吃自家产的粮，养殖户不吃自家养的鱼"了。

在教育界，高校的学术作假、学术腐败、职务犯罪大行其道，思想作伪和道德作伪的特征也从来没有像今天这样明显露骨过，高等院校已不是人们心存敬慕的"象牙塔"，也不是世俗社会眼中的"世外桃源"。在基础教育领域，违背教育规律的现象触目可见，把应试和谋生树为教育的终极目标，将学生自小学起开始分化，按分数进行分层，还美其名曰分层教育，"唯重点高中是瞻"的初中教育放弃了大量莘莘学子，使大量学困生变成了差生，应有的师道尊严不被践行，"唯分是图"受到了学校普遍的追从，功利主义、实用主义已成为学校教育的"圣经"，师德几乎被撕掉了最后的"包装"，成为教师不屑遵循的规范。"知而不信"、"知而不行"、"言而不行"的双重道德人格已成为当代基础教育的顽瘤痼疾。连学校都"熙熙攘攘，皆为利来，皆为利往"，人间怎么还有净土？

更让人揪心的是，我们似乎生活在一个"火药味"十足的暴力社会，路人因小口角会大打出手，同事因一点利益之争会在背后插刀，政府因为政绩可以随便毁坏"文物"古迹，群众因为点滴利益可以集体上访、集体闹事,甚至用暴力阻挠公益事业等等。社会非理性事件的频发,至少从一个侧面反映了一种倾向,当前一些非理性的思想在弥漫,一些非理性的现象比较普遍。是什么让一些人忘记道德律令,放下理性,不相信规则,甚至藐视、践踏法律,做出了暴力的选择?

(二) 问题沉思

作为一个教育工作者,我无法回答只有哲学家、社会学家、政治家才能回答的问题。而找到社会问题的本源,可能是我们解开教育症结的钥匙。唯此,教育才有可能培养出有普世价值又有民族情怀的充满美好人性的公民,才有可能造就一大批杰出的人才。这个认知,是我思考教育、实践教育的一个基本立足点。

同时,我在学习比较中发现,中国社会所缺失的东西(科学精神、人文情怀等),恰恰是促进人类文明进步最重要的东西,那么,这东西应该也是教育最值得追求的东西。这个认知,是我思考教育、实践教育的又一个基本立足点。

(三) 主题明朗

沉思社会现象,追问社会问题,让我多了一份对教育的迫切追求和责任感。批判社会时弊,追寻问题根源,令我清醒,催我自省,使我深深地体会到教育的意义和价值:不在于给了学生多少,而在于给了学生什么,不在于改变了学生多少,而在于改变了学生什么。这时,我又想起了一位美国校长给新老师的一封信。二次世界大战结束后,一位纳粹集中营的幸存者,做了美国一所中学的校长,每当学校来新教师后,校长总会给他这样一封信。

> 亲爱的老师:我是一名从集中营生还的校长,我曾亲眼见到人眼所不应见到的情况:那些毒气室是由学有所长的工程师修建,那些妇女是被知识渊博的医生们毒死,那些儿童是被训练有素的护士杀害。

所以我怀疑教育的作用。

我对你们唯一的请求是：请回到教育的根本，帮助你的学生成为具有人性的人。你们的努力不应造就学识渊博的怪物，或多才多艺的变态狂，或受过高等教育的屠夫。我始终相信，只有在使孩子们更具有人性之后，读书、写字和算术的能力才具有价值。

所以我坚信，激活、培育、守护美好的人性是教育最核心最崇高的境界。

二、美好人性教育：内涵与特征

(一) 美好人性教育的内涵

1. 人性释义

人性是在一定社会制度和一定历史条件下形成的人的本性，是人的自然属性、社会属性、精神属性三者合一的整体。它又可分为三大领域：一是认知领域，即人的逻辑能力、思维模式。二是伦理领域，即人的道德品质、意志能力。三是审美领域，即人的美感趣味、创造美的能力。在解释人性的含义时，两种含义最有代表性：一种含义是作为中性词，在中国的传统文化中，有以孟子为代表的人性本善论，也有以荀子为代表的人性本恶论，也有以告子为代表的无所谓善恶论，中国的先哲们是从社会伦理角度来阐发人性的。另一种含义是指作为人区别于其他事物（包括动物、植物）而为人所独有的正面、积极的品性，比如自由、平等、博爱、宽恕、善良、理性等等，这是文艺复兴后西方先哲从人的本质存在、天然权利等角度来阐发人性的观点。显然，本文所指的美好人性主要指后一种观点的人性。

2. 美好人性释义

"人的本质不是单个人所固有的抽象物，在其现实性上，它是一切社会关系的总和"（马克思）。时代已进入21世纪，人性也应有新的内涵，因此,美好人性除了传统意义上的理性、自由、平等、博爱等外,还包括责任与合作意识、公正与平等意识、宽容和接纳不同民族与文化的意识,以批判与全局的观点思考的能力,以非暴力解决各种争端的意识、低碳的生活和消费的意识、维护人权的自觉意识、参与公共事务的意识、维护社会公德与秩序的自觉意识、以国际视野审视问题的能力、科学理性思辨的能力、自我认知和自我实现的能力等等,核心内容为科学理性和人文情怀。

3. **美好人性教育释义**

培育美好人性包含三个层次的内容,是一个从低到高、相互联系、相互融合的整体。

一是成人的教育,即教给学生人之为人应具有的基础知识,形成人应具备的基本品质和基本态度。

二是做人的教育,即教给学生如何和谐地处理人与自己、人与社会、人与组织和人与自然的关系,并协调好知、情、意三者的关系,使学生在德、智、体、美等各组成部分达到和谐状况,从而提高人的整体素养。

三是美好人性的形成,教育应激活人性中的自然属性,开发学生的自然潜能,使学生越来越聪明、越来越能干。人类正是凭借得天独厚的大脑(创造性)才得以生存,也要靠创造性得以进一步发展和持续发展。但创造性如果只局限于自然潜能的扩张和生物性的满足,带来的后果是人类(个人和群体)的物质世界和精神世界的失衡。因此,激发人性中的精神属性,开发人的精神潜能——思维的精神、反思性自我意识、审美的追求和人类情感的形成尤为重要。精神是人性中最美丽的花朵,她贻人以芬芳,为创造性(科学)提供发展方向,使创造性始终造福于人类,而不是滥用于自我膨胀、自我毁损;她予人以美好,一旦外在的事物(社会规范、道德律令、科学探索等)唤起了学生的兴趣、爱好和向往,就会超越社会属性,就会把审美当作人生的最高追求和心灵的最高建树,从而成为人性的自觉精神活动。这样,人性之真、善、美的价值导向便会引领学生进一步丰富人之为人的人类情感。

（二）美好人性教育的特征

特征一：以人为本——激活自我意识

培育美好的人性，突出的是"人"，这里的人不仅仅指个体，还包含群体，故以人为本包含三层含义：一是尊重发展。群体发展是个体发展的前提，个体发展是群体发展的具体体现，任何一方不能以损害另一方的发展而发展；二是尊重个人。尊重个人，也是尊重每一个人，正因为要尊重每一个人，所以，任何人任何时候都不能损害他人利益和他人的权利；三是尊重自由。个人自由指的是每一个人的自由，所以争取自己的自由，决不能损害他人的自由，只有尊重他人的自由，才有自己的自由。所以，保护人的发展、人的尊严、人的自由，是教育体现以人为本的具体落实。维护人的发展、人的自由、人的尊严也是培育美好人性的价值追求。

特征二：自然的人化——自然与社会的融合

现实的人性是人的自然属性、社会属性、精神属性三者合一的整合体，如果放纵个体的各种物质欲望，自然性就会张开它的血盆大口，吞噬我们的人性，让我们永无止境地迷失在物质世界中。因此，教育的重要使命，就是实现人的自然性向社会性转化，达到感性与理性的相互渗透，自然性和社会性的融合，这样人才有可能克制和战胜情欲的动荡、生活的烦恼、人生的空虚、非理性的情绪表现，使自然人成为社会人，显示出人之为人的尊严和人性的光辉。

特征三：人的自然化——现实与超然的统一

人活着，不仅是为了生存，更是为了自身的幸福，为了超越自身，为了人类的未来，教育的价值在于引导学生适应现实，更要摆脱现实的奴役，超越现实，引领现实，以建立更高的人生境界。所以，教育的另一使命，就是要实现人的社会性向精神性转化，把社会规范的需求转化为学生内在的需求，能超脱功利物质羁绊，实现人、社会、自然的和谐共处，做精神的贵族，在追求精神生活中享受人生。因此，培养学生高贵的精神气质、高尚的道德情操、高雅的生活情趣、高度的科学理性、高远的理想情怀，才是培养美好人性的核心所在。

三、美好人性教育：探索与实践

(一) 美好人性教育的实施原则

1. 主体性原则

教育对学生的影响，最终是学生自我判断、自我思考和自我行动的过程，是自己主动参与和发自内心的选择的过程，没有这个参与和选择的心理过程，就没有他的主动性，任何"他律"、"灌输"和其他形式的强制行为都是不可能完成的。学生又是一个能动的活生生的人，他对教育的作用是一个互动的过程，他既可以接受外界的影响，又可以改造、同化外部教育的影响，甚至可以反抗学校的教育，拒绝教师的教育。同时，学生独特的个体经验和感性认识也造就了每个人接受外部信息的"心理结构"是不一样的。正所谓，人生的道路是自己选择的，生活是由自己负责的，命运是由自己决定的，未来并非给定，而是由自己创造。因而，认识学生的主体性，发挥学生的主动性、能动性，是教育过程必须首要遵循的原则。

2. 实践性原则

实践是人类认知的基础，是将知识内化为自己心灵一部分的必经之路。播种行为，收获习惯；播种习惯，收获性格；播种性格，收获命运。语言对心灵的慰藉如果没有实践的加入，不可能收获性格，更不可能收获美好的命运，实践对心灵的改造和更新是最根本也是最直接的。

同时，公正、公平、博爱、宽恕、正义等行为都属于默会知识范畴，存在于个人经验，嵌入个人的实践活动中，很难用文字从一个个体传递到另一个个体，只有通过实践——体会——再实践，让学生体悟到自己所进行的道德行为、科学研究等，是符合社会的共同准则，能为他人、为自己带来共同的价值时，"积善成德"才有可能成为学生自身的自觉命令，社会规范、普世价值才有可能成为"我的需要"、"我的义务"、"我的责任"。因此，实践、体会、反思是把"他律"内化的过程，是融会贯通提升人之为人的素质的过程。体验性原则启示我们，培育美好人性，不在于培养学生服从遵循外在规范的伦理态度或行为模式（这是基础阶段），而主要是在实践中激活、唤醒、培育其自我选择、自我感悟和自我反思的意识，这样才能将鲜活的知识融入到人的心灵之中，内化到人性结构中，才会成为学生认识世界、改造世界的有力工具。

3. 兼容性原则

美好人性是人的自然属性、社会属性、精神属性的有机整合，是认知领域、伦理领域和审美领域的高度统一，任何一方面的缺失、偏失都会给人性带来扭曲。有科学知识无科学精神、有人文知识无人文情怀、有科学技能无人文关怀的案例可以举出很多，《天龙八部》里有一个情节对教育很有启示：萧峰自偷学了少林秘笈后，武艺大进，但同时也走火入魔。扫地老僧向他指出，但凡修炼上乘的武功须用上乘的禅法去辅助，去化解练功给武艺带来进步的同时所产生的"毒武"。这里的禅法就是人文滋养。科学理性和人文情怀是美好人性最核心的内容，科学为人文提供理性的武器，让人尊重规律、理性思考，人文又为科学把准方向，让科学始终造福人类。因此，坚持科学理性和人文精神并重是美好人性教育必须坚持的原则。

4. 转换性原则

我们知道，要把势能转化为电能，需要通过一个转换器即发电机；要把热能转化为动能，也需要通过一个转换器即蒸汽机。受这个物理常识的启示，可以想到：人们拥有科学和人文知识，但未必会自动形成科学和人文的素养及精神。如果缺乏必需的机制，那么，知识还是知识，技能还是技能，人并不因为有知识与技能而变得善良，纳粹集中营里"那些妇女是被知识渊博的医生毒死的"并不是个案。因而把知识转化为素质，把技能转化为精神，是教育最核心的部分，认清原有的文化心理结构，打破原有的思维模式，实施"西体中用"这个转换策略，唤醒、激活学生的自我主体意识和自我反思意识，构建理性的心理结构，实现知识和精神间的转换。转换性原则是培育美好人性最核心的教育原则。

5. 拓展性原则

中国古代的"易筋经"和印度的"瑜伽功",都强调拓展关节的活动空间和范围,强调对"筋"的不断拉伸。虽然这个修炼的过程是痛苦和艰难的,需要极强的意志力,但结果是美好的,可以预防多种疾病,强身健体,身心舒畅。拓展生理机能可以提高生命活力,心理机能又何尝不是如此。"好逸恶劳"是人的天性,因此,遵循拓展性原则是帮助学生不断克服人性弱点的过程,是"动心忍性,增益其所不能"的过程,也是引导学生自我克服、自我修炼、自我超越、自我完善的过程,也是人的自然属性向社会属性、社会属性向精神属性不断拓展、深化的过程。

(二)美好人性教育的实施策略

1. 弘扬国粹

中华民族之所以能立于世界民族之林数千年之久,正可说明我们的传统文化自身具有顽强的生命力。优秀的传统文化是我们民族之所以能自立于世界的思想基础,也是中国之所以能够发展进步(尽管很缓慢)的思想源泉。立足传统,开创未来,在用优秀的精粹的传统文化打实学生的精神底子,提升学生的精神境界的同时,更应让学生具备一双外在的眼睛,同时具备一双内在的眼睛,这样他们才能拥有解读社会、解读人生的基本素养并继而形成美好的人性。

(1)探究精神之源——擦亮外在的眼睛

要使中国传统文化成为学生的精神食粮,首先要引导学生解构它、分析它、提炼它,去粗取精、去伪存真,实行"转换性的创造",这样,中国传统文化中蕴含的人文精粹才可以丰盈学生的精神。那传统文化塑造美好人性的核心内容是什么呢?

一是人的自觉的思想。孟子提出的"人之所以异于禽兽者",荀子提出的"人之所以以为人者",都认为人与其他动物不同的特点在于具有道德意识,亦即具有道德自觉,知道我是谁,知道自己该做什么,不该做什么,怎样做更好。这是古代儒家的一个基本观点,也是美好人性教育的内容。

二是坚持人格尊严。孔子说:"三军可夺帅也,匹夫不可夺志也。"(《论语·子罕》)"志士仁人,无求生以害仁,有杀身以成仁。"(《论语·卫灵公》)等等,道出了人的尊严是比生命更重要的东西。孟子说:"居天下之广居,立天下之正位,行天下之大道;得志与民由之,不得志独行其道;富贵不能淫,贫贱不能移,威武不能屈:此之谓大丈夫。"(《孟子·滕文公下》)坚持原则,毫不动摇,这是对人格尊严的高度肯定,也是对独立人格的强烈坚持,维护生命的尊严,坚持独立人格也是现代社会的价值取向。

三是追求高尚的精神生活。孔子自述自己:"其为人也,发愤忘食,乐以忘忧,不知老之将至云尔。"(《论语·述而》)"饭疏食饮水,曲肱而枕之,乐亦在其中矣。不义而富且贵,于我如浮云。"(同上)物质生活的简单,不影响精神上的自得其乐,"发愤忘食,乐而忘忧",这是孔子高尚的精神生活的写照,孟子的所谓大丈夫,庄子的所谓至人,都有其高尚的精神追求和崇高的精神境界,这些精神对塑造美好人性都具有现实意义。

四是对社会的责任。孔子说:"鸟兽不可与同群,吾非斯人之徒与而谁与?"(《论语·微子》)孟子说:"如欲平治天下,当今之世,舍我其谁也?"(《孟子·公孙丑下》)都表现了个人对社会的责任心。唐代韩愈即使被贬,仍写出:"一封朝奏九重天,夕贬潮州路八千。欲为圣明除弊事,肯将衰朽惜残年!"从北宋范仲淹的"先天下之忧而忧,后天下之乐而乐"、张载的"为天地立心,为生民立民,为往圣继绝学,为万世开太平",到明清之际顾炎武的"天下兴亡,匹夫有责"等等,都表明强烈的社会责任心是中国知识分子人文精神的主要内涵。

因此,擦亮眼睛,去发现、去发掘、去提炼,就成为全校师生校园生活的一部分;选读国学,背诵《论语》《弟子规》成为学生的日课;去其糟粕,取其精华,民族传统文化所涵含的人文精神才会成为学生精神生活的源头。

(2)阅读经典之义——睁开内在的眼睛

中国传统文化的另一座宝藏是文学。"文学的最高价值、文学的永恒性源泉在于它可以帮助人类心灵进行美好的历史性积淀。就是说,成功的文学作品,它总是在人类心灵中注入新的美好的东西,这可能看不见,不是像科学那样可以测量、计算,但它确实存在。"(李泽厚)伟大的作家使你看到愚昧,也看到美好,更让你在"原形毕露"中涌动生命的活力、思索人生的意义。鲁迅的《药》看到的不仅是国民的愚昧,同时也让你看到了中国底层百姓的生存无奈和生活悲凉,更让你看到了此现实背后的平常看不见的、更贴近现实本质的另一种"现实"——民族文化和社会心理。文学,让你睁开了内在的眼睛,看见了用肉眼看不见的东西。

轻轻打开经典,你就会与中外伟人、先哲相晤谈,这时,心灵就会缓缓地舒放,灵魂就会慢慢地醒来,内在的眼睛就会睁开,就会窥见身外之身,唤醒梦中之梦。文学,让我们睁开了内在的眼睛,让我们有了省察人生、反观内心的能力。为此,我们是如此虔诚地引领着学生在文学的宝库里漫游,背诵唐诗、宋词、元曲,阅读经典名著。美好人性在阅读中滋长,美好人性在内省中丰盈。

2. 中西兼容

我们的民族文化心理结构,既具有接纳外部事物的开放机制,也有转化、同化与自身相异事物的能力,更有消蚀与自己不相容、不相关、相悖离事物的功能。因而,如果照样按"中学为体,西学为用"的心理去追寻科学、民主、理性、自由、法治对中国现代化的意义,去学习和实施《国家中长期教育改革与发展规划纲要》,去培养未来的世界公民,结果必然是知识掌握了,精神却没有成长起来;知识丰富了,但本质照样依旧。这个文化现象的背后其实也是一个学习心理的问题,我们早知道"科学"、"民主"的重要,但为什么在中国实践起来却是如此阻碍重重?之所以要进行回溯批判,就是在于提醒我们不能被这顽固的"文化心理"套牢。变"中体西用"为"中西兼容",从这个根本的心理转换机制入手,给学生以转换的胸怀、开放的胸怀、兼容的胸怀,这样,学生才会形成判断、选择、修正、改造、创造的能力并养成美好的人性,真正肩负起实践科学精神和人文情怀的神圣使命。

(1)中西兼容——让学生拥有转换的胸怀

中国现在所处的时代,已经由小生产的家庭文化时代转到了大生产的社会文化时代,现代文明真正生根发芽的土壤已经具备,教育者和受教育者能充分了解自身的局限性(传统文化沉淀的民族心理),只要时时清醒地(让自我反思意识始终活跃着)警告自己要用先进的意识形态、文化理念接纳人类的文明成果,以美好人性为最高标准,改进生活模式、行为模式、道德标准和价值取向,使之不断的进步。

(2) 改造心理——让学生拥有开放的胸怀

长期的封建专制及小农经济思想沉淀所产生的不良心理和形成的文化意识,至今仍在许多人身上流行,如等级意识、崇拜金钱、迷信权力、重男轻女、迷信命运,还有懒惰、怯懦、守旧、残忍、自私、冷漠等不良陋习。所以,培育美好人性,不仅要转换文化心理,使之改变接纳的方式,而且还要改造传统文化心理,充入新鲜的血液,让学生拥有开放的胸怀。

改造文化心理首先是价值观的改变,即如何正确地处理个人和社会的关系。现在社会流行个人本位、个人权利和自我中心,个性张扬已经背离了"个人本位"的原味。学校给新生讲的第一个校园故事《一个自订作息表的学生的自由》,说的是一位喜欢夜读的学生,制定了自己的作息表以对抗学校的要求,理由是我有我的生物钟,所以晚上要推迟熄灯时间,但他的行为遭遇了同寝室学友的反对。这个故事告诉大家,每个人都有个人权利、个人自由,所以,个人权利、个人自由是指每个人的权利、自由。自己的个人权利、自由不容侵犯。同样的,别人的权利、自由也不容侵犯,任何时候、任何人不能以损害他人的权利、自由来获取自己的利益,争取自己的权利、自由也不能损害他人的利益为代价,这就是处理自己和他人、自己和社会关系的准则,也是现代法制社会的一个规则,更是社会进步和人类文明的体现——尊重个人,是尊重每个人,尊重他人,才能尊重自己。自由主义绝不是有些人歪曲的那样,可以为所欲为、随心所欲、我行我素。

其次是变革思维方式。中国文化长于辩证思维,但不讲演绎论证,不懂逻辑规则。虽然马克思的辩证法深入人心,而事实上许多人嘴上讲辩证法,所做所为却违背辩证法,关键还是因为没有形成辩证的思维方式。如果能克服一点论,注重两点论,能用"三分法"即"正面、反面、正反合起来"进行问题的思考,进行逻辑思维、数学抽象思维的训练和相应课程的学习,学生的心智结构一定会绽放出科学和人文的光芒。

3. 以美育性

在牛的眼里,玫瑰和草木没有两样,这就是人与兽的根本区别。人之所以胜于禽兽,是因为人类拥有不断超越自我的能力,是因为人类能发现美、欣赏美,还会创造美。吃饭成为美食,情欲成为爱情,自然感官成为审美感官,道德成为美德,科学成为美学,这是人性的光辉,也是人性教育追求的境界。

(1) 以美冶情——让学生拥有高雅的情趣

格式塔心理学派从物理学和生理学出发,提出了"同形同构"或"异质同构"的审美原理,认为外在事物的形式结构与人的生理、心理结构合拍一致,即外在对象和内在情感合拍,主客协调,物我同一。因而,人能在各种对称、比例、均衡、节奏、韵律、秩序、和谐之中,产生对应的知觉感受,继而产生美感愉快。这个原理启示我们,环境之美和人性之美有着必然的联系,环境之美可以塑造人性之美。因而,我们在校园美化、绿化的设计时特别注意环境的审美取向。科技广场以升旗台、文化石为主,给学生空旷和庄严的感觉。校前广场因在校园入口处,以典雅、大气、绿色为主,盆景、桂花、铁树,构成色彩交相辉映、悦人心目。信息广场是学生休闲学习的乐地,向上的含笑、挺立的银杏、卵石的小路、菱形的草地、五边形的座椅是它美丽的风景。湖滨休闲区是师生休闲、欣赏、交流的空间,石块、古树群、湖、古桥、小溪等合理组合,最能体现澄潭中学校园美化、绿化的人文性和娱乐性。还有那原生态的小溪、师生健身小区、书形草坡、五环造型以及别具一格的石头、路灯、音箱……无不流露着澄中校园独特的文化气息。春天有鲜花、夏天有浓荫、秋天有果实、冬天有绿意,校园不仅仅是消遣娱乐的场所,更是传情达意的综合空间。睹物会意,触景生情,情景交融,这种散发着深蕴情致的优美空间,使我们体悟到绿色不仅仅是一种环境,更是一种思想,一种价值取向。校园不仅仅是校园,更是净化心灵、陶冶情操、充满诗情画意的空间。

人文景观、自然景观和科学景观要注重象征意义,使之具有教育性、哲理性、诗情性、艺术性和人文性的特征,具有影响人、感召人、净化人、陶冶人、催人上进的功能。我们把校园内的道路用大学名校的校训来命名,使每天走在"上进大道"、"求是路"、"自强路"、"诚信路"上的学生能眼界开阔、志向远大、埋头向学、学有所成,将来成为民族复兴的栋梁。

为让澄潭中学成为真正意义上的人、教育、自然和谐一致的诗意栖居地,我们把从大自然收集到的美好事物和校园内已有的布置巧加安排,形成了10个校园自然景观:绿荫水榭、古桥倒影、沧波石町、翠拂琅玕、荷塘清韵、芦花淡月、柳浪桃烟、碧萝翠霞、踏雪寻梅、丹桂飘香,以及设计中的日晷、DNA模型、原子模型、地动仪等等,这些景观不仅本身是赏心悦目的,而且组成的整体使人既有"春有诗情,秋有画意"的审美情趣,又有"夏有佳思,冬有奇想"的丰富联想。理因趣,其理益彰;趣因理,而趣益浓。澄中的自然景观、人文景观和科学景观交相辉映,形成了特有的校园文化景致,使人所见的不仅是一草一木一石一景,更有"风摇竹影有声画,月照梅花无字诗"的想象和美景,想人所欲想而未及想,言人之所欲言而不能言者,启人心智,达人意会。这样,人的生理性能与社会的历史性能在五官感知中交融会合,人性因之而日益丰富。

但是,静态的美由于缺少变异又会让感官迟钝,产生"习以为常"、"视而不见"的审美疲劳。"美在新奇"是美育中又一重要原理。因而,在静态中发现动态,把静态美转化为动态美、新颖美,让青山绿水、花香鸟语、落日黄昏、碧野田原、春风杨柳、翠竹亭台鲜活起来,对丰富学生情感、净化学生心灵、改善学生心智意义非凡。《寒冬中的生机——梅花品格》、《杨柳依依——春的信使》、《一花一叶皆性情》、《榴花有意》、《芦花淡月》、《弯弯的古桥》等作文题,还有每年的"美在校园——学生摄影作品展"等活动,就是引导学生从熟悉中看到陌生,发现校园之美,体悟美之意境,在体会自然美中发现人性美。每年教师节,学校都会让每位师生写一则感动自己的校园故事,其用意就是启悟师生发现身边的美好、身边的感动,从而实现审美对象、范围、内容的不断拓展和深化,在陶冶情操中丰富、升华、纯洁人性。

(2) 以美启真——让学生拥有审美的眼睛

诺贝尔物理学奖获得者杨振宁教授在《美和理论物理学》中说:"狄拉克在 1963 年的 Scientific American 写道:'使一个方程具有美感比使它符合实验更重要'……今天,对许多物理学家来说,狄拉克的话包含很大的真理,令人惊讶的是,有时候,如果遵循你的本能提供的通向美的问题前进,你会获得深刻的真理……""通向美的问题"——即人类在实践中形成的追求"合规律性与合目的性相统一"的审美取向,可以引导人们去追寻、发现科学的真理,无怪乎海德堡说"美是真理的光辉,自由的万能形式"。彭加勒说:"发明就是选择,选择不可避免地由科学上的美感所支配。"充分利用人类欣赏美、追求美又会创造美的本能,让学生拥有一双审美的眼睛,人性该是多么地充满诗情画意啊。

科学是美丽的,科学之美不仅仅表现在探索结果是美——合规律性和合目的性的统一。例如牛顿定律 $F = ma$,简约的公式却囊括了经典力学的全部精义,爱因斯坦的 $E = mc^2$,用三个物理量就描述了相对世界相互转换的深奥规律,元素周期表是如此完美地让各个元素对号入座等等。同时,还表现在探究过程同样也是这种"合规律性"的高度统一。探究行为的"失之毫厘",完全可能导致结果的"谬之千里",这种审美的价值启悟学生,只有尊重自然、尊重规律,一丝不苟,严谨细致,又敢于开拓,勇于创新,使"合规律性和合目的性"高度统一,才能品尝到科学创造独具的芬芳。

同时,艺术之美可以启迪科学思维。科学实验也证实,艺术思维并非像人们所认为的那样只是靠感情、灵感起作用的,艺术过程同样需要发现、分析、解决问题,同样需要逻辑思维,而且艺术所激发的情感、理解、想象可以为科学思维插上飞翔的翅膀,引领他们去探索未知世界。钱学森曾经说过在科学发现的道路上是夫人的音乐艺术启发了他。许多科学家的艺术素养都很高,从一个侧面也可佐证科学家的业余爱好对他研究工作的影响。艺术和科学相辅相成,相互启迪,一个人的美好人性里不能没有科学,也不能没有艺术。

　　强化审美感受。当学生解出一道难题,获得新的感悟,写出一篇美文,荣获一种奖励时,如果老师同学都为其雀跃欢呼,这时审美愉悦会进一步引领学生再次沉浸到激励对象(审美对象)中,不断地探索未知世界的真理而乐此不疲,并发现出更值得老师、同学为之雀跃的美的形式,以及更值得自己欣赏的美——难题解决、创造发明、新颖答案等等。在欣赏美中发现美,在发现美中强化美。这种合规律性和合目的性的撞击所闪烁出的真理光辉,会进一步引导学生向未知的世界前进。更有价值的是,"不知疲倦的探索"会让学生的思维丰富起来、严密起来、复杂起来,归纳论证、演绎推理、抽象逻辑等能力在学生追求美、创造美中诞生并深化。

　　提倡附庸风雅。附庸风雅并非指艺术欣赏中的不懂装懂,当你一不小心撞入某一领域并觉得很有意思的时候,社会的价值取向(审美对象)会引领你不断地向未知领地求索,使自己的尊严(别人认为你也是内行)与实际的水平能力等同起来,而不至让别人看低。附庸风雅——对美的渴望,会让人真的风雅起来,真正成为一个有真才实学的人,正像戏剧中的角色,自己也知道是在演戏,却能融入角色,感动观众。这是因为一旦进入角色,在表达角色感情时,你可能真的产生感情了,假戏变成了真做,这和教育中"学生在赞美中进步"、"学生在鼓励中成长"是一脉相承的,学生虽然有这有那的缺点,成绩也不是十分理想,但在老师的赞美声中、同学的鼓励声中,他认为自己真的"进步"了,而这个"进步"真的会引领他走向进步。美的感召会让学生真的自信起来,并不断地激励自己去追寻真理的光辉。

　　审美愉快是多种心理功能共同活动的结果,是感知、理解、想象、情感诸多因素复杂交互、和谐运动的结果,多种心理功能的交错融合、相互激荡使人性结构更趋丰富,美好人性也因之而丰盈。

(3) 以美储善——让学生拥有高尚的情操

康德说:"美是道德的象征。"我们知道,审美既是个体的、感性的、没有功利的,但它又是社会的、理性的、具有功利的,只有当个人的审美取向符合社会的主流价值,他的自然性获得社会性之后,这种美才是为大众所接受、所欣赏的。让我们来看一段作家刘再复对《红与黑》中的"性"与"爱"的分析:

> 爱,既有生物性,又有社会性;既有不合理性,又有合理性;既有自我扩张,又有自我克服;既有自我满足,又有自我战胜。在爱里,常常展开着灵与肉、善与恶、理性与疯狂、理想与现实、失望与希望、利己与利他、欢乐与痛苦、传递与残忍的搏斗。人处于爱的面前,有时是主人,能够支配自己的情感和命运,有时则是奴隶,表现出理智和意志的力量,完全被情感所摆布,只能在爱面前呻吟与歌泣,因此,在爱面前,人有时显得崇高,有时显得卑下,有时变得很美,有时变得很丑。因为爱情带有无限的可能性,总是波澜起伏,极不确立,找不到爱的"恒定状态",因此,文学才有审美创造的广阔空间。

人的自然性其实并无善恶,屈从它才是恶,才是道德沦丧。所以,培育美好人性,既不能靠"上帝耶稣",也不能迷信信仰主义,只能从崇高的合目的性(审美愉快)的精神属性中寻找道德的归属。谭嗣同有"横刀向天笑"的豪气,是因为有"肝胆"可以留给"两昆仑"的审美取向;文天祥有"人生自古谁无死"的潇洒,是因为有"留取丹心照汗青"的审美愉悦。

人之所以为人,不仅要遵守和维护社会道德,更要有超越社会性的精神追求,即具有"人能够为自己的行为立法"(康德)的意识。因此,激活学生的自我意识,让学生意识到人之为人的高贵、做人的尊严、做人的原则,这是人性教育最根本的价值追求。

因而,从"自然的人化"到"人的自然化"过程中,当社会规范和人类的普世价值以审美对象为大众所追求,他律逐渐变成自律,变成内在自身的自觉命令,成为道德自律并且成为"自然"、"应该",是"良知",是"本心"的时候,美就变成了善,变成了道德。美的引领使人的道德越来越完善、越来越高尚——这就是"以美储善",以审美替代宗教,这宗教般的审美情怀折射着人之为人的美好人性,并使人日臻高尚。

"让身边人影响身边人"的活动,是让学生找到身边的"善"的标准;"全国十大感动人物"的回放,是让学生在感动中品味人性的伟大。舍命救学生的清洁工刘瑞英、靠捡破烂维持一家四口(父母有病)的12岁的快乐小姑娘耿杰兰、为车祸遇难的哥哥结清工人工资的孙东林、为这个世界担忧而哭泣的王保田等等,他们的质朴、善良、快乐、诚信和大义,见证了普通人性的伟大和高贵,也为这个功利的世界、浮躁的社会增添了几分温暖,对塑造学生的美好人性更是一种"最有说服力"的启示——中国人不乏人性高贵者,我也具有,也能做最好的自己。

(4) 以美养心——让学生拥有高贵的精神

每每欣赏黄宾虹的山水画,或高山巍峨、郁郁苍苍,或气清质实、冲淡恬适,或暮霭千里、浑厚华滋。虽然是一纸悬壁,却撼发人思、遐想万千,似乎万物之生机、自然之和谐、天地之至理、宇宙之玄机已了然于胸。其实,读经典的世界名著,听世界名曲,看罗丹、伦勃朗的雕塑,都会产生如此的联想。如果说悦人耳目只是陶冶情操,只是感官的愉悦、情感的丰富,那么,这里却是引人想象的意境之美,是审美意味、观念、理想的拓展和深化,是无意识(抑制在意识深层的本能、冲动、愿望、情绪、意念等)的满足和宣泄,是情感世界的日益高级化、复杂化、丰富化,是比陶冶情操更高层次的心意的满足和愉悦。即审美容纳性扩大了,包容量增多了,审美能力扩展了,美的更美了,丑的也不丑了,它不只是情感丰富,毋宁说更是人性的丰满,是"海纳百川"的大度,是"能容天下难容之事"的雅量。

难怪欧美一些国家如此重视歌剧院、博物馆、图书馆的建设,如此重视高雅艺术的创作、普及和欣赏。这里,艺术大餐给予的不再仅仅是艺术欣赏,不再仅仅是情感的丰富,更是培育着人类美好的人性。人性在人文的熏陶中闪烁出更加美丽的光芒。我在美国学习期间,曾多次见到一对父母带着好几个肤色不同的残障孩子的景象,我好奇地问美国朋友,朋友告诉我,这些孩子都是领养的。这种行为我们是很难理解的,中国人领养孩子一般都要五官端正、四肢健全、智力正常,甚至资助贫困学生都要在此基础上另加品学兼优。我们所谓的爱其实只是为"自私"披上绚丽的外衣而已,骨子里照样是为了自己,功利色彩照样很浓。什么时候我们也有"海纳百川"的大爱,也能产生"无缘无故的爱"。除了学习先进的理念外,艺术可能是开启人文关怀大门的有效方法,在文学阅读中滋养心灵,在音乐欣赏中净化心灵,在书画熏陶中丰富心灵。

学校开设了一系列艺术类课程,即设置和开设文学欣赏与创作、诗歌欣赏与创作、书画欣赏与创作、音乐欣赏与创作、形体训练和舞蹈创作、健美与健身、环境设计与欣赏等等课程,进行"名家书画展",举行"红色经典"和"世界名曲"合唱节和文化艺术节等等。我期望这些直接的、复杂的、精妙的、无以言表的艺术洗礼,不仅给学生本能的即刻满足——悦耳悦目怡情,更会激活学生的"感受、知觉、理解、情感、想象"等审美能力,使审美心理日益复杂、丰富、伟大、善良起来,在"只可意会"、"有味无痕"、"味之无穷"中不断升华精神境界,日益成为一个有教养和修养的人,并拥有高贵的精神气质。美的熏陶、艺术感染使人日臻高尚,并充满活力和创造力。

(5) 以美励志——让学生拥有超越的自我

海顿有一段创作感言,他在1771年的第42号交响曲的一页手稿中,这样写道:"与创作中的各种困难搏斗时,当我身心疲惫、工作难以为继时,一个声音在悄悄告诉我:'世上只有极少数人才快乐和满足,人类的命运总是痛苦和悲伤的;也许你的劳作会成为那些背负忧愁或背负重担的人得到片刻休息和恢复的源泉。'这的确是一个继续前行的强大动力,也是我满怀宁静地满足回顾我在音乐艺术上花费多年不懈劳动的原因。"

黑格尔在《历史哲学》中也说:"大海给我们以无际与渺茫的无限观

念,而在海的无限里感到他自己的无限时,人类就被激起了勇气要去超越那有限的一切。"

是的,当我们在雷电交加的狂风暴雨中前行时,当地震一瞬间把城市夷为平地、同胞深埋地底时,当一朵小花在水泥地面上顽强生长的景象呈现在我们面前时,我们都会产生深深的震撼,都会感到自然威力的无与伦比和自我的渺小,同时,又会产生强烈希望超越自然、超越自我的使命感和庄严情感。

这种审美感受既不同于莺飞草长、花香鸟语般的感官愉悦,也不同于艺术欣赏、人际感动中的心意情感快乐,而是在灵与肉、正与邪、善与恶、义与利、生与死的矛盾冲击中,思考生命的意义,叩问人生的价值,探索人类的过去和未来,是一种崇高而庄严的审美感受。人一旦有了这种感受,就会更加坚定自己的信念,自强不息,永不屈服,不断地战胜自己、超越自己、完善自己,向更高更远的理想飞去,从而使人性得到陶冶、丰富、构建和完美。

2008年清明节全校放假,高其锋同学乘公交车回家,在途中,他发现有一个小偷团伙在车上行窃,而不少乘客还蒙在鼓里。他想叫喊,但车上妇女、老人居多,自己又势单力薄。这时他看到前方停着一辆警车,有交警在检查过往摩托车,他就灵机一动,请求司机停车,车停后,他立即把车上的情况向交警同志作了简要报告。这时车上的小偷见势不妙想要逃走,但为时已晚,在司机的配合下,高其锋协助警察把小偷一一捉拿归案。高其锋同学机智勇敢、匡扶正义的行为得到了警察、司机和广大市民的一致赞扬,县公安局还专门向学校发了表彰高其锋同学的嘉奖信,学校也专门召开会议,表彰高其锋同学"勇敢、机智、正义"的英雄行为,号召大家学习他"机智"的处事方式和匡扶正义的为人品质。

4. 人格熏陶

教育,是生命与生命的对话,是心灵与心灵的慰藉,是灵魂与灵魂的撞击。因此,教师的学识水平、行为举止、价值取向、情感态度是影响学生最直接最有效的教育因素。美国就教师人格影响学生的情况曾做过这样一个实验,采取以下四种动员宣传来募捐资助灾区:第一种方式,老师进行了宣传并带头进行了捐款;第二种方式,老师进行了宣传但自己不捐;第三种方式,老师不作宣传,只是带头向灾区捐了款;第四种方式,老师不作宣传,也不向灾区捐款。结果,第一种方式募到的钱最多,第二种方式募到的钱最少,说明教育者讲得很多,而自己又不身体力行的"教育",学生是非常反感的,教育也最无效果。

你所做的才代表你,而不是你所说的。当教师把自己的"说教"兑现为自己的行为时,这样的教育是纯粹的,当教师把学生的成长等同于自身的成长时,这样的教育也是纯粹的。纯粹的教育带给学生的,是萦绕心中的纯正的青春岁月,纯粹的教师唤醒的,是纯洁无瑕的纯真心灵。

我们知道,教师给予学生的知识是有限的,但激活的人性却可以无限地放大。只有教师的高贵,才能唤醒学生的高贵,只有教师精神的丰富,才能激活、了解、表达另一个丰富的心灵。教的意义,在于师生共鸣中所产生的曼妙的伟大旋律,教师的价值,在于教育过程中教师本人对高尚生活的追寻。对学生最为重要的、最为珍贵的、最有说服力的教育,便是教师自己对生活的态度。

孔子曰:"志于道,据于德,依于仁,游于艺。"没有教师的"道",没有教育的"德",何谈"教育",充其量,匠人而已。

四、美好人性教育:实践案例

批评也温馨——平等的师生关系

澄潭中学每个教师办公室旁,都设有一个温馨师生交流室,温馨的颜色、温馨的圆桌、温馨的红椅,这里是师生对话、沟通、交流的空间。甫一进入,就有一个温馨的提醒:改变从心开始。心情烦闷的学生进去,烦恼也许会消去一半,情绪激动的学生进去,心情也许会平和许多。在澄潭中学,教师跟学生交流,特别是对违纪学生的批评,都在师生交流室进行,而且都要面对面坐着,心平气和地好好说话。

过去,教师找学生谈话,批评学生,一般都是教师坐着,学生站着,这样的方式一是师生不平等,二是师生易发生冲突。现在,不论哪一方生气,首先都先坐下来,有话好好说,有气好好消,再加上周围环境的温馨提醒,师生间的冲突几乎为零。张凯同学曾幽默地说:"该死的温柔,让我心不由己地跟着老师走了。"

离开之后现品质——学校的精神

南京大学研究生毕业的甄林萍,是2001年7月考入浙江大学的澄中学生,因为优秀被直接保送到南京大学就读研究生。在电视台记者采访她的过程中,问到中学毕业于哪所重点中学时,她是这样回答的:"我就读的中学是一所普通的农村中学(她就学时还在老学校,连市重点都不是),但母校永不放弃的拼搏精神、一丝不苟的工作作风深深地影响了我的大学生涯。"现在,她已进入上海华博管理咨询公司工作,在今年寄给校长的新年贺卡中再次提到:"是母校当年的学风校风成就了今天的我,感谢母校、感谢老师、感谢校长……"

2007年考入浙江中医药大学的薛桔吉同学因为出色的表现,现已成为本科护理307级的班长。她在写给我的信中说:"澄中给我的不仅仅是一张大学录取通知书,还有一种生活的态度,做人的学问,这些都在无形中帮了我许多……澄中的管理模式、教学方法和治学态度对我影响很大,我大学一入学就获得了老师和同学们的信任,被推选为班长,这都是澄中教育的结果,我为母校感到自豪……"

去年暑假,澄潭中学2007届毕业生娄舒颖同学,高考后想去参加社会实践活动,她到新昌白云山庄(新昌县最好的四星级大酒店)去应聘,最终大学生被淘汰了,而"高中生"娄舒颖被录用了。考官宣布全部都不录用时,其他人都一声不响地走了,只有娄舒颖把他们坐过的椅子一把一把按原样摆放整齐,当她摆好最后一把,并说了声谢谢准备离开时,考官告诉她被录用了。白云山庄的经理说:"细节反映素质,澄潭中学的学生素质真好,当别人排斥她时,还会为别人着想,这种素质是现代企业非常看重的。"

一所学校的教育价值,不仅仅在于教给学生多少知识,考上什么大学,更在于学生离开学校后具备了什么,留下了怎样的痕迹,这都反映着一所学校的品质。

奖励的不是在校生——纯粹的教育

澄潭中学设有多项奖学金,但有一项奖金特别引人注目,它奖励的不是在校生,这到底是怎么回事呢?

杰出校友、中国工程院院士吕志涛先生,热心教育,关心母校,他决定出资在澄潭中学设立一个奖学金,校长就和吕先生商量,设立的奖金不奖在校生,而是奖励那些走出校门后继续勤奋好学、不断进取、学有所成的学生,吕先生认为这主意好,并说能关注学生离校后的发展,母校不简单。

教育是一个促进的过程,目的是协助每一个学生充分发展自己,使之具有走出学校后继续发展的愿望和能力,成为有完整人格的人。因此,在澄潭中学的教育词典里,不仅关注学生的成绩,更关注学生的人品,不仅关注学生的今天,更关注学生的明天,从而将学校的关怀,从校内延伸到校外,从现在延伸到未来。

做操中的尊重——尊重与规范

学校的课间操是体现学生综合素质、精神风貌的一个窗口,进场静齐快,退场有秩序,做操过程动作整齐有力,精神振奋,这是一所学校校风的一面镜子。

为了达到上述要求,学校尝试过处罚、扣分,对动作不规范、无精打采的学生留下专门培训或重做,效果都不是十分理想。后来,我们转换了一下思路,变"学校规范"为学生的"自我规范",如果学生自认为操做不好,动作不协调,没学到位,可以向学校提出申请,经学校审核后免于考核,再由学校专门划出辅导区,专门指定体育教师对这些同学进行专门指导。这个措施实施后,提出申请要求老师纠正的学生很少,但做操的质量都大大提高了。

其实,课间操做得好不好,主要不是动作不协调,而是学生的态度问题,当尊严得到尊重后,学生的自尊自然维护起做人的尊严——把操做好,不能让老师、同学看扁了。因而操做得更认真了,整个团队的动作自然也整齐了。

敞开大门的图书馆——信任危机中的信任

借书不要借书证,图书馆的大门整天敞开着,学校的公共空间、教室、办公室都是书,这就是澄潭中学的"开放"式图书馆。

图书馆开放之初,不少老师担心图书失少怎么办？我跟老师们算了一笔帐,价值10万元的图书在图书馆封存跟价值10万元的书在学生中流动,哪个价值大？图书在学生中流动,知识在流动中传播,学生的知识为之而丰富,思想为之而丰盈,所以我对老师们说,图书丢失一些有什么关系,会偷书的学生还是好学生,如果一个学生连书都不感兴趣了,那这个学生真的没希望了。其实,真的把图书馆都开放了,书也少不了几本,少几本也无关紧要,相信学生,信任学生,让学生在学校的信任中形成信任的品质,形成诚信的品质,恰恰是最关键的。

信任学生,有时会让我们失望,但不信任学生,将来会让整个社会失望。我们给学生一个信任的世界,学生也会给社会一个信任的世界。

一件小题大做的事——科学精神的培育

一位化学老师做了实验后把废水随手泼到了地面,就这件事,学校在教职工会议和学生中进行了专门的讨论,有些老师认为这样做是小题大做。

一些老师在做完相关的实验后,随意地处置实验的废物和废水,可能已经习惯成自然了。但如果我们再追问一下自己,做实验的目的是什么？是帮助学生进一步掌握、理解知识,对,但不全。是培养学生的实验动手能力,也对,但不全,那到底是什么呢？掌握知识、形成能力当然是教学目的之一,但更重要的是知识、能力背后的科学精神——一丝不苟的探索作风、严谨的工作态度。实验过程中的"失之毫厘"会导致实验结果的"谬之千里",单从实验结果来看,就要有科学精神。另一方面,从培育人的角度出发,单纯的知识教学只不过是一种技术培训,它不是教育,这种缺乏学生精神成长的教育,只会造就出有知识无文化、有知识无精神的缺乏人文素养的人,这种只重知识不重精神熏陶的教学本身就是反人文的。

因此,在实验过程中,老师的一举一动所传递的绝不仅仅是一种操作、一种技能、一种知识,更是一种精神,一种科学的精神,一种人文的情怀。学生通过自己学习就可以获得知识,但精神不是显性知识,不是言传可以实现的,是在"做"中学成的,是在感受教师的行为中形成的,随便的教师行为给学生的影响是随便、马虎、差不多就行,严谨的教师行为给学生的是一丝不苟、实事求是、精益求精的科学精神。

比科学知识更重要的是科学的态度、科学的精神,科学精神、人文素养不是从书本上学来的,也不是教师"讲授"出来的,而是学生在教师的一举一动、细小行为的熏陶下产生的。

最火热时跳进冷水里——激活自我意识

我曾经去龙泉参观过中国最好"宝剑"的铸造工厂,我曾亲眼看到铸剑工人一次次把火红的剑坯锻打后迅速放入冷水,"哧"地一声,接着冒出许多水泡和雾气的景象。铸剑工程师告诉我,要锻打出一把"柔软自如,削铁如泥"的宝剑,最关键的是在千锤百炼之后,要把它放进冷水里迅速地冷却下来,否则,打出的宝剑就特别脆,不能削铁如泥。

这里说的是宝剑的铸造工艺,但其实也包含着一个很有哲理的人生启示:千锤百炼的磨炼我们或许能够挺住,但真正的成功是经历了磨难,似乎已进入了成功行列后,在最得意的时候能让自己火热的身心钻进冷水里降降温,激活自我反思意识,使自己始终保持清醒的头脑,而不致被鲜花掌声所迷惑,被金钱官位所蒙蔽。失意时坚强乐观,得意时清醒自重,能时时跳进冷水里,人生会因之减少许多遗憾。

善良不因"恶人"而改变——人性的高贵

有一则小故事在学校广为传诵,说的是有一位先哲在水边救蝎子的事情。当他捞起蝎子时,蝎子咬了他一口,但他并不因为蝎子咬他而放弃对它的救助。这时,旁边刚好过来一个人,对先哲说:"你这人傻不傻,蝎子咬你,你还要救它。"先哲说:"蝎子咬人是它的本性,慈悲为怀、拯救生命是人的本性,人的本性怎么可以因为'蝎子的咬人'而改变呢?"是的,人之所以为人,是因为人具有超生物性和社会性的精神,有做人的尊严,有灵魂的高贵。

在我们学校,资助贫困生从来不分成绩高低,不分品质好坏,只要是贫困的,一律实行补贴制。有一位曾经的"差生"告诉我:因为自己行为不规,经常给老师添麻烦。所以,在小学、初中时一直没学校资助我,想不到澄潭中学不因我的"差",对我的生活这样关照,我也不好意思再经常犯错,再给学校、老师添麻烦了。当学校、教师变得不功利的时候,学生也会高尚起来。

哲人救蝎子的故事告诉我们:假如一个人真的善良,那善良就是他的天性,这善良绝不会因为"恶人"而改变,如果面对一个恶人,自己也变得凶恶,这还是善良吗?

慈善需要沉默——人之为人的品性

爱心和责任心,既是学校的教育品格,也是美好人性教育追求的内容,也是美好人性的具体体现。2006年,高一新生石斌斌突患鼻癌,全校师生闻讯后,一天就捐了12.6万元,第二天学校就派老师把他送到杭州半山医院进行治疗。由于治疗及时,石斌斌同学康复后回校继续学习,现已在浙江工业大学继续深造。2010年刚开学,学校闻讯高二(4)班学生王佳斌得了白血病,全校师生又默默奉献了爱心,捐款数达到26.5万元。虽然病魔夺去了王佳斌同学的生命,但全校师生的这份大爱让王佳斌同学倍感温暖,她在病重期间悄悄对看望她的班主任和同学说:虽然我浑身难受,但老师和同学们的这份情谊让我信心倍增,即使到另一个世界,我也会无比幸福。

无论是为两位病重学生捐款,还是为汶川、玉树地震灾区奉献爱心,我校的捐款数都相当可观,全校师生尽己所能的爱心行动让人感动,但学校始终没有张扬,没有把捐款之事上传学校网站,更没有到报纸杂志上以此来宣传学校。学校始终认为帮助弱势群体应该是人之为人的本性,应该是人的品性,如果以此作为宣传学校的材料,别人就会怀疑你们捐款的动机,全校师生就会觉得学校很功利,也会给师生一个错觉:认为帮助别人是额外之事,所以值得表扬,值得宣传。

关心人、帮助人、体谅人是人之为人的品性,这是我们美好人性教育的重要理念,所以,慈善不能张扬,慈善需要沉默。

为什么一定要有关系——人与人

还有一个故事在学校也是广为流传:从前有个粮仓闹鼠害,村民们想了一个极好的驱赶老鼠的方式,用烟把老鼠熏跑。这天,村民们燃起了浓烟把烟往粮仓里灌,许多老鼠都逃走了。但当人们在清理粮仓时,却发现有两只老鼠死在里面,一只往墙角方向,另一只则将它往大门方向拉。往墙角方向跑必定熏死,为什么会出现这样的现象呢?一个村民观察发现,往墙角方向跑的老鼠双目失明,大家一下子明白了,原来另一只老鼠是在救它瞎了眼的同伴。于是,大家在感动之余纷纷猜测它们是什么关系,有人说是兄弟关系,有人说是母子关系,有人说是夫妻关系,也有人说是恋人关系,众说纷纭,莫衷一是。旁边一个小孩说了一句把大家都怔住的话,那孩子说:为什么一定要有关系呢?在我们的传统思维里,有关系是帮助的前提,没关系就可以袖手旁观。各人自扫门前雪,莫管他人瓦上霜,这让我们各自变得冷漠,变得自私。

在澄潭中学,"乐于助人是最好的人际关系"、"人人为我,我为人人"等等已深入人心。帮助同学、助人为乐也成了同学们的一种习惯。因此,当国家有灾害发生时,全校师生会主动捐款;当同学需要帮助时,全校师生会奉献爱心。爱,不需要任何关系。爱,不需要任何理由。

阅读经典——激活人性

在澄潭中学,高一要读唐诗,高二要读宋词,高三要背元曲,每个学期至少要通读一本"与这个时代无关的、但作为一个人应读"的世界名著,学校还向全体师生提供了阅读的参考书目。

翻开名著,我每每有这样的感受,自己是与人类历史上最睿智、最博学、最风趣、最坦诚的心灵展开对话。在一个人的生命历程中,有这样的伟大智者与你结伴同行、促膝交谈,对心灵该是怎样的慰藉。

如果一个人只上网浏览,只读流行读物而不读经典名著,就如同只吃快餐不吃正经饭菜,日久天长,其健康状况令人担忧,而不读经典名著同样也是令人担忧的。因为一个人容易被过度的资讯俘虏而失去自己,其结果就是:心灵的荒芜与浅薄。一个在精神上始终长不大的人,如何能担当重任?

阅读名著,能让你身心俱净、清澈剔透;能让你平衡得失,笑看花落;能让你无惧无畏、步履坚定;能让你穿过生命中的冷风凄雨、一览一碧如洗的蓝天;能让你远离浮躁功利,拥有一份心灵的宁静和清醒,在这个喧嚣的时代里,这不也是一种幸福?

拒绝名著,就等于拒绝了思想的丰盈;错过名著,你就错过了生命中不应错过的美好。

铭心相约：与祖国共命运，让师生心连心

浙江省杭州第二中学　叶翠微

从湖北沙市到广西北海,再到浙江杭州,从1982年大学毕业到2010年的今天,我像一名行者,在教育这片热土上跋涉着,努力地实现着自己的教育抱负和理想。回首二十八年的教育工作生涯,尤其是在浙江的十年,日渐丰富的教育实践使我对教育产生了更深刻的认识与理解:教育就是使赤子与祖国铭心,让学生与教师心灵相约,学生、教师、学校与祖国共同成长。

我的教育理念与我在杭州二中的实践是分不开的。因此,我试图结合自己十年来在二中的教育实践来总结、梳理对教育的一些感悟与认识。

一、"铭心相约教育"的提出——历史与逻辑的统一

(一)历史的启迪

2000年,杭州市面向全国招聘校长,我有幸竞聘上浙江省杭州第二中学这所百年名校的校长岗位。我之所以放弃北海市教委主任的"领导"岗位,离开已经熟悉的生活环境来到人生地不熟的杭州,看中的就是杭州市委市政府和市教育局的大气。我想既然他们敢于将杭城最好的中学的校长位置拿出来面向社会招聘,就肯定会给予校长广阔的空间施展自己的教育理想。这是二中校长这个职位最吸引我的地方。

俗话说"新官上任三把火",我也希望通过自己的努力给这所百年名校带来一些新气象。可是我清楚地认识到,为改革而改革是毫无意义的,最终牺牲的只能是学生和教师的发展与成长。我一直提醒自己要警惕不要盲目另起炉灶。二中的百年历史,是我们巨大的财富,一个聪明的校长要善于在传统与创新上找切入点,从学校发展源头上找切入点,这样才能确保每一个改革举措不会成为无本之木、无源之水。

在二中整整十年的工作中,我总结出了诸如"三高"、"三开"、"三宽"、"三性"等许多短语,具体指的就是"高境界做人、高水平学习、高品质生活"的育人观,"思想解放、行为规范"的管理观,"开放、开化、开明,宽松、宽厚、宽容,理性、人性、灵性"的文化观。如果一定要用一句话来概括这

些教育观点,我想说,教育是一种铭心相约,教育就是让学生成人。

"铭心相约教育",不是一夜之间出现在我头脑里的,而是这十年来我在二中边实践边提炼的一种精神,一种思想。正如陈玉琨教授所言:她是发乎于情、本源于心、率直于性的教育,她因情而动,因心而存,因性而为。

用"铭心相约"来概括我的教育精神,在很大程度上来源于二中的历史。在二中的赤子之钟上,刻着这样一段铭文:

> 我们在此铭心相约:一切皆不能将我和祖国的命运分开,无论是天灾,还是人祸,是金钱,还是权势,是疾病,还是劳累。是为志。由此,我将发愤努力,上下求索,勤于思考,勇于实践。是为行。直至民族复兴、天下大同,此心乃敢稍息。是为公。赤子之心,山川可鉴。谨此镌金刊石,以为共勉。

2010年二中举行了建校111周年庆典活动。热闹的庆祝活动结束后,我又仔细阅读了许多二中校友、在校学生为校庆写的文章,发现许多人都提到了"铭心相约"这个词,原来这段铭文不仅刻在了二中的校园里,也深深地铭刻在了二中人的心里。

"铭心相约"这个词的内涵随着时间的推移不断丰富,它也恰好可以概括我对于学校教育的思考。

"铭心相约"首先涉及人。我一直认为"人"的问题始终是首要问题,人是教育的目的也是教育的归宿,教育是人的事业,学校的主体是学生和教师。

其次,"铭心相约"意味着师生有共同的价值追求。我认为"道"的问题始终是根本问题。教育之道,就是从人的发展的基本规律出发。所谓的道、法、术,术是教育方法,法是教育原则,道就是教育的规律。教育的规律究竟是什么?那就是"人的发展"。

再次,"铭心相约"意味着与祖国同命运,与人民共呼吸;意味着学子们承担了为民族复兴和天下大同而求索奋斗的责任。要履行誓言,兑现承诺,需要具备"德"和"能"。从这个意义上说,离不开师生共同的教学活动。特别是对于教师来说,肩负的担子更重。不仅与学生铭心相约,还要帮助学生履行对祖国和民族的铭心相约。

由此,学校应该成为师生铭心相约的地方:学生和教师来到学校里,树立共同的价值追求,通过共同学习、共同分享,最终实现共同的成长。

(二) 逻辑的发展

根据恩格斯的论述(《马恩选集》3卷572页),人的需要分为三个层次:一要生存,二要享受,三要发展。要生存,这是人和动物共有的本能,是最起码的权利。而发展和享受也是人的权利。人的最高层次的追求是发展,开发自己的潜能,发挥自己的聪明才智,在贡献社会的同时实现自我的价值。这就是自由和人性解放。从教育的目的来看,它显然是属于人的最高需要的层次。当然,教育目的中显然也有第二个层次的内容,因为对很多人来说,在获取知识和自由创造中还能获得人作为高等动物的、其他动物所没有的特殊享受。与此同时,教育的目的中自然包括第一层次的"生存"的内容,但从教育发展的历史来看,随着人类社会经济水平的发展,教育越来愈多地承载了人类更高层次的需要。

西方著名哲学家尼采曾将教育分为两种:一种是生存的教育,其目的是追求知识,获取尘世幸福,赢得生存竞争;另一种是文化的教育,其目的不是个体生存需要和尘世幸福,而是直面永恒的生命意义。英国历史学家汤因比认为,教育的正确目的,归根结底是宗教性质的东西,不能只图利益。教育应该是一种探索,使人理解人生的意义和目的,找到正确的生活方式。

这些观点,虽未能道尽教育的全部内涵,但这种文化教育对生命意义的追求,对我们今天的中学教育不乏重要的警醒和启示意义。要知道,教育的最高境界,应当是追求人文精神,实现生命的意义。因此,从教育自身的逻辑来看,在当代中国社会发展的语境下,21世纪的高中教育应当从"生存的教育"走向"文化的教育"。杭州二中的"铭心相约教育"超越了

"生存的教育"这一层次,走向对学生心灵和生命的关注,走向促进学生实现自我的价值。因此,"铭心相约教育"是符合教育自身发展的逻辑的。

二、"铭心相约教育"的特征——树人与立身的追求

(一)心系祖国

> 一切皆不能将我和祖国的命运分开。

"铭心相约教育"的主要特征之一是心系祖国,这也是"铭心相约"在二中最初的含义。我坚信,帮助学生履行对祖国和民族的铭心相约,是一个教育者的天职。我们的学生应该深知自己的责任和使命,尤其是二中的学生,不仅要成为学业上的精英,更要成为为民族复兴和天下大同而求索奋斗的中坚力量。这一点正与前文所引在杭州二中"赤子之钟"上的铭文相契合。所以每学期的开学典礼上,我们的学生都要齐诵这段铭文,这是一种让我们的学生能时刻铭记自己所肩负的历史重任和学习使命的一种爱国主义教育形式。

一直以来,学校团组织在学生教育中起着价值取向的引领作用。以英雄的名字命名团支部,开展共青团工作,是共青团的传统。"冯仲云团支部"是杭州第二中学团组织中的先进典范,一届届的团员青年们继承党的优良传统,弘扬五四精神,薪火相传着校友冯仲云志士的精神。冯仲云是在二中历史杰出人物中最有传奇色彩的一位,他小学没毕业就考上杭州蕙兰中学,他是清华大学的第一届数学系学生,在轰轰烈烈的大革命失败以后,他毅然参加了中国共产党,成为东北抗日联军的创始人之一,与赵尚志、李兆麟一起,在极端困难的环境中,与日本侵略者进行了殊死的斗争。在我国第一次授勋仪式上,他接受了国家主席毛泽东同志亲自颁发的"八一"勋章和一级"独立自由"勋章,被誉为"忠诚的一生"。为什么要学习冯仲云?我们九零后的一代要传承怎样的一种校友精神?我想到

了"忠诚"两个字。冯仲云同志的一生是革命的一生,他忠诚于党、忠诚于人民、忠诚于国家和民族的事业,真正地实践了"祖国哪里需要我,我就到哪里"的誓言。学习冯仲云,在当代的意义,就是要学习五四运动以来,以他为代表的中国青年矢志追求并为之顽强奋斗的实现中华民族伟大复兴的忠诚精神,进而将责任意识、使命意识深深植根于青年人心中。从共青团杭州市委在冯仲云将军的母校杭州二中命名第一届"冯仲云支部"以来,每年5、6月,我们都要隆重举行"冯仲云支部"换届授旗仪式。在争创"冯仲云支部"活动过程中,青年学生不仅通过党课、团课中的"追寻先辈校友的足迹"讲座,了解校友们的光辉事迹,传承先烈点燃的火炬,还积极投身各种青年志愿者服务活动,帮助他人、服务社会,传递爱心、传播文明,实践着认知与行动的结合。正是在像冯仲云等一大批心系祖国的知名校友的精神引领下,二中的九零后学子呈现出追求卓越、志存高远的积极面貌。近几年,学校每年都有一大批学生向党组织递交入党申请,仅2003年以来先后已有近70位学生在这里加入中国共产党。这些可观的成绩正是我们二中学子追求"高境界做人"的核心价值的体现。

"铭心相约教育"的使命是从小培养学生对社会担当的责任感,让二中的学生身在校园,心系祖国。除了精神价值的引领,我深知只有让学生走向社会、深入社会、了解社会,才能让他们更深刻地理解自己学习的意义,从而坚定自己的学习理想。

每届的高二年级,我们都会毫不吝惜地花一周的完整课时,让学生停课,自行组队,组织近百个社会实践小组,覆盖银行、酒店、餐馆、医院、报社、电视台、大学、图书中心、交警部门、敬老院、劳教所、超市、街道、企业等各行各业,进行社会实践。学生参加社会实践活动在杭州二中已成制度。为了让学生在这样的实践活动中不流于形式,为了让学生能发现问题、积极思考,我们要求学生在这一周内调查研究、收集材料,回校后写成专题调查研究报告,召开学生社会综合实践专题报告会。研究结果以小论文的形式呈现出来,评选出优秀论文,由学校编辑成册,并给予同学们学分认定。在2009年的《学生社会实践专题调查研究报告成果集》中,学生的社会实践调查涉及民生、社会问题及校园文化活动等 40 多个主题。当然,这种社会实践活动重在学生参与的过程以及在此过程中所产生的认识和体验。一位调查主题为"杭州保险市场现状及潜力分析"的同学在体会中说:"这样的一周,我们感觉很充实,很有实际意义,尽管我们实在付出了太多的个人额外的时间,可我们不但不后悔,反而感谢学校为我们提供这一难得的锻炼机会,让我们认识了自我。"

(二) 师生契合

心灵只有心灵才能加以启迪,"铭心相约教育"就是用心启迪心的教育,就是要在心灵相通的基础上,建立一种师生共同的价值追求,让师生在其中共同愉悦、共同成长。这种"学生与教师的契合",本质上就是"以生为本",是促成我们"让学生成人"教育的本源。

身为校长,我每天都要面对"教育"。"教育"是什么?每个人都有自己的解读。作为一名校长,我曾试图从元认知上把握教育的本质,在原点上思考并实践教育的核心价值。就我的理解,教育的原点是人,人是教育的目的,也是教育的归宿,因此,教育应该以人为本。我非常认同杜威"教育即生活"的观点,教育作为一种生活,它应该基于人的幸福、成长而做一些事情。教育应始终能基于人的发展的需要,讲人性、讲人道、讲人权,有成人教育之美;始终能基于社会发展的要求,讲感性、讲理性、讲超然,有全人教育之德;始终能基于未来发展的趋向,讲淡定、讲厚重、讲创新,有励人教育之实。

以人为本的教育观念已经被人们广泛接受,几乎所有的教育者都认为自己的工作是为了帮助学生成长。但仍需思考的是何为"学生的成长",高中学生应该有怎样的"成长"。有些学校也打着追求学生如何如何成长的旗号,实际上是"伪成长"、"真助长"——拔苗助长。这些学校追求的只是学生三年的短跑成绩,而非人生长跑的风景。随着时代的发展,今天,大家似乎已接受不单纯依据考试分数来评判学生,不单纯依据升学率评判学校,然而真正的教育实践中所谓的关注"综合能力"似乎仍是一个虚无飘渺的东西,难以找到抓手。

我们二中也抓高考,但高考只是我们成长教育的一个切点——既然它已经成为众矢之的,那么我决定就拿它来开刀。通过改变"高考"这本来在二中的天平上最重的砝码,使得学生的身心成长趋于真正的平衡,这就是让学生成人!在愈演愈烈的高考压力之下,我率先"裁军",周末和晚自习不补课,更不允许进行疯狂的强化训练和过度开发。浙江的高考竞争压力非常大,我们不挑起"军备竞赛",要把这个做成铁的口碑。我的代价就是三年共减少了2000个课时。与此同时,我给了学生2000个课时的自由支配时间。在这2000个课时的时间里,学生可以锻炼身体,也可以自主阅读,还可以发展自己的兴趣爱好,甚至可以天马行空般地"胡思乱想"。

1. 不求"变现",重在"储值"

多年前,浙江青田的一次参观,让我感悟颇深。那里是中国石雕之乡,有不少工艺美术大师,也有很多国宝级的作品。我问一位泰斗级的老先生:"您最得意的作品是哪一件?"老先生用手指了指,那是一个睡美人,静静地躺在角落里。那是一块几乎没有被雕琢过的石头,可它却是大师最得意的作品。不过度雕琢,反而是最好的艺术品。

我的心灵受到很大触动:我们对学生的教育,如果过度雕琢,留下过多的人工痕迹,对学生来讲是福还是祸?我们不妨选择平静地对待学生,给学生最本色的东西。由此我提出基础教育不是一个"变现"的阶段,而是一个"储值"的阶段。不急于把学生"变现",这是教育者的天德。

我曾经有个学生叫章斐然,他在高二的时候就获得全国化学、生物奥林匹克竞赛两个一等奖,并入选生物竞赛国家集训队,成为参加生物国际奥赛的种子选手。清华、北大也同时敞开了怀抱,向他发出提前保送的邀请。很多老师觉得不能让章斐然提前毕业,因为学校在他身上倾注了大量的心血,而且现在离冲击国际奥赛奖牌只有一步之遥,如果保送章斐然,就意味着与宝贵的奖牌失之交臂。这使我陷入了沉思:无疑,多留章斐然一年,二中必将获得莫大的荣誉,但提前保送将使这位才华横溢的学生早一年赢得个人发展的宝贵时间,"鱼与熊掌不可兼得"。二中的办学理念始终着眼于学生的长远发展,而不是陷入功利的怪圈。最后,我毅然决定提前保送章斐然。就这样,章斐然以一个高二学生的身份进入了无数学子向往的清华大学,并以年年全系前两名的成绩向母校汇报。大学四年级时,他申请到美国5所著名大学的全额奖学金,最后选择了美国约翰霍普金斯医学院攻读博士学位。多年以后,回忆此事,我依然不后悔。二中虽然少了一次获得国际奥林匹克奖牌的机会,但从学生长远发展的角度看,这是真正地尊重学生,这是真正地以生为本。

高中三年对学生来说是短暂的,又是关键的,学校要抓住他们成长的关键期,为其可持续发展奠定基础。这就如同种水稻,在扬花抽穗前如果没有施够肥料、打好底子,就会造成减产,哪怕以后肥施得再多,也无济于事。2007年的北京大学本科生毕业典礼,邀请了全国十所中学的校长,我很荣幸地成为浙江省的唯一代表。从此,我年年被邀请参加北大毕业典礼,并曾作为中学校长代表发言。这并不是因为我个人有多大本领,而是因为我们二中送出去的学生在北大成长得非常好,北大对他们的持续发展能力特别欣赏。2010年6月,我几乎同时收到了来自北大、清华的喜报,通报二中的毕业学生在这两所全国著名高校的学习情况。可喜的是,在北大、清华就读的百十余位二中学生中,获得国家奖学金等各级奖学金、选修二学位和免试直接攻读博士、硕士研究生的达71人次,数量之多,全省无出其右。二中学生的卓越潜质、勤奋刻苦、全面发展成为北大、清华的一道亮丽风景线,被誉为"同学中的优秀楷模"。

2. 让学生像"人"

为了给杭州二中的学生"储好值",我提出了让学生像"人"的教育主张,即把学生当人,使学生做人,让学生成人。因此在高中三年,要扎扎实实地给学生打好三个基础:一是身体基础,健康第一;二是品德基础,做人要宽容、阳光、向上;三是学习基础,知识要扎实,思维要敏捷。与此相对应的,我们对二中学生提出了"三高"的要求:高境界做人,高水平学习,高质量生活。二中的学生要追求人生的三张名片:"为人"这张金色名片,

"事业"这张银色名片,"健康"这张绿色名片。

每天下午四点以后的二中校园是最热闹的,足球场、篮球场、排球场……到处可见玩得热火朝天的二中学生的身影。二中每年都举行足球、篮球对抗赛和体育文化节。二中的高一新生有"毅行"的活动,即从起点出发,步行10余公里到学校,以此锻炼学生的意志品质,提升精神内涵。

二中的学生都要学会规划自己的生活和未来,学会成为自己人生的主人,真正自主发展。二中的社团、俱乐部活动非常丰富,这些社团不是学校用来向上级汇报、向外界宣传的"秀品",而是学生兴趣的产物。社团名称、宗旨、规则等一切均由学生自主设计。连社团请谁来做指导老师,每个月要组织什么活动,邀请怎样的嘉宾也完全由学生一手操办。社团指导老师在其中所做的主要是为学生的各种创意把关和鼓励学生大胆实践自己的想法。在老师的鼓励下,学生会公关部的同学大胆出击,在炎热的暑假里跑遍了学校周边的餐饮店、与学生相关的文化用品公司,最终为文学社的刊物《桃李》拉到了5000元的赞助,解决了刊物印刷的经费问题。体育文化节上学生精心设计、制作吉祥物,自己组织吉祥物义卖活动,为贫困地区的孩子筹集学费。CEO社团的创始人庄正,一个高二学生,硬是凭着自己的诚意和实力打动了省工商联主席,把他邀请来参加社团活动,为学生作讲座。

二中有很多在某一领域表现相当出色的学生,他们屡次在各级各类竞赛中获得大奖。但我们不会把这作为大肆炫耀学校的资本,而是会提醒学生、家长和班主任不要过分重视这些"长板",反而更要加注重发展"短板"。被保送到北京大学环境学院的学生裘东盈,数学及计算机能力突出,同时她又是学校运动会200米银牌及4×100米接力赛金牌的获得者,还是一名摄影爱好者;在全国化学奥赛中获银牌的学生杨奇,是班级排球队队员,还是学校子诗社社长,在校报上发表过许多诗作;2006年获得全国"小小科学家"称号的学生张维加,虽以理化见长,却酷爱先秦历史,曾以一首《颂古风》获得全省征文比赛特等奖。这样的学生,在杭州二中的校园里并不鲜见。他们的成长顺应天性,真实而自然。从表面上看,他们没有把力气用足,在一些爱好上"浪费"了时间,而事实上,这恰恰是用以发展后劲的积蓄。

而对于一些确实很有特长、术有专攻的学生,二中也不会刻意让他们与大众同学一致,强行把他们送上高考的列车,而是投之以关注,施之以引导,充分尊重那些学生的特异因子,让他们可以自由地在自己的兴趣世界中驰骋。在他们中,可能就孕育着我们未来的中国"比尔·盖茨"。

在这里,我要讲个"机房的'神'"的故事。前不久在加拿大举行的第22届国际青少年信息学奥林匹克竞赛中,我校的赖陆航同学获得了金牌。这是一个怎样的学生呢?高中三年,他连续拿下9枚省级以上竞赛的一等奖奖牌,但他性格内向,不善与人交往,喜欢沉浸在自己的程序世界里,格外专注于演算、推导、处理数据。由于他对计算机的痴迷,同学们都说他"在机房永远不是一个人,而是一个神"。这个学生,我们给了他充分的学习自主权与空间,他的大部分时间就是在机房里度过的。甚至到了紧张的高三,教室里仍然难以看到他的身影。我们尊重他的爱好,尊重他的选择,在完成规定学业的前提下,我们还为他开出免修课程。之所以这样做,是因为我相信,一个人才能否诞生,缘于他的兴趣空间能否打开;尊重他的兴趣,就是一种教育的人性。

我坚持让学生锻炼,但无意把谁打造成国家级运动员。

我鼓励学生走向社会,但无意炫耀我的学生多能挣钱或是接触过多么高层次的领导。

我提倡让学生做自己喜欢的事情,但无意通过各种特长的渠道将我的学生塞进高等学府。

之所以这么做,就是为了让我们的学校教育尽量满足并服务于学生的生命成长;尽量让学生有走向幸福人生、走向社会的基础;尽量让学生有人样的生活!

3. 育人者仁,仁者乐人

以学生为本,最终还是要落实到教师的行动上去。以学生为本的教育,要求教师尊重学生、理解学生、调动学生的主动性,让学生学会做人,学会生活。而实现这一切的大前提是教师要对学生有"爱","以仁爱之心育人"。我的老师一直提醒我要讲一点宗教情怀,这个宗教不是迷信更不是邪教,是爱和善,即儒家思想的"仁"。

这种"仁",我的解读就是教师首先要尊重学生的生命自由。我们的教育和西方的教育最大的不同在于:我们的教育是以让学生懂得约束为目的的,西方的教育是要教会学生追求自由;我们的教育是让学生不断地去体验失败,西方的教育是让学生不断地去感受成功——从这点来说,西方的教育者更像孔老夫子的传人,他们的教育更有宗教情怀,更有人性。所以,我们要以生为本,首先要让育人者转变思想,这就是我提出的"育人者仁"。

仁者,爱也;爱之首,博爱也,包容也。

教师要对学生包容,首先是教师间不同文化的包容,然后才能达成师生间不同年龄和世界观的包容。

学生们的个性、气质各不相同,这就决定了他们不可能只欣赏同一类型的教师,也就需要学校里充满各种个性的教师。学生可以不喜欢某一个老师,但是他在二中一定要能找到自己可以接受的教师。我观察到,受地域限制,我们的教师往往在一个相对封闭、相对稳定、相对静止的环境里工作和学习。同时,根深蒂固的传统文化导致教师们在性格上也比较"单一",很容易就形成"小圈子",缺乏教师间的相互影响。教师是学生发展的引导者,他们的一举一动都会对学生产生影响。要使这种影响更好地促进学生的多元发展,教师就应该尽可能互相包容、互相学习,走出自己的"小圈子",体验多元化的文化。我们积极倡导人与人之间是包容的、欣赏的、信任的、沟通的、理解的,而不是对抗的。多年来,通过观察和思考,我陆续提出了"雁阵理论"、"马赛克现象"、"狼性精神"等草根化的见解和观点,为二中教师群体号脉,并鼓励教师自由组建基于相同兴趣的学术共同体,积极寻求职业发展的学术支撑。在这方面,学校既有制度安排,又有机制保障,使教师的职业气质和精神面貌更能契合学生的发展要求。"海纳百川,有容乃大",二中应该是一个汇聚五湖四海英才,包容多种文化符号和个性特征的地方。这样的学校,才能提供实现学生多元发展的路径。

再者,学校与老师之间,也需要一份包容。

在二中,一旦确立了学生发展的主体地位之后,对教师的管理也不再那么复杂。作为校长,我不愿意过多地干涉教师的教育教学行为,我希望看到每一位教师根据学生的特点进行各种个性化的探索与尝试。对于教师的考评,学生的意见占有很重要的比重,校长听从学生的意见。我经常说,我们二中的任何老师都可以跟校长过不去,而校长却只和与学生过不去的老师过不去。"学生的利益和诉求",这是学校对老师的包容底线。譬如学生满意度调查,如果一个班有三个同学对你的课堂教学和教育方式不满意,那你就需要反省了;五个以上同学对你不满意,那就要"亮黄牌"了,再给你一个学期的改进机会;如果一个学期之后仍然没有改进,那只好"亮红牌"让你出局了。

"育人者仁",包容并蓄,这样的育人风范自然就创造了一种快乐的教育生活状态,学生的健康人性得以发展,这就是"仁者乐人"。这里的快乐既包括感性层面的,又包括精神层面的。我们不应仅仅停留于学生的感性层面,让学生仅仅从最基本的情绪、情感体验中获取快乐,还更应关注学生的理性层面,培养学生的学习兴趣和探究精神,引导学生从复杂的认知活动中体验理性思维的乐趣。

(1) 校园是学生的

传统学校教育模式下,学生属于被控制、被规约的一方,在这样压抑的状态下,学生自然是无法体会到快乐的。所以我提出要把校园还给学生,把舞台还给学生,学生是学校这个大舞台上的主角,我们教师只是引导者、服务者、支持者、欣赏者、喝彩者。事实上,当二中的学生成为学校的主人之后,学校便充满了快意的氛围。学生社团都由学生自主设计、自主策划、自主管理、自主运作,让学生在这个平台上写尽风流,尽显才气。

譬如,在2007年杭州市校园文化节上,杭州二中摇滚乐队的出现,引起了观众们的一阵骚动。这是一支"真刀真枪"的摇滚乐队!吉他、贝司、架子鼓、电钢琴、合成器,被学生们逐件搬上舞台。在12支晋级决赛的队伍中,他们是唯一不采用伴奏带而以乐队现场演奏的,也是唯一演唱自己原创歌曲的。虽然最后只获得第三名,但他们却凭着两个"唯一",给现场观众留下了深刻印象。这支乐队是两年前由我们的学生自发成立的,目前有14名正式成员。"这些学生非常热爱音乐,彼此兴趣相投。乐队就是从他们中间自然生长出来的。"音乐教师周美娟见证了乐队成长的整个过程,"刚成立的时候,学生从自己家拿来了吉他、贝司,只有架子鼓是新买的,花了3000元。"谱子不好找,学生们就一遍一遍地听录音,把谱子记下来,自己找时间排练。他们还尝试着创作了不少作品,从作曲、填词,到编配和声,都由自己完成。

2007年,他们在学校里举办了专场音乐会,受到同学们的热烈追捧。一时间,乐队成员成为校园里备受崇拜的偶像。为此,我特地在贵宾室举行座谈会,对他们的成功演出表示祝贺。乐队的贝司手小炫开完座谈会回去,激动地一把拉住班主任说:"老师,叶校长请我们坐在真皮沙发上开座谈会!"班主任说:"那说明你们把校长给打动了!"

(2) 青春是神圣的

高中生们都处于青春早期,这是个如诗如梦般精彩的年龄。青春是神圣的,我们应该让学生的青春神采飞扬。二中追求让学生获得一种热情奔放的生活,给学生激情奔放的机会,给学生的高中生活留下一些深刻的印象,留下难忘的青葱岁月的记忆。譬如世界杯开幕第一场比赛,我们可以让学生在学校里看比赛,即使是牺牲整个晚自修。我觉得作为一所百年名校应该敢于做这些事情。

青春伴随的是力量、速度、激情,高中生们天性热爱运动。在杭州二中,体育被提高到了前所未有的位置上。从20世纪90年代起,杭州二中的体育课教学就已经实行"大班小课"选修制,设立了篮球、排球、足球等专项班,着重发展学生的兴趣特长。会玩了,才能学。每天下午4点到5点,学校一律不安排课,让学生们在"沸腾"的球场上度过一天中最快乐的时光。每年春暖花开的时候,学校会举办一年一度的篮球联赛。每个班级要选出12名正式队员,还有各具特色的拉拉队,历经淘汰赛、循环赛,激烈的比赛要持续一个月左右,是校园里一场盛大的节日。最后的冠军杯,由我亲自颁发到获奖者手中。作为班级的巨大荣耀,那个奖杯总是被放在班里最显眼的地方。而在每年的秋天,学校还会举办足球联赛和排球联赛,加上学生体育社团组织的羽毛球、乒乓球、网球等各类比赛,校园里一年到头赛事不断。每年的体育文化节闭幕式上的"兔子舞"由我领队,师生共同参与,共同狂欢,宣泄、彰显自我,无形中也拉近了师生之间的距离,增进了感情。即使到高三备考阶段,学生的运动量也没有减少,每周反而还要再增加两节活动课。2009年,由浙江省教育厅公布的《浙江省高校新生体质测试数据分析报告》显示:全省261所参测的示范性高中,杭州二中应届毕业生各项体质数据总分高居第一。

(3) 成长是幸福的

"铭心相约教育"还追求让学生在学习的真性成长中,品味到幸福和快乐。我主张要让学生和老师在学习中获得一种超越,让师生的快意生活不仅体现在丰富多彩的课外活动上,也同样体现在学科学习中。譬如我们的学科竞赛团队,从不设置入门底线,凡是对这门学科感兴趣的同学都可以报名参加学科竞赛辅导。刚刚在第42届国际中学生化学奥林匹克竞赛中夺得金牌的诸琪磊同学就出自特级教师张永久老师指导的化学竞赛团队。这支被誉为"张家军"的队伍共24名同学,6名考入北大、1名考入清华、3名复旦、2名港大、4名浙大……个个进入重点名牌大学。如此骄人的成绩,"张家军"的魅力究竟何在?"这是一个团结协作、互补互助的团队",诸琪磊同学曾深有感触地对我说。队中的李竟菪同学虽然无缘国际比赛,但他对"张家军"的拥戴和对化学的热爱仍溢于言表:"在这个团队里,我感觉很快乐、很幸福。作为竞赛队员,我们在高一就已基本学完三年的化学知识,所以化学课时,我们可以不用听课,而是自主到图书馆看书或学习。然后把自己遇到的难题、趣题拿到竞赛课上和队员交流。"团队里,老师和队员始终是亦师亦友的关系。每次上课前,张老师都会带大家先唱队歌《超越梦想》,把气势鼓起来,形成一股凝聚力。同学们都反映效果不错,每次唱完,上起课来就会感到特有精神。

在二中,这样富有特色的团队很多,譬如培养出两块国际信息学奥赛金牌的胡旭红老师最善于营造"团队效应"。赖陆航是她指导的第二个获得国际金牌的学生,赖陆航的师哥俞华程在2008年也获得了国际信息学奥赛金牌。俞华程获奖时,赖陆航还是高一学生,俞华程从此就成了他的"编外老师",他们经常在一起探讨问题,直到俞华程进入大学也未停止。"这种团队效应,有利于给后面的学生树立一个榜样,让他们觉得,国际金牌离他们并不远,只要努力也能拿到。"

我始终认为,虽然我们迄今为止已获得六枚国际奥赛金牌,在浙江省遥遥领先;但是二中的学科竞赛辅导绝对不以获取国际奥赛奖牌为直接目的,我们最主要的目的是为了让学生在其中享受思考的快乐,体验创造的快乐。我们的学习团队,是一个师生共同成长的团队,是一个仁者为师的团队。金牌的获得,不正是在这样的团队中学习的一种水到渠成吗?

(三)教师第一

学校成就教师,教师成就学校。

"铭心相约教育"不仅仅是学生与祖国、学生与教师的铭心相约,还应该包括学校与教师的铭心相约,就是让教师在校园生活中体验生命的尊严,获得职业的幸福。我始终认为,在校园里,教育的人性风采的一个活水源头即在于如何让教师获得一种职业幸福感。简而言之,在我的教育字典里,教师第一。具体言之,二中老师要讲三个指数:健康、幸福、魅力。

1. **健康指数:"健康第一,家庭第二,工作第三"**

健康第一,家庭第二,工作第三。在这个基础上我们的工作才是平和的,水到渠成的。学校专门拨出一笔"教师健康资金",每天去体育馆锻炼的老师就有课时奖励,"老师出汗,学校埋单"。每天上午10点,行政办公楼铃声一响,由校领导带头,老师们不论男女老少一起涌向体育馆,握起球拍,转动身躯,像是又回到了学生时代。老师们成立的登山、篮球、羽毛球、太极拳、钓鱼等俱乐部,各拥有一批"铁杆"成员,每逢周末、节假日,活动开展得十分红火。到期末,学校还要在教师中评选出"锻炼之星",予以奖励。我觉得一个老师如果没有一个健康的精神面貌、精神气,他走进教室是很难真正去打动学生、感染学生的。

2. 幸福指数:"精神自由,个性自然,生活自在"

我们非常强调教师的个性,反对按照所谓的专业化路径培养同一气质、同一模式的教师。只有老师有个性,学生才能够受到感染。因此,教师个性的自然,是学校的核心文化。我们学校离城区很远,老师上下班不太方便。当年有人建议我买一个打卡器,我坚决反对,这是把教师当作物来管理。当一个老师带着紧张的情绪走进课堂,课堂还能灵动吗?老师还能平和吗?学生还能有愉悦的情感吗?要让老师在课堂上展示他最民主、最平和、最能让学生接受的一面,就必须让他平静下来,放松下来。如果一个学校的老师被管得战战兢兢,生活得不够优雅、从容,这个学校就没有足够魅力。在我看来,小节问题不是老师的核心形态,他们的核心形态应该表现在课堂上。我们这里是学校,要呵护并绽放生命。如果老师不能自在地走在校园里,也一定会把这种不自在的情绪传染给学生。我们要让老师以一种自然的生活姿态行走在校园里,这也是学生之福。

3. 魅力指数:"终身学习,团队合作,创业创新"

魅力指数强调三方面:第一,终身学习,有魅力的教师总是在不断的学习之中,这使他有厚重的内涵,面对学生会展现出一种底气。第二,团队合作,有魅力的教师最善于团队合作。我的观点是,要让教师逐渐具有一种大气的职业姿态,基于一个团队、组织可持续发展的前提下,我们的行为应该是一种绿色行为,这是建立在人与人之间包容的、欣赏的、信任的、沟通的、理解的关系前提下,而不是对抗关系前提下。我们鼓励教师自由组建基于相同兴趣的学术共同体,积极寻求职业发展的学术支撑。在这方面,学校既有制度安排,又有机制保障,使教师的职业气质和精神面貌能更契合学生的发展要求。第三,创业创新,有魅力的教师要有一些原创性的东西。能把原创的讲得有点味道,就是一种创造。教育就是一种即兴创造。我们尊重教师的首创精神,鼓励教师敢想、敢试和敢闯;尊重教师的个性差异、地域差异和专业差异,肯定教师的首创、原创和再创,充分调动教师进行创造性劳动的内驱力。

总之,我一直强调要尊重教师的"自由"(即精神自由与职业自由),要尊重教师的"个性"(即学术个性和气质个性),要尊重教师的"创造"(即课堂创造和学术创造),要还教师以人权、人道和人格。我首开浙江教育之先河,为建立高学历、高水平教师培养机制,和华东师大联合创办了"未来教育家学校",把高校研究生课程班引入中学校园,让我们的老师在家门口就能进行学力再提升。我担任杭州二中校长以来,十年间共诞生了9位浙江省特级教师。我想,这可能就是让老师获得较大的职业幸福感后的推动力使然吧。

我笃信,学校成就教师,教师成就学校。

三、"铭心相约教育"的构建——现实与理想的交融

在我的内心深处,一直有这样一种理想主义情怀——理想中的学校应该有一种精神:民主、人道、创造;应该有一种文化:以科学理性、美的情怀为价值;应该有一种风采:高贵高雅、磅礴大气。所以,我矢志于把杭州二中建设成一所让师生回归健康和快乐的"本色学校",而不是对学生考试成绩洋洋得意的"功利学校"。我坚信我的这一理想之树一定能茁壮成长,因为她牢牢植根于教育之本源,那就是把学生当人,让学生成人。我提出的"思想解放、行为规范"的办学追求,我讲"宽松、宽容、宽厚",讲"开明、开放、开化",讲"人性、理性、灵性"等,核心就是将教育"人化",而非"功利化",甚至"妖魔化"。如何"人化",我首先从师生最能感受到的"课程"、"环境"和"制度"这三方面实施变革,从而推动一所学校真正意义上的现代转型。

（一）人化课程

1. 个性化课程设计

21世纪的教育是从选拔适合于教育的学生走向创造适合于学生的教育。学生和老师是学校的主体，把他们联系在一起的主要是学校的课程与教学活动。所以，我强调学校的课程应该是人化课程，应该满足学生的诉求，应该进行再设计。课程结构要适应学生的个性差异，要建立和完善课程选修制，帮助学生寻找兴趣点。教育面对的是一个个具有独特个性的学生，教育的根本目的和内在价值是促进每一个人的个性发展。衡量课程改革成败的基本标志是看它是否促进了学生的个性发展。为此，我们杭州二中课程结构必须充分体现出选择性，以适应学生的个性差异。

我们有个学生一入校就向我要求免修一些课程，因为他的自学能力非常强，已经把高中数学、物理、化学全部看完了。对于这个孩子，我们予以特别关注，允许他出教室自修，并组织老师帮助他对自己进行全面分析，结果发现他外语相对薄弱，那么在这段时间里，他就强化外语。接着又发现他地理不行，于是又加强地理。后来这个学生自己写了一篇论文，我们这里没有人看得懂，但老师们还是支持他继续进行自己的研究，并尽可能地为他联系校外专家给予指导。结果他的这个项目在全国创新大赛中获得了一等奖。对于这样一些个性化学生，他们可以跟大班一起上课，也可以根据自己的需要请老师给予个别指导，尽量做到既发展了他们的强项，同时也能帮助他们提升弱项。这也是我所理解的"既追求全面也鼓励个性"。

2. 选修类课程建设

我经常思考我们杭州二中的课程如何做到尽量贴近到每一个学生成长的内需，使得学生的兴趣保持、发展，使自己的学习优势更大化、最大化。所以学校建设了一百余门选修课作为校本课程，供学生选择，找到自己的兴趣点。

校本课程的开发，采用教师全员参与、教材滚动优化的方式进行，即每一位任课教师都有开设校本课程的任务，每学期均在前一学期所开设课题的基础上，进行学生认可度调查，并由学生提出新课题要求，然后由教师根据自己的特长认领或合作开发课题,课题开发成功之后,报教学处审核公布,由学生自主选择课题。当某课题的学生点击率大于 10 时,则确定为新学期的开课课题,进入教学流程。这种课程开发模式,既保证了校本课程课题的数量,又保证了课题的时代性、适应性和优质化,同时,极大地尊重了学生的选课意愿,赋予学生以选课的自由和评课的权利。

几年的实践表明,校本课程的这种菜单化自主选择模式,还学生自由,发展学生兴趣,培养学生特长。如:智育类(数学、化学、物理、生物、计算机奥林匹克竞赛知识)课程的实施,培养了 6 名国际奥林匹克金牌获得者,3000 多人次在省级以上学科竞赛获奖,3 名同学入选中国少年科学院小院士;科技类校本课程的实施也取得了较好成绩,有 50 多人次在国家、省、市青少年科技创新大赛中获奖,先后 10 多次获省、市青少年科技创新大赛"优秀组织奖",其中,2007 年获全国青少年科技创新大赛"优秀组织奖"(全省仅一所中学获此殊荣)。而在由教育部、中国科协等共同举办的"明天小小科学家"评选活动中,多位同学获得"明天小小科学家"称号;艺术类、体育类校本课程的实施也取得了很好的成绩,音乐歌唱团、健美操、三大球以及书法、美术等多次在省、市中学生比赛中夺冠。

3. **国家课程校本开发**

记得在一次座谈会中,学校的英语老师抱怨道:如今越来越多的学生选择去国外读本科,因此很多学生在高中甚至更早的时候就参加了雅思、托福的学习,并且有一大批学生以高分通过了这些考试,可以说很多学生的外语水平比我们老师还要高。作为老师,我们感觉压力很大,现有的课程内容学生早就掌握了,不知道怎么教这样的学生。

我想不只是杭州二中,几乎每位教师都会面临学生实际学力与国家课程统一标准不符的问题。这就需要我们对国家课程进行校本化开发。教材,应是一个开放体,有着"空白领域"或"弹性地带",为师生提供再创造的平台。教育部中学校长培训中心主任陈玉琨教授曾经说过,一所学校对国家课程的校本开发能力在很大程度上反映了一所学校的竞争力。我非常认同这一观点,也努力在实践中加强学校的校本开发能力,鼓励教师在国家课程标准之下,根据学生的实际情况重组课程,省去学生已经掌握的部分,添入符合学生成长需要的新内容。其实这个过程也是教师专业化发展的过程,教师的课程领导力由此得到了极大的锻炼与提升。

4. 课程资源大整合

新课程改革以来,研究性学习、社会实践等被提到了一个比较重要的位置。然而在实际操作中不少校长、教师都感到困惑:在如此有限的课时里,如何能够兼顾学科教学和这些活动?开展这些活动需要大量的人力、财力的支持,如何寻找这些资源?我认为面对新形势下产生的新要求,我们不能一味地做加法,而是需要运用整合的思想。

首先我们要充分整合学校现有的人力、物力资源;其次可以将各种学生活动进行整合,以一个活动为平台,注入其他元素;再次应善于将社会资源整合进课程中来。

二中的老师是学校最大的财富,许多老师不仅精于自己所在学科的教学,而且有一技之长,例如有的老师精于某项体育运动,有的老师长于竞赛指导,有的老师痴迷于科技发明,还有的老师擅长艺术欣赏。按照现有的课程表,老师们的这些特长没有发挥价值的空间,所以我们通过学生社团、俱乐部的建设,在为学生搭建舞台的同时也为教师提供了展示的平台,从而实现了双赢。

二中非常重视对学生社团及各类俱乐部的建设。目前学校学生已自发组建了39个社团及俱乐部。许多研究性学习、社会实践正是以这些社团为载体开展的,例如环保社的学生独立完成了对钱塘江水质的监测报告。通过这样的组合,学生和教师都实现了跨年级、跨学科的流动与交流。这些社团和俱乐部的活动,也大大丰富了学校校本课程资源,为学生提供了另一个展示自我的舞台,为学生健康、和谐、大气的发展奠定了坚实的基础。

(二) 人化环境

进入21世纪,随着科学技术的进步,人们在物质生活和精神生活水平得到不断提高的同时,对人居环境亦不断提出新的更高的要求,把经济、社会、资源与环境视为一个密不可分的复合环境。对于学校也是一样,校园是育人的环境,是培养学生健康体魄、丰富个性的空间,它应是同样宜人的人居环境,它应是积极向上、充满知识和趣味的室外广场,它应是一个与大自然和谐发展的,以人为本的,宁静、优美的学习空间。单调、阴沉、刻板、不符合师生需要的校园往往容易限制人的思维发展,不能使学生产生愉悦的心态。而优美的校园、整洁的环境、典雅的建筑群、恰到好处的宣传栏、别具匠心的雕塑、繁茂的花草树木、整洁美观的教室等能营造出和谐、优美、多彩、生态的学校文化,使学生保持精神舒畅、思维清晰,还能够有效减缓学生学习、生活中的疲劳,并时刻在无形中影响着学生的发展。那么我是怎么思考杭州二中校园环境的设计与营造的呢?

我觉得二中的校园应当是人化的环境,让学生感觉到这是属于他们的环境,是能让他们自然生长的环境,而不是让人紧张、木然的环境。这里有动静结合、热烈奔放的运动场所,有井然有序、宁静致远的学习场所,也有雅致和谐、温馨温暖的生活场所,更不妨设计一些能让学生独处冥想、宣泄排他的发呆场所。

在二中行政楼与教学楼间的过道边,有一道楼梯通向四楼之上的塔楼。塔楼上有一间小阁子,小阁子的四周围着玻璃幕墙,这里是二中的制高点,被同学们冠之以"二中之巅"。在这里你可以360度俯瞰二中校园全景。走上通向塔楼的楼梯,你会惊奇地发现:楼道雪白的墙面上,被红的、蓝的、绿的、黄的……各色彩笔涂抹了许多文字,几乎没有空白之处,阁子四面的玻璃幕墙上,也粘满了大小不一的各色纸片。细看这些文字,什么内容都有:有考试考砸不满情绪的宣泄,有暗恋某个同学而不敢说的悄悄话,有对即将毕业的同学的深情祝福,有对某个老师抱怨情绪的流露,有对学校某些举措不满的愤愤不平之言……学校里发生的大大小小的事情,很快就会在这里得到回应,这里成了二中学子吐露心声的一个特殊场所。许多同学空闲时喜欢上来走一走,也不一定就是去贴纸条或涂写文字,只是翻看以前同学留下的。学校出于安全等各种因素,曾一度关了这个阁楼。但我听取了同学们的建议后,经过反复思考,还是毅然决定将塔楼重新开放。"二中之巅"留下了许多二中学子的青涩回忆,是二中让他们有一个倾诉心情的地方,是二中给了他们张扬个性的空间。对十六七岁的学生来说,高中时期是一个有梦、有浪漫、有激情的阶段,如果学校不能在这个时期给他们抒发情怀的机会,也许他们的人生道路上就很难再有这样的时期了。每个人都有他独特的成长方式,有他独特的发展过程,而每一种发展的可能,都应该受到尊重。特别是当学生偏离了师长事先设计好的路线,就更需要教育者的理解和包容。在这方面,二中体现出了大气,一间小小的阁楼,传递出的是二中人的自由精神!

总之,作为校园环境文化的总设计师——校长,应加强校园文化建设,充分发挥校园文化的熏陶功能,让校园的一景一物都无声地"说话"。以鲜明正确的导向引导、鼓励学生,以内在力量凝聚、激励学生,以独特氛围影响、规范学生,使学生在日常学习、生活中接受先进文化的熏陶和文明风尚的感染,营造积极向上的学风,建设优良的校风。

(三) 人化制度

"铭心相约教育"的制度也是人化的。在杭州二中,凡事都有制度可依,同时又特别讲究制度的人性化。实际上,制度化和人性化是存在辩证关系的。制度化使二中师生的行为有了规范,保障了师生个性的张扬,而人性化又使刚性的制度被内化成师生的自然习惯、主观行为,二者共同发挥作用,从而在校园中形成一种和谐的文化氛围,既有制度的规范性和权威性,又有温馨的校园人文环境。具体来说,我在杭州二中的制度设计上讲究以下三点:

1. **设计思路:服务于人,完善于人**

我认为学校的制度要为人服务,尤其要为学生的健康成长服务,要为教师的发展服务。学校制度的设计要尊重人权,要有民主意识。譬如在二中,学校的制度设计不拘泥于条条框框,而是体现了学生成长的要求和呼唤这一理念。学生是制度的主体,给学生知情权、参与权、监督权和选择权,从学生发展的角度出发,对制度进行设计、整合、改组,并使制度有适度的弹性,从而最大限度地保障并提高学生的生命质量。

2. 设计原则:能宽则宽,底线唯一

制度的设计原则是能宽则宽,底线唯一。制度要充分尊重教师和学生的权利,同时也要促进教师成为"有识之人",并且努力转"识"为"智",转"识"为"德"。在制度的制定上,我们尊重教师的专业地位,对教师的个性化教学不加干涉,允许教师有自己的观点。我们二中鼓励各种教学方法的百花齐放,尊重教师们独特的教学个性,即使这样的个性还存在着不完美之处,"让一个有缺点的人走在校园里,天不会塌下来"。譬如杭州二中的语文学科教学,在同一个知识目标、情感目标下,学校没有统一的进度要求,也没有硬性的篇目要求,老师们有更多的选择空间。普希金的《致西伯利亚的囚徒》,在新教材中不是必修课文,可语文老师陈婕却坚持,一定要给学生上好这节课。"如果学生在这里见不到普希金,他可能再也见不到普希金了!"她的课上得很成功。她说:"对这样的课,我们校长一定不会说:'喂,这个考试用不上!'正相反,她一定会为我鼓掌。在课堂上我们是完全自由的,包括选择的自由,也包括创造的自由。"英语老师汪云帆说:"我上课之所以感到轻松,是因为完全由我发挥。怎样讲,引用什么内容,完全从我的意愿出发。"可以说,正是有了对教师们的个性以及教学专业自主权的尊重,杭州二中才有了众多个性鲜明的教师、众多闪烁着灵动与智慧之光的课堂。

在学生管理制度上,我的想法是要充分信任学生的自律能力,不要急于制定各种制度,用条条框框把学生束缚死,而是设置底线。譬如作为二中的学生,你要诚信,考试你不能作弊;男生女生是可以正常交往的,但要讲究人品和责任;你也不能用不正常的手段获取他人财物等。

3. 设计风格:富有弹性,合理缓冲

制度本是刚性的,但是在杭州二中,我们的制度是富有弹性的,在操作上设置了合理的"缓冲带"。特别是我们教育工作者要正确对待学生的错误,将其转变为成长资源。要认真分析学生的错误,引导其不断提炼、感悟,在认识并改正错误的行为中获得有效的成长,使他不再犯同样的错误。譬如在二中,曾经发生过一个学生拿走同学电脑的事情。从电脑的价值金额上来说,这件事情已经算得上比较严重了,但我们的处理方式不是简单粗暴的,没有给他贴上"小偷"和"盗窃"的标签,而是认真分析该生的思想动机,对于一念之差的他予以耐心的教育引导,最终妥善处理了这件事情。这件事情对该生来说,本来差点成了人生的包袱和污点,而在二中富有弹性和缓冲的处理中,却变成了实实在在的成长资源。

四、"铭心相约教育"的追求——思想与精神的解放

"铭心相约教育"的终极追求是让学生成人,成为一个堂堂正正的人,一个大写的人。这样的"成人"教育的核心就是解放思想、解放精神,从而使学生形成独立、创新的精神品质,并激发、挖掘其内在的卓越潜质。这样的"成人"教育才是一种真正的人文关怀,她具有明确的人文导向,以培养和造就青少年新型的文化品格为神圣使命;她渗透于学生的文化生活之中,成为无处不在的风景。

(一)美育是"成人"教育的极致

作为校长,我一直在沉思学校发展的高度和境界的命题。在二中发展的实践中,我逐渐寻找到了努力的方向,那就是把追求美作为德育的极致来做,把追求"美"作为人性教育的极致来做,把追求美作为学校发展的极致来做。教育的最高境界,不正是"成人之美"吗?二中要努力在学校教育中让学生体会到人文艺术美、科学美和自然美。

1. 让学生品味人文艺术美的极致

我一贯注重要让二中的孩子能够多多品味极致的人文艺术之美。学校努力让传统艺术走进校园,譬如2007年4月,杭州二中与浙江小百花越剧团合作建立了"爱越基地"。传统文化的传承需要专业精英,更需要忠实观众,我希望通过近距离的体验和接触,在学校培养出"爱越一族"。

根据小百花越剧团团长茅威涛的承诺,剧团为学生安排了10堂越剧选修课,由剧团的名角为同学们讲述越剧发展史、剧本赏析等。同学们可以在课上学一学如何甩水袖、舞扇子,唱一回贾宝玉和林黛玉,还能穿着越剧团提供的服装道具,在学校的文艺晚会上过一把演出瘾。可以说我们把浙江省最好的越剧团里最有名的越剧演员请到学校给学生现场演绎,这就给了孩子很重要的感受人文艺术美的途径,让他看到美的极致,进而熏陶他的心灵。学校还经常为学生举办个人音乐会(演唱会、演奏会),举办学生个人书法展,为学生提供艺术展示平台。这些都是营造校园人文艺术美的重要手段。

2. 让学生感受科学的大美

二中不仅让学生品味极致的人文艺术美,还强调要让学生感受到科学的大美。譬如把真正的大师从"神坛"上面请下来,请进校园,和学生进行对话。如诺贝尔奖获得者、被誉为"人类基因之父"的 James Watson 博士,著名数学大师丘成桐教授等等,都曾和二中学生近距离接触。让学生走近大师,发现他们的平和、宁静的襟怀,看到他们朴实近人的举止,领略他们严谨踏实的科学态度,学习科学大师献身于科学事业为全人类谋福祉的胸怀和精神,这就是一种大美。

3. 让学生在远足中品味山水的自然之美

仁者乐山,智者乐水。读万卷书,不如行万里路。自然山水之间蕴藏着天地的大美。大自然以其特有的钟灵毓秀之气濡染着人们的艺术气质和审美情趣。这多方面的影响必然促使人们在领略自然美的过程中不断完善自身的审美心理结构,获得深厚的审美欣赏能力和审美创造能力。在此基础上,人们又能够以新的审美心理结构去观赏自然美,从中获得新的审美发展。这样一个主客体相互作用递进发展的过程,正是对自然美的领略的理想境界,也是人的审美心理结构在动态发展中求得完善的必由之路。所以每年假期,我总是鼓励孩子做一次远行,鼓励孩子们行走在天地之间,在名山大川、天地之间使自己的胸襟更为宽阔。

(二) 人性是"成人"教育的灵魂

"铭心相约教育"唯"人",即让学生像"人"。人性色彩是教育的灵魂。教育的本体只有一个,那就是人;教育的起点和终点也只能是一个,那就是人的发展。人源于教育,人生成于教育,人提升于教育。教育最根本的逻辑、使命与依据就在于"成人"。漠视"成人"的逻辑与旨趣,教育便走向其自身的悖论;抛弃"成人"的依据,教育便会犯下不可饶恕的"渎职罪"。因此,教育不是制造,而是创造;教育不为"一时",而为"一世"。教育者应该最大限度地帮助学生解决其认识社会及认识自我的困惑与障碍,真正做到跟学生平等对话和沟通心灵,才能实现教育者自身的真正价值。惟此,才得以真正展示人性的广度和深度。认识人,了解人,尊重人,解放人性,是教育的最高境界。

我国现行教育体制之弊就是束缚了人性。这种教育"缺乏一种尊重、关注个体生命的人道意识……缺乏一种引导学生去认识和体验人类一体、去关注人类的共同命运、去尊重人类的共同规范的精神,缺乏有助于不同民族和文化相互沟通、理解和彼此尊重的内容。相反,有意无意地灌输了一种惟我独尊、与其他文化形成壁垒的不健康精神"。在我国现今的高中教育中,我们的教师不能创造性地传播知识、独立思想;学生不能创造性地学习,在自由宽松的教育环境中享受教育、探求真理、使身心受到全面的训练,这就是对人性的束缚。今天的高中教育改革必须要重拾教育的基本价值观——那就是促进人性的解放。人性解放的标准是自由、平等、幸福,二中追求的正是如梁启超先生所言的"独立其精神,自由其思想"。我国学者雷永生认为:"无论人们在理解上有多少歧义,我们仍可看到人道主义的核心内容:重视人的价值,视每个人的自由、平等、幸福为最高价值;我们的这种概括,对于各种人道主义思想,无论古希腊的人道思想还是中国的人道思想,无论文艺复兴的人道主义还是当代的人道主义,无论无神论的人道主义还是宗教人道主义,无论资产阶级人道主义还是马克思主义的人道主义,都是不错的。这就是所有人道主义的共性"。因此,在现代社会,人性解放不是资本主义所特有的东西。作为精神层次的教育和受教育,是比仁慈更高意义上的人性。笔者认为无论在任何一个时代,重视人的价值,追求自由、平等、幸福都是最大的人道主义,如果一种制度违背了这些基本的价值,我们就可以说它是不人道的,违背人性的。杭州二中解放学生人性的教育实践正是以"自由、平等、幸福"作为基本价值观去实施的。

(三) 乌托邦是"成人"教育的情怀

1. 教育价值属性中不可避免地就内置了乌托邦精神

人与社会是教育的两大逻辑起点。一方面,教育是人的教育,人则是具有超越性的价值存在者。教育不仅担负着知识传授的任务,而且要不断地赋予人以价值。教育的过程是一个人"不断生成"的过程。这一"生成"过程总是受到一种高远的价值理想的召唤——即便这种价值理想并不承诺马上实现,但它对现实的教育实践活动具有强大的牵引力。在这里,教育的乌托邦精神表现得非常鲜明。另一方面,教育作为社会中的教育,其追求绝不仅仅止于对现存社会的适应,而是在适应的基础上寻求对现存社会状态的超越。任何一个社会都不是至善的,只要现实中还存在缺陷,教育的乌托邦精神就有生存的空间。

从各种教育目的的表述中,我们可以得出一种印象:教育不仅想要达到受教育者的人格状态,而且也想要达到社会及其文化状态。就像狄尔泰所认为的,教育一要在个体身上实现一种令他满意和有价值的发展,二要使团体或集体(民族国家)体现出最高水平的实力。从诸如此类的教育目的的一般性表述中,我们可以看到,教育不管就其本体价值还是工具价值,都预置了一个"应然"状态,这种"非在"期望教育的努力有助于其实现目的。教育价值属性中不可避免地内置了乌托邦精神。教育在把人指向"人的全面发展",趋向真善美的理想境界的同时,自身也便具有了乌托邦精神的品格。

20世纪末,联合国教科文组织国际21世纪教育委员会发布了著名的教育报告《教育:财富蕴藏其中》。在报告的序言中,该委员会主席雅克·

德洛尔以"教育:必要的乌托邦"为题,表达了对教育乌托邦精神的期待。雅克·德洛尔指出:"面对未来的种种挑战,教育看来是使人类朝着和平、自由和社会正义迈进的一张必不可少的王牌……教育并不是能打开实现所有上述理想之门的'万能钥匙',也不是'芝麻,开门吧'之类的秘诀,但它的确是一种促进更和谐、更可靠的人类发展的一种主要手段,人类可借其减少贫困、排斥、不理解、压迫、战争等现象。"应当说,这是对教育之乌托邦精神的合理诠释和恰当定位。

2. 二中教育的乌托邦立足于师生的现实生活世界

乌托邦精神决不能被简单地、绝对地理解为虚无缥缈、子虚乌有的幻想、空想,尽管乌托邦原初表面的字义如此,但乌托邦精神更为深刻的、深层次的内涵与意义却是一种对理想的追求、对现实的超越、对内在精神的向往与关怀。在布洛赫看来,乌托邦的总体特征是:其一,乌托邦具有冲破现实的要求;其二,乌托邦表达了对更美好生活和世界的愿望和希望;其三,乌托邦设想的基本核心是人,它是人道主义的同义词。也就是说,乌托邦精神是使人朝着更好的方向发展的一种精神,是对符合人性的美好事物或境界的设想,是批判、超越、创造精神的总和。乌托邦精神是人的根本精神,是人之为人的标志。

乌托邦精神的现实生活根基实际上也指出了教育的价值企望。教育旨在立足于人的现实生活世界而不是"目中无人",而在工具理性主义的价值视野里,人却被放逐、消解了。在这里,教育的价值无论看起来多么"辉煌",多么"成果斐然",都不过是"镜花水月"罢了,只有在人的现实生活根基里,教育的价值追求才可能是有意义的,才可能达到人类所期望的;只有在人的生活世界,人才能逐渐获得自身全面而丰富的内涵,人的现实生活世界也才能不断实现自我否定和自我提升,并最终成为真正的自由家园,教育追寻人的全面发展也才能在克服并且超越人的个体主义与整体主义的分裂与矛盾、科学与人文的分裂与对立的基础上实现其价值理想——总体性人的生成。

从马克思主义的实践观点和总体范畴出发,为了二中教育的乌托邦精神不流于虚幻,只有立足于师生的现实生活世界,教育才能真正引导人走上追求自身的价值超越和自身彻底解放之路。二中教育的乌托邦是一种追求,一种极致。追求人的理想,追求人的一份浪漫。

结　语

准确地说,上文所总结的实在谈不上"教育思想",只是我个人对于教育的一些朴素的认识。当然,这些认识不是凭空而来的。

感谢古往今来的大教育家,他们的真知灼见在今日之社会仍然散发着智慧的光芒,每个教育家的教育思想都是建立在前人的基础之上的,从柏拉图到卢梭再到杜威……仔细品读他们的思想,我发现他们其实是一脉相承的。我经常从这些教育家的思想中获取有利于今日学校教育的灵感,也经常在先贤们的思想中为自己的教育行为寻找根据,给自己增添实践的信心。

感谢我的工作团队,再好的教育思想也需要通过实践来检验、来发挥其价值。作为校长,我一个人空有美好的教育理想是不够的。我对教育的这些畅想,正是通过每一位具体的教师而逐渐变为现实的。我一直依靠着我的工作团队,凭借大家的智慧,共同努力,使我们的学生更卓越,更健康,更幸福。

这篇文章是为浙派教育家而作,其实我不敢自称教育家,只是将其作为星辰来仰望。我一直认为一个校长要能坐三种板凳:甘于坐冷板凳,善于坐热板凳,肯于坐硬板凳。我对自己提出"板凳要坐十年冷,办学须看十年后"。教育家则更是如此,一个真正的教育家对社会所产生的影响可能不会在一两年内反映出来,也不只十年,可能要二十年、三十年甚至更长的时间才会显现。而一个真正的教育家对社会所产生的影响也绝不会仅仅持续一两年、十年、二十年,真正的教育家是与历史同在的。

我在某种程度上也认可一些人对于我的评价,我的一些观点看起来的确有点理想化,尤其是在今天的社会背景下,要践行我的这些教育理念的确还存在很大的困难。但同时我们也应该看到处于社会转型期的中国学校教育正在试图给持有教育理想的人以探索的空间,至少在浙江,在杭州二中,我得到了这样的空间。

然而,在社会多元化发展的今天,我仍不断地面临着一些关于学生成长、教师管理与发展中的深层次问题。例如学生作为人的真实成长究竟需要什么？如何让教师从职业倦怠、职业异化中走出来？如何面对多元文化背景下教师的精神诉求？这些问题让我困惑。回首近三十年来的教育实践,其间有成功,但也留有很多遗憾,这又让我感到惭愧。虽然背负着这么多困惑与惭愧,我却始终艰难而执着地迈着前行的脚步——只有不断向前,不断实践,才会有对困惑与惭愧日渐清晰的思考,才可能积聚起更为强大的行动力量。

行者无疆,我愿意做一个教育的践行者。

教育:爱与责任的事业

浙江省杭州市长河高级中学　陈立群

人类道德的基点是爱心和责任感,而教育是一种培养人的社会活动。爱是教育的内在动力,爱有真爱、假爱、错爱之分,每一种不同的爱都有相应的责任表达。而责任则是个体对外在社会规定与内在自我要求的意识与实践行为。教育需要责任,也需要培育学生的社会责任。长河高中立足于爱与责任为主题的系列教育活动,走出了一条从创办宏志班到提炼宏志精神,从宏志精神的迁移到精神教育的成功之路。

一、概念的厘析:爱与责任

千百年来,"那繁星密布的苍穹和我心中的道德律",始终牵引着众多人的思考与探索。前者,是宇宙大地,是天道;后者,是人间万象,是人道;而爱与责任,则是人类道德的两大基点。

(一)关于爱

爱是什么?对于这个问题,古往今来,众多的能人先哲都作了探讨,但至今仍没有一个统一的定论。东西方都是如此。

1. 西方文化中的爱

在西方,柏拉图开创性地对爱进行了系统的、本质的概括和总结。柏拉图关于爱的许多观念集中出现在《会饮篇》中,他深刻地探讨了有关爱的真理,在西方哲学史上影响深远。怀特海甚至认为,所有的爱几乎都可以在柏拉图那里找到根源。此后,卢梭、蒂里希、雅斯贝尔斯、弗洛姆等也对爱进行了探索和界定,尤其是弗洛姆,在继承先人思想的基础上进行了大量开创性的工作,成为有关爱这一领域的集大成者。弗洛姆提出,爱是一门艺术,[1]需要学习,不但要学习爱的理论,更要进行实践。在理论方面,对爱进行了解读,认为在所有形式的爱中都包含着一些共同的基本要素:关心、责任、尊重和了解。从实践看,爱是一种能力,并不仅仅局限于

---

[1] [美]埃利希·弗洛姆. 爱的艺术[M]. 北京:工人出版社,1986.

一种情感或爱的对象,只有那些具备创造性人格的人才具备这种能力。

2. 东方文化中的爱

在东方,诸子百家对爱也都有自己的诠释。儒家当然是首推孔子的仁爱观。仁者爱人,爱人是仁的最基本的内涵,要亲爱他人,对他人有同情心,对他人尊重。但儒家的爱,是一种有差别的爱,首先是"爱亲","爱亲谓之仁"(《国语·晋语》)。然后是在此基础上的由近及远、推己及人。[①] 道家的爱主要体现为一种超越型的爱,包括崇尚自然、崇尚个体价值、强调出世等。墨家反对儒家分亲疏、分等差、分厚薄、由近及远的"仁爱之道",认为这种有差别的爱正是造成天下之人不相爱的根本原因所在。他把"兼相爱"与"交互利"并提,认为要使人们能够"兼相爱",就必须给人民以实际的物质利益,解决人民迫切的生活问题。

根据上述研究,我把爱看作是个体对自身及其外部世界的一种关怀。这种关怀在精神层面表现为一种思想情操,在实践层面表现为一种关怀行为。具体表现为理解、关心、体贴、呵护、帮助、给予、宽容、责任等。爱必须是人的现实行为。

爱,不是为了回报的一种利益算计,而是出于对人与整个世界的一种关怀而随时准备有所付出的行为或倾向。爱是世界上最强大的力量,强力虽然可以劈开盾牌,但爱可以使人敞开心扉,没有人能够抗拒爱的力量。更重要的是它能够连通人心,成为激发感恩与责任的力量。

(二)关于责任

和爱一样,对于什么是责任这一问题,历史上也有众多的探讨,但是分歧很大。从现在学界对责任的研究来看,主要分为两类:一类强调的是责任的外在规定——社会规范,另一类则强调个体的内在动力催生了责任。

[①] 林火生.孔子仁爱观与基督教"爱人"思想比较[J].重庆邮电学院学报,2005(5).

1. 责任的外在规定

这一类定义,强调的是社会规范在责任起源上的作用。在社会中,个人既要对自我负责,又要承担一份社会责任,这是客观要求,具有必然性和强制性。

在学界,大多数学者都认为责任源于人际间的社会依存性,是特定社会之于个体思想、行为的规定性。个体通过与群体、社会以及生态环境的互动过程,生成或内化这种规定性,并最终体现于自身的思想和行为实践中。故责任是人类群体性的必然要求。[①]《现代汉语辞典》对责任的解释,也是这一类定义的典型。它指明责任包含两个方面,一为分内应做的事,二为没有做好分内应做的事,因而应当承担的过失。[②] 以此为据,可知责任具有两重涵义,一是社会规范对个体的要求;二是当个体不符合社会规范时将受到谴责和制裁。

2. 责任的内在催发

作为现实的人,你就有规定,就有使命,就有任务,但作为个体,不一定能尽责,不一定能对自己的行为选择、行为过程及后果,甚至自己的"不行为"负责,原因就在于责任不仅是一种外在的社会规定性,更是一种个体内在的规定性。责任,归根结底是由人自身的行为和活动决定的,即责任来源于人的本质。从这一类的观点可以看出,许多学者也意识到了责任不仅仅只是外在的社会规范对个体的强制,其产生也有个体自身内在的需要,如发展的需要、爱的需要等等,都会导致责任的产生。没有这些内在的需要,外在的社会规范也很难被个体所接纳,更谈不上内化。

结合所述,我认为责任是个体对外在社会规定与内在自我要求的意识与实践行为。责任意识是责任的精神层面,从德育论的角度来看是一种道德品质;从心理过程来看则是人对外在社会规定及内在自我要求的

---

① 况志华,叶浩生.西方学界关于责任起源的三种构想及其比较[S].教育科学与实验,2007(4).
② 中国社会科学院语言研究所词典编辑室.现代汉语词典[S].北京:商务印书馆,1996.

一种认识和反映;责任的践行是其实践属性。

(三) 爱与责任的关系

1. 爱是责任的内源

如前所述,责任虽然是特定社会之于个体思想、行为的规定性,但必须要通过个体的自主行为,通过个体与群体、社会以及生态环境的互动过程,才能生成或内化这种规定性,并最终体现于个体的思想和行为实践中。责任不仅仅是一种外在的社会规定性,更是一种内在的自我规定性。而爱,就是这种内源性的关键力量。爱,是对对方的关注或负责;爱,是在别人需要的时候看到自己的责任。

爱能催生责任,并激发人的责任行为。爱是责任的出发点和落脚点,是责任的支柱和动力。

2. 责任是构成爱的积极要素

爱有许多积极的要素构成,例如尊重、理解、给予等等,而责任则是其中重要的要素。爱着对方,意味着对对方的一种主动关怀,包括随时准备对对方的需要做出主动的回应。这种主动回应,即意味着对对方负责。爱,能催生责任;而责任,则使爱得到了体现和落实。

3. 爱和责任是人类道德的基点

爱是情感活动的核心。爱的本原是崇拜、欣赏、敬畏与尊重,也包括同情、怜悯。爱心最深厚的基础就在这种大悲悯之中。人之初,性本爱。

杜威认为,"责任"(Duty)古义本是"职务"(Office),只是执事者各司其职。《现代汉语辞典》中的责任包含两个方面:一为分内应做的事,二为没有做好分内应做的事,因而应当承担的过失。道德就是人们共同生活及其行为的准则和规范。由此可见,社会成员各司其职,勇于担当,是社会成员有序地共同生活的基础和前提。

综上所述,爱与责任是人类道德的基点,是构成人类社会的基础。爱的责任和有责任的爱,是社会有序发展的前提。

爱与责任感共生,在负责任中得到体现。责任感因有爱而起,因有爱而动力十足。我们每个人都是一个圆心,它被许多同心圆所环绕。以我们自己为圆心出发,一层又一层的责任圈相继出现了。每一个圆都靠爱和责任来维系,并靠爱和责任向外延伸。

二、观念的澄清:教育中的爱与责任

(一)"爱与责任"是教育的真谛

学校教育,人是目的。教育是人与人之间心智碰撞的生命运动。从词源上看,"爱",源于内心,是自愿自发的,并在师师、师生、生生的施教与受教中实现以情传情,以爱育爱。教师这项职业,本身就包含着爱,并需要爱的放大,爱的扩张。大抵而论,职业关系到生存,事业关系到生存的意义,而教师对爱的理解、对教育责任的承担,既关系到生存,又关系到生存的意义。在每个人的心中,爱原是最自然的情感。一切真诚的爱,在本质上都是给予,并不求回报。它是教师心中最神圣的净土中蕴藏着的巨大财富。而爱与责任伴随着教育的深入、教育的成就,使其增值,使其放大,使其弥漫,使其传承。如果教育的空气里充满着"爱和责任",如果教育的泉水中流淌着"爱与责任",那么教育的世界会是一个多么美好的世界。而教育的真谛也正在于此。

但现实是,长期的贫穷造成人们对金钱的过度奢望和对物质利益的过度追求,毒酒、假疫苗、三聚氰胺奶粉等事件层出不穷。在利益驱动下,许多人可以为了追求当前的利益,而不惜牺牲今后的利益;可以为了追求自己的利益,而不顾损害他人的利益。为了追求自己的那点名和利,许多人只顾狂奔、不管方向,只求结果、不择手段。整个社会沦为重物质、轻精神的名利场。在这样的社会大背景下,教育作为社会活动的一部分,也充满了功利的色彩。社会评价一所学校,学校评价一个教师,教师评价一个学生,最常用的指标就是学生的成绩。成绩由此变成了能力和实绩的化身,奖金和升迁的代名词。教育已经异化,强调的是知识性、技术性和实用性,关注的只是学生的"头脑"问题,有时还退化为"手脚"问题,却忽视学生的精神问题、"心灵"问题。

（二）教育中"爱及责任"的表现形式

不是所有的爱都是真爱，爱有真、假、错之分。正如弗洛姆所言："所有的人都可以这样问一问自己：在'我'所见过的爱当中，有多少是真的?"这种质疑，同样适合教育的爱。

1. *教育的真爱*

教育的真爱是指爱学生这个"人"本身，以"人"作为爱的唯一目的。而且，因为爱这个人，所以尊重他（她）的个性，接纳他（她）的差异，关注他（她）的发展。这是一种人格平等的、有责任的、无差别的、体现师生生命色彩的爱。

真爱与责任相伴。因为真正爱着学生，所以教育者主动承担责任，结合学生的个性特点，在相应的年龄阶段，帮助学生提升应该形成的品德，完善应该健全的人格，丰富应该学会的知识，提高应该掌握的技能，强健应该发展的体魄，品味应该享受的快乐，而不是通过抑制这些品德、人格、技能、体魄、快乐上的"生长"来换取知识上的生长。而且，这种责任是平等地施加于每一个受教育者身上的，没有厚此薄彼之分。所以，真爱是不论学生品行优劣、成绩好差、外形俊丑、家境富贫，只因学生是个"人"，就永远在其需要的时候给予关爱，主动为其成长提供尽可能安全和温暖的环境。面对成绩优秀、品行高尚者固然不吝肯定、赞美之词，而对发展相对落后者更是言辞恳切，充溢希望之情。犹如面对着一帮中流击水之人，教育并非仅仅立于岸上，为那些善游者、先行者加油，更是置身河中，帮助那些不善游者或暂落后者，授之以术、导之以向、倾之以爱，共渡滔滔江河。

2. *教育的假爱*

教育的假爱是指教育者受功利驱动、个人喜好，或迫于外在压力而施予学生的爱。这时，爱的是学生的聪明、分数、长相和听话，或者是家长的权势和地位，爱的是财和物。假爱的特点是爱的过程很明显，看上去很有

"爱"。这与真爱不太一样,真爱许多时候是润物无声,短时间内不太看得出来,需要细细品味。而假爱是在细细寻味之余会发现这种爱是有条件、有前提的,这种条件和前提就是回报和图谋。图的就是教育者的名和利,而非受教育者的发展和幸福。在教育实践中可以经常见到的现象是用学生的成绩、分数来换取家长的礼物、财富或者其他能折换成名利的回馈。故而假爱的实质是算计,计算着多少"爱"可以换来多少利益。

假爱也有相应的责任表达,但这种责任更多地体现在尽可能使学生考出好分数,取得好成绩,巴不得把学生训练成一架合格的考试机器。例如,有众多教师一切只为分数增长,把为了学生考上好大学当成自己辛辛苦苦工作的唯一追求,视之为最重要的责任、最高尚的道德。在这种情况下,关注的是学生作为考试工具的功能性作用,而忽视了对学生健康人格的培养和精神生活的眷注,也就没有在真正意义上实现对人的全面培养。这种负责,说明白了只是对教育者自身的名和利负责。正因如此,这种责任就常常体现出一种偏颇和不平等性。首先,其所针对的是学生身上的某些特定品质,譬如成绩好、听话、长得好看或与教师自己性格相投等等。如此一来,就只能是部分学生被责任化,而大多数不具有上述特定品质的学生,只能被边缘化。其次,这种爱和责任还很不长久,一旦那些学生失去了这种特定品质,爱也就被收回了。一些学生若想维持这种"爱",只能继续讨好教师,一切围绕着教师转。在这种过程中,学生的自我将渐渐失去,其本该坚持的人生方向也将逐渐偏离,那幸福的彼岸也就越趋越远。所以对于假爱而言,是爱有所求,爱有所图;是以利言爱,以利言德;看似爱生,实则爱己。

3. 教育的错爱

教育的错爱是指在教育过程中,教育者忽视甚至违背作为教育本体的"人"的成长发展规律而施予学生(孩子)的爱。与假爱不同,错爱并没有明显的不良动机和不良居心,甚至很多"错爱"的出发点完全来自于善心善意、慈悲好意,问题在于爱的时候欠缺智慧且含有很强的主宰欲。譬如,有些教师"己所欲施于人",用一种强势态度要求学生接受自己所预定的框框、架构,并试图以自我意识去主导学生;有的教师通常用一种命令、权威的方式对待学生,而不是以一种邀请、尊重的心态和平等的立场对待学生,从而使学生成了与教师相对立的一派。造成这种局面的关键原因就是爱不得法,爱不得体。

错爱的最本质问题,就是责任脱离了尊重,或者说是责任凌驾于尊重之上。负责任,必须要以尊重为前提。因为责任是指向对方的,是对对方负责,是对对方已表达或未表达的需要的一种积极反应。它始终以对方为前提。而尊重则意味着承认对方的独立性和个性,并努力使对方按其自己的方式发展和成长。尊重对方既不是惧怕对方,更无剥削之意,只是"让被爱的人为他自己的目的去成长和发展,而不是为了服务于我"[1]。尊重,意味着乐意接受他的本来面目,而不是要求他成为"我"预先设计好的模型,更不是把他当作为"我"谋福利的工具。离开尊重,责任心就会蜕变为控制和奴役别人。故在错爱的情况下,越是负责,控制和奴役的情况就越是强烈,对受教育者的危害就越大。因此,有教育家曾言,不好的教育比没有教育的危害更大。

通过长期观察,不难发现在教育孩子的问题上,家长的失败,往往在于把对孩子的爱表现在嘴里,体现在眼里,缺乏爱的智慧;而教师的失败,往往在于把对学生的不喜欢表现在嘴上,体现在眼里,缺乏爱的纯真。倘若生活中没有真爱,有的只是假爱、错爱或是没有爱,并且得不到真正的心灵眷注,也无从获得精神滋养,那么人就不能形成一种归属感,不能与周围的世界形成一种同在感,由此引发深深的不安全感和莫名其妙的恐惧感,各种心理疾病也会由此产生。

4. 抛弃假爱、调适错爱、展现真爱

关爱是教育的本源和灵魂,只有充满真情的教育才能产生无与伦比的神奇而伟大的教育力量。在当前向社会主义市场经济过渡的转型时期,面对纷繁复杂的价值观念,基础教育不免这样或那样地陷入假爱或错

---

[1] [美]埃利希·弗洛姆.爱的艺术[M].孙依依译.北京:工人出版社,1986.

爱的泥淖，不仅违背学生身心发展的规律，扼杀学生的个性，影响其健康成长，而且也酿造了不少教育的丑闻或悲剧，既达不到良好的教育效果，又扭曲了教育本质，掩埋了教育的灵魂。这就要求教育者必须始终保持清醒的头脑，敢于直面来自社会、文化、教育和教师本身多方面的矛盾和冲突，真正做到抛弃假爱、调适错爱和展现真爱。

三、践行的足迹：以爱与责任奠定学生成长的基石

改革开放以来，我国的教育事业获得了前所未有的迅猛发展，气象万千。26%的高等教育毛入学率，国民素质的明显提高，令人欣慰。然而，相对于量的发展提高，教育的质的提升却不尽如人意。教育，从出发点到归宿，还是局限于利益驱动；还没有做到真正意义上的以生为本、敬畏生命、尊重个性、接纳差异、依循人的身心发展规律与教育教学规律；还只是在培养"考生"，而不是真正意义上的育人。对生命的呵护，对人性的关照，对精神的眷注，都显得如此不足。

放眼四望，学校、教师的假爱与家长的错爱现象比比皆是。在重物质轻精神的社会大背景下，学生的工具色彩依旧明显，教育沦落为技术的演练与数据的比拼。以利言爱，以利言德的现象大量存在。急功好利的教育政绩观，升学第一的教育价值观，唯分是举的教育质量观在大力倡扬素质教育的今天依旧甚嚣尘上。

教育的爱，总是与聪明、分数、听话，甚至是权势、财物相连，总是附带着太多的前提与条件。很多时候，有意无意间，教师对善学、高分、乖巧者，赞赏有加，关怀备至，以至于爱溢反溺；而暂时的落后者，则被冷落一旁，缺少温暖。本真的教育呼唤着爱，呼唤着责任。

针对这一状况，我在2001年提出："教育是一种培养人的社会关爱活动。"认为关爱是教育的本原与灵魂。缺了关爱，一切教育活动都会变得机械、呆板、教条和形式主义。有了关爱，教育的创新才有活力、有生命。所以，教育的目标、内容、方法、手段、评价等等都可以不断发展变革，但教

育的灵魂是永恒的。

2002年,我又提出"人类道德的基点是爱心和责任感",并把这句话印在学校最醒目的墙面上。学校以"关爱、宏志、求真、超越"为办学理念,坚持爱心立校,责任强校,科研兴校,质量荣校;希望能在现今时代,为教育注入一股清泉,对社会提出一声呐喊,为自己树立一种教育的立场。

爱与责任是人类道德的基点,也是教育的基石,没有爱就没有教育,没有责任就办不好教育。教师的爱心,教师的责任感,是教师的道德的灵魂。如何在功利浮躁的社会现实中,推行"爱与责任"的教育,回顾10多年来学校取得跨越式发展的历程,我的实践是:以宏志教育为切入点,让教师不断地学习爱、认识爱,在亲眼所及的现实感触中感受教师肩上沉甸甸的社会责任;在促进学生全面发展的素质教育推进中,进行爱的传递与责任践行。教师进行爱的传递的过程,也是学生体验爱的过程,结合学生自我感悟、亲情感动、实践感触,唤醒学生的自我责任感、家庭责任感和社会责任感。学生爱的体验感悟过程也是爱的学习过程,在师生间的"爱"与"被爱"的互为中,实现爱的创造与责任担当。

(一) 爱的学习与责任赋予

社会的公平是社会稳定与否的关键,而教育的公平又是社会公平的基石。物资总是要用光的,人的才能、人的品格、人的情感、人的意志和精神却能汇聚成强大的力量,"人"才是不竭的资源。我们把农民的孩子培养好,才不会使贫穷成为世袭。一个高中生一年要花数千元用于上学,这对家境贫寒的学生来说,是一道高高的门槛,挡住了他们的求学之路。于是我们尝试,分出一部分学校教育资源,为面临失学的学生提供优质教育的绿色通道。这一设想得到了杭州市各级教育部门的大力支持,也在办学初期的经费筹措过程中,得到了热心企业和个人的积极赞助。作为教育的基本单位——学校,我们尽我所能追求教育均衡,竭尽所能为那些寒门学子圆一个求学梦,让他们能实现自己的宏伟志向,体现生命的崇高价值。

学校教育,一头挑起民族的希望和未来,一头挑起千百个家庭的幸福与期待。宏志教育是一种爱的教育,也是一种责任教育。多年来,我们沿着"创办宏志班——提炼宏志精神——宏志精神的迁移——精神教育"这一脉络,以宏志班的开办为契机,以特色高中的创建为载体,实现着爱的学习,感受着责任的赋予。

1. 创办宏志班

2001年,以"关注百姓困难,倡导刻苦精神,完善健美人格,体现教育公平"为宗旨,我们在全省首创了宏志班,实行"五免一补"的宏志生资助体系,即对宏志生免学费、代管费、住宿费、校服费、床上用品费,每月补助300元左右的生活费,并且规定,宏志生读满3年,可以回当地参加高考。因为与给这些孩子一个求学机会相比,高考成绩算在谁的账上实在是微不足道。

10年来,我们共招收宏志生751人,其中有孤儿35人,父母一方已去世的单亲家庭孩子83人,家有残疾人的120多人。他们中,有的自己才8个月大时,父母就在车祸中同时丧身;有的一生下来就成了弃婴,由孤寡老人养大;有的从小学四年级开始,就一个人独自生活。一些学生所穿的衣、裤、鞋,没有一样是超过30元的。但正是这一群人,却创造了一个又一个的奇迹。在生活中,他们克勤克俭;在学习上,他们分秒必争,在高考中也不断取得优异的成绩,创造了80%以上的一本率。为什么他们没有被贫穷压倒?难道贫穷也是一种财富?贫穷肯定不是财富,但能从贫穷中走出来的人,必定拥有某种财富。那么这种财富又是什么?或者说是什么样的个人品质在推动着宏志生创造各种佳绩?而学校作为一种外部支持系统,又能够做些什么?为了回答这些问题,我们开展了一系列的研究,包括对宏志班学生的研究、对宏志精神的研究、对宏志精神迁移的研究等等,其中重要的一环就是对宏志精神的提炼和培育。

2. 提炼和培育宏志精神

宏志生群体具有许多共性,但这种共性有优秀与非优秀之分;宏志生个体也是如此。支撑宏志生摆脱困境、创造佳绩的宏志精神,显然不应该

包括那非优秀的一面。宏志精神需要提炼与培育,为此,我们发动全校师生对宏志精神进行解读。解读分三个层面展开:

(1) 宏观解读为"关注百姓困难、倡导刻苦精神、塑造健美人格、体现教育公平"

从关注百姓困难来看,就是要求办学者眼中有人民,办学为人民,教育要为全体人民服务,要体现高度的社会公益性。改革开放带来了物质财富的极大丰富与人民生活水平的大幅提高,但同时我们的发展又是不均衡的,尤其是在农村地区,不少群众连基本的温饱都不能解决,而在我国的13多亿人口中,农村人口占了七成。因而"三农问题"解决的好坏,不仅是一个经济问题,更是一个政治问题。我们必须从国家兴衰、民族存亡的高度来认识和对待。

从倡导刻苦精神来看,宏志精神就是要磨砺人生品质,铸就学业辉煌。尽管成功教育可以让孩子扬起自信的风帆,但对于从小就没有"资本"自信的贫困学生而言,树立他们的自信就需要着眼于对学业的负责,对生命的敬畏。"别人与我比父母,我与别人比明天",这不但是打工子弟孩子的心声,也是宏志生对自己的承诺。

从塑造健美人格来讲,人的一生什么都可以通过日后的继续教育、终身教育来加以弥补,但只有一样东西是在18岁以前必须教育好的,这就是人格。针对学校和高中生的特点,我们总结和概括了宏志精神中应该体现的健美人格的特质,那就是"敬业、乐学、自信、关爱、和谐"。

教育公平是最基本的民生需求。在一个民主社会,教育的公平是社会公平的前提。"帮助弱势群体的孩子圆一个求学梦,实现他们的宏伟志向,体现生命特有的崇高价值",这就是宏志精神宏观解读的逻辑归宿。

(2) 中观诉求为"高远志向、高昂志气、高雅志趣"

高远的志向,不是狭隘的"知识改变命运"式的学习动机,也不是浅层次的"投桃报李"般的感恩心理,而是要培养学生基于社会责任感的抱负,并引导学生做有益于社会的人。这"志"是个人之志,亦是国家之志。高昂的志气,就是培养学生坚韧执着,追求卓越的精神,使学生能在既定的目标下,矢志不渝、一鼓作气。高雅的志趣,是指与志向相关的稳定的爱好和执着的追求,是我们在学习、工作和生活中表现出来的一种兴趣、乐趣和情趣,体现着一个人的个性心理品质,是一种道德修养。志气到了极点,容易走向偏执、狭隘,甚至针锋相对。因而,必须在有高远的志向、高昂的志气的同时,配以高雅的志趣。

(3)微观解读为"理解、主动和勤奋"

理解——用自信战胜困难。虽然父母连供自己上高中的费用也无力承担,但宏志班学生还是对父母充满着理解,充满着爱。他们认为父母是自己身体的给予者,他们感恩父母在生活艰难的情况下把自己养大成人,感恩父母在困难中的坚持和操劳。在他们的文章中,经常可以看到,如"我的父亲"、"我的母亲"、"父母,我的骄傲"等词。贫穷使得这些孩子较早地成熟、懂事和理解父母。来到宏志班以后,班级就像一个大家庭,这些孩子在这里找到了一种归属和依靠,同学们在生活上互相照顾,在学习上互相帮助,形成了兄弟般的情谊。他们还用自己的行动力所能及地回馈学校。

主动——用知识改变命运。促使宏志生持久长效地保持学习动力的是他们对自己、对家庭、对社会的主动精神。宏志生身上普遍有一种责任感,就是要通过读书来改变家庭的命运、自己的命运。他们与其他学生的最大不同即在于从父母要我学、老师要我学,变为自己主动自觉地要求学。

勤奋——用精神创造奇迹。宏志班学生把刻苦学习、报效社会当作自己的一种责任,一种事业。他们在学习上总是分秒必争,并且凭借着自身的勤奋努力和良好的学习能力,取得了学习上的成功,为其他学生树立了榜样。我们在宏志生身上,也发现了传统教育和现代教育的契合点。

在上述解读的基础上,我们把宏志精神界定为"源于宏志生的特殊成长经历而固着的一种刻苦、自强、坚韧的特质,通过有效的教育干预,培育并弘扬宏志生的优秀共性,使其成为宏志生共同具有的稳定的精神特质"。提炼出宏志精神以后,我们开始按照上述解读着手进行宏志精神的培育,主要与健康人格教育、精神教育相结合。

3. 宏志精神的迁移

在对宏志精神研究的基础上,我们又开始研究宏志精神的迁移。行为的背后是思想,而思想则是由精神来导向。宏志精神催发宏志生去不断地克服困难、创造佳绩,这种作用能不能发生在其他学生身上？在宏志精神影响其他学生的时候,其他学生身上的优秀品质又能不能反作用于宏志生？如何让两种不同质的学生群体在有效的教育干预下相互引领,取长补短,既阐扬升华宏志生的刻苦、主动精神,并积极影响非宏志生,又能让非宏志生开阔的视野、较强的社会活动能力积极地影响宏志生,这就是宏志精神的迁移。宏志精神的迁移,包括内化与外化两个过程,内化是指学生优良传统与宏志精神相结合,并对宏志生本身内化,以抵消宏志生性格中的不完善之处；外化是指宏志精神对其他学生、对学校教师和学校文化的影响。

宏志精神的迁移,我们主要从三个层面展开,即物质层面的迁移、制度层面的迁移和精神层面的迁移。

在物质层面,主要是注重物质环境的设计,包括班级环境和校园环境。班级是学校教育的基层单位,是学生生活和学习最主要的空间,是进行集体主义教育最好的场所。因此,我们提炼出一些能够反映宏志精神的关键词,如"理解、主动、勤奋、坚毅"等,供各班选用,并置于黑板的上方。各个班级还开设班级图书角,征订各类报纸杂志,开辟学习交流园地等等。在校园环境方面,则是小到几个字、几条标语,大到雕塑、广场和湖泊,小小的百亩园地到处都是宏志精神的实践园地。我们疏浚感恩湖,立宏志亭,修宏志荣誉室,请陈香梅女士题写宏志碑,有校友捐铸"关爱鼎",学校大门背面墙上镌刻着"人类道德的基点是爱心和责任感",这是学校的校园精神,与此相对应的是感恩湖边的石头上刻着的"关爱、宏志、求真、超越",这是学校的办学理念。还有校园中心区域绿草坪上的孔子像,以及所配的"五常"、"六艺"等等,体现着对儒家文化的濡染。

在制度层面,主要是为了保证宏志生能招得进、选得好、学得优,成长得快乐,并能起到榜样示范而设立的各种规章体系。主要有招生工作管理制度、德育制度、教学质量管理制度、班级工作管理制度、学校后勤工作管理制度、课题工作管理制度、学校教师管理制度、学校公关活动基本制度等几个方面。这些规章体系的贯彻实施不但对宏志精神的形成起到了奠基作用,也对宏志精神的迁移起到保障作用。

在精神层面,主要涉及宏志价值的迁移,而宏志价值又具体体现在宏志生的理解、主动、勤奋等宏志精神内涵中,故宏志精神在精神层面上的迁移必须以宏志生这一精神载体来实现。为此,我们通过三种类型的座谈会在全校范围内开展"宏志精神大讨论",既提炼了宏志精神,又普及宣传了宏志精神。这三种座谈会分别是:(1)宏志精神座谈会。邀请校外众多专家参与宏志精神的提炼整合,明确宏志精神之内涵。学校及时把相关会议精神传达至全体师生,使之渗透于日常教育活动之中;(2)教职员工宏志精神座谈会。落实精神引导的具体环节和方向。教师既是宏志精神的接受者,又是宏志精神的倡导传播者,必须首先明白宏志精神的内涵实质;(3)宏志生宏志精神座谈会——对宏志生进行精神教育。宏志精神源于宏志生,又高于宏志生,考虑到群体差异的客观性,宏志生自身从高一到高三都有一个对宏志精神的学习、领悟、展示过程,需要引领其人格、提升其境界。在此过程中,文化感染、经典熏陶等活动就能起到一定的作用。

在一系列有效的教育干预下,迁移取得了一定的成效。一方面,非宏志生逐渐体现出刻苦、顽强等宏志精神品质,还逐渐拥有了更多的感恩之情,更强的社会责任感,逐渐培养起厚德、大德的承载能力。另一方面,宏志生也出现喜人变化。刚开始,非宏志生并不看好宏志生,认为他们只会读书,不懂生活,没有涵养等。或许刚入校的时候,由于所受的教育及家庭环境等因素的影响,宏志生身上确实存在着很多不足的地方,但经过一段时间的适应,再加上学校的有效引领,他们很快在新的环境中崭露头角,不但学习刻苦,成绩优异,且能歌善舞,在学校的艺术节和运动会上都有突出的表现。在生活中,宏志生也越来越阳光,不再是低着头走路,看到老师和同学也能落落大方地打招呼。在这些事实面前,非宏志生对宏志生的看法慢慢发生了改变,从心底里认同宏志生,并以宏志生为榜样,向他们学习。当然,宏志生也从非宏志生身上学到很多,如开朗乐观的心态、开放宽阔的视野、自信豁达的品质、善于交流的能力等。

2008年,在此基础上撰写而成的"宏志精神的培育、阐扬与迁移的实践研究"获浙江省教育科研优秀成果评比一等奖。

4. 精神教育

教育即精神奠基,教育即心灵唤醒,教育即真爱施予。爱是教育的灵魂,而且教育之爱,是大爱,这种爱不应该只局限于某一个群体,而应该辐射到每一个受教育的人。"教育首先是一个精神成长过程,然后才成为科学获知的一部分"[①]。学校教育的使命是让学生先成"人"后成"才",要让学生真正从精神上站起来。于是,我在国内首创精神教育,回归教育本义,开始走上一条精神教育的探索之路,并在2009年承担了全国教育科学"十一五"规划教育部重点课题《宏志精神引领下学生精神成长的行动研究》。学校也被中央教科所确认为全国首批百所特色高中。

精神培育要抓神而放形,但实际情况并非如此。根据长期观察,我发现:三流的教师管形,关注的是学生上课是否坐端正、守纪律;二流的教师抓心,关注的是学生是否能静下心来集中精力于学习;一流的教师育神,关注的是学生灵魂安顿的问题,率先垂范,以心传心,以神育神。若学生只有坐着的身、浮着的心、飘着的魂,便枉谈真实的精神成长,也绝不可能出得了好成绩。在兼任班主任帮助学生纠正广播操动作的过程中,我深感在"形"与"神"的问题上,真爱下的教育,着眼于学生"走得远"的教育,责任重大。

现在,我们在对中学生精神生活现状反思的基础上,通过教育行动,已初步构建成一种基于校本的学生精神成长模式:榜样激励——实践体悟——课程引领——文化濡染。

[①] [德]雅斯贝尔斯.《什么是教育》[M].邹进译.北京:生活·读书·新知三联书店出版社,1991.

以宏志精神的培育、阐扬与迁移为根基,实现榜样激励。榜样对一个人的影响是无穷的,尤其是对尚处在发展中的学生。而好的榜样,必须具有针对性(能够针对学生某方面的特点)、情绪性(能使学生产生爱慕、敬佩、愉快、可接受等体验)、具体性(特点生动、突出,便于学生在行动上模仿)等特点。无疑,宏志生具备了这些要素。因为宏志生不是一个人,而是一个群体,而每一个宏志生又是一个鲜明的个体。同时,经过有效的教育干预以后,宏志生变得更优秀,与普通同学之间的关系也变得更融洽,进一步增添了榜样的力量。

以综合实践活动为载体,达到实践体悟。品德的内化需要经历"知、情、意、行"等过程,但在现实的德育工作中,却常常重在"知"、"行"两端,忽略"情感的激发"和"意志的历练",以分析阶段替代感受阶段,从而导致认知和行为之间出现断层。为此,我们开发出"携手同龄宏志生,走进农村大课堂"等实践活动。

以"三志教育"课程的开发为切口,完成课程引领。培养学生基于社会责任感的抱负,并引导学生做有益于社会的人;培养学生坚韧执着、追求卓越的精神;培养学生高雅的志趣爱好和执着的追求。围绕"三志教育",我们已经开发出多个系列的校本课程,如"国旗下的讲话"系列,包括:《今天我们怎样爱国》、《心静才能超越自我》、《守护经典、探求本质》、《理解与记忆》、《生无所息与生有所息》等多个专题;校本教材系列,如《宏志》、《映日荷花别样红——百名宏志生的心灵底片》、《感召》、《雏鹰》、《红烛》等多本校本教材。

以校园文化重构为抓手,实现文化濡染。我发现,与具有宏志精神的学生相比,普通的高中生身上具有一些共同的现象,如喜欢看比较弱智的卡通片、喜欢玩与年龄不相称的小玩具等。通过分析,我认为这是高中生由于精神生活贫乏而产生的精神自我补偿方式。从卡通片、小玩具来实现情感交流。这种现象的发生,很大程度上也反映了现在德育的不作为,不能为学生设计灵魂安顿的居所、精神创生的摇篮。相反,在那些宏志精神比较明显的学生身上,并没有出现这种现象,而是不断地和时间赛跑,实现自我超越。反差为何如此强烈？我觉得这是学生的精神成长状况不同所致。一个人，可以没有宏志精神，但决不能离开精神的成长，因为精神的停滞，常导致各种心理疾病的发生。于是，我们通过校园环境的布置、经典阅读活动的开展等途径，努力阐扬宏志精神，致力于把学校打造成学生灵魂安顿的居所、精神创生的摇篮。同时，我们在教师中大力倡导爱和责任。以对学生的爱为核心的学校理念就是学校的文化。学校文化有时候看不见、摸不着，但最具有感染力、穿透力和生命力，能够在潜移默化中造就学生的成功。

（二）爱的传递与责任践行

教育是一群不完美的人引领着另外一群同样不完美的人迈向完美的过程，这个过程，也是两个不同的群体实现爱心传递、责任践行和自我超越的过程。教育是播种爱的种子，教育应当让爱进入每一位学生的心田，引导孩子热爱生命、热爱生活、热爱科学，让孩子们充满阳光、充满梦想并成就梦想。教育就是要用爱心来培育爱心，用人格来塑造人格，用灵魂来呼唤灵魂。

1. 生活上悉心指导

尽管学校对宏志生倍加呵护，但是有一批宏志生，尤其是一些孤儿总让我牵肠挂肚、放心不下。2001年一个初冬的夜晚，9：30左右，天气阴湿寒冷，气温在0℃，我在学生宿舍看到宏志生董某正吃一个菜饼，人微微发抖，伸手一捏，他只穿了一件短袖汗衫和一件校服。原来，他只有一件绒衫，洗了还没有干。我不禁有些心酸，连忙赶回家拿来了几件羊毛衫为其御寒。我在教师大会上说了这件事之后，第二天，教师就捐了300多件羊毛衫，100多双鞋，不少是新买来的。多年来，我一直和宏志孤儿一起吃年夜饭，一起过中秋节。吃完年夜饭，由我爱人给红包发年货，尽可能让这些孤儿感受到家的温馨。许多孤儿还叫我"老爸"，当初感到突然，但想到能够给这些孩子弥补缺失的父爱，从而让他们发展得更健康，我也就默许了这一称谓，并尽可能一直如老爸一样照顾他们，既给予物质上的关照,更给予心理上的温暖。

每逢节假日,一些班主任主动带宏志班的学生回家;对于特别困难的学生,一些教师还经常嘘寒问暖,给吃的用的花的;两位宏志班的学生需要进行心脏手术,全校教师捐款数万元。当闻知一位已经毕业在外校工作的校友生病时,全校教师又纷纷慷慨解囊。2008年年初下大雪时正逢放寒假,来自杭州郊区的40多名宏志生已经买好了回家的车票却走不成。其中最远的一位由我先接回家住下来,教师们自发地联络有春运资格的专车,或者自驾车、托顺路车,把学生们一一送回家过年。这样的爱心,不胜枚举。就连食堂的员工,只要看到专买蔬菜吃的学生,也会主动为他们加上一勺肉汤。

由于部分学生离家较远,一个学期中途都不回家,学校对他们实行全天候管理,在各方面给予关怀。

2. 思想上耐心开导

在当今这样一个经济飞速发展的时代,当人们不再忧温愁饱的时候,当吃树皮、穿草鞋这些昔日的感人教材内容因学生缺乏感性体验而无法起教育作用的时候,当读书不再是改变家庭和本人命运的主要动力源的时候,我们拿什么去教育学生?用什么去感动学生的内心?以什么去震撼他们的灵魂?学生心目中为之奋斗的"标杆"究竟是什么?理想、信仰缺失的现状还要持续多久?我们又能拿什么来承载理想?还可以为学生们创造出什么样的精神居所?

要解决这些问题,首要的事情就是了解学生。因为爱与责任都离不开了解。对爱而言,若没有了解就不可能有尊重,没有尊重也就没有真爱。对责任而言,若没有了解作为向导便是盲目的。而真正的了解是一种洞察,需要透过表面而深入本质,而且需要以关心为动力,否则了解便成了一句空话。为此,我们开展全校性的《分享生命中的感动》征文比赛活动,让学生记录那些最能打动他(她),让他(她)记忆最深刻的人或事。因为最为感动的,一定是直抵内心的,一定是震撼心灵的;一定是真爱使然的;一定是最为缺失的。了解了学生因何而感动,提炼出了能让他们感动的"情感因子",教师在践行爱与责任的时候便有了指南。

通过征文,我们发现,有的因为大雨滂沱中送伞给自己的父亲而感动,有的因为在生活的绝望困境中得到了老师的帮助而感动,有的因为在讥讽与轻视中得到了善者的尊重与支持而感动,有的因为帮助行动迟缓的老人过马路的一对小青年而感动……透过那一个个字符,我们看到了最让学生感动的还是爱,我们看到了爱(包括父爱、母爱、师爱等各种爱)、友情、感恩、坚强,以及对弱者的怜悯,对正义、信仰的追求等诸多人世间最美好的东西对学生的触动与感召。这样,当我们超越对自己的关心而按其本来面目去发现学生的时候,我们触摸到了学生那五彩缤纷的内心世界。有了这种认识,开展"以人为本"的教育才有了可能。

3. 学业上热心辅导

在教学上,我总认为教师的职责不仅在于传授知识,更应着眼于把知识变成学生的素质素养。知识是外在于人的东西,是材料、是工具、是可以量化的知道。只有让知识进入人的认知本体,渗透进人的生活与行为,才能称之为素养。由此,我提出了"三流的教师教知识,二流的教师教方法,一流的教师教思想"的观点,并在学校内反复强调,要求教师从真爱施予、责任担当的高度来认识这个问题。知识是基础,方法是中介、手段,思想才是本原。有了思想,知识与方法才能上升为智慧。

一些教师总是停留在知识点的罗列上,使教学停留在识记层面,靠机械重复来加深学生的印象,学生只能靠死记硬背,学得既苦又累,成绩也差。人的能力有本能、技能、智能之分。大量的、机械的、重复的解题方法技能训练,固然有一定的应试功效,但往往使技能退化为"本能"。一些教过几年,甚至十几年的老师,则积累了一些解决问题的方法,善于把知识通过方法串联起来,一题多解。遗憾的是,囿于自己的成长经历,或仅限于为应试而教,往往只停留在方法技能层面,为方法而方法。我以为,只有把基于对已知条件、问题背景的分析而得出方法的过程用语言呈现给学生,搞清楚为什么要选用这个方法,揭示本质,上升到思想的层面,学生遇到质同型异的问题才不会束手无策,遇到新情景下的新问题,才有可能创造性地去解决它,从而提高学生的学科素养,才能真正培养学生的创新精神和创新能力。

知识是基础,方法是中介、手段,思想才是本原。方法与思想密切相关,前者呈显性,后者呈隐性,两者都以一定的知识为基础,又反过来促进知识的深化以及知识向能力的转化。方法是实施思想的技术手段;而思想则是对应方法的精神实质和理论根据。

分数,多年来一直让许多人又爱又恨。爱的是,老师、学生、家长各个都希望能够获得一个好分数;恨的是,教师、家长甚至整个社会,都拿着分数这把刀,到处"屠杀"。在整个应试教育中,分数更是成了一个绳套,套在了每一个人的身上。真是成也分数,败也分数。

其实分数作为一个衡量的指标,本身并没有对错。世界上的事物千差万别,即使同一个事物,也会有个别差异,没有任何两个事物是完全相同的。身有胖瘦,面有俊丑,而人心之不同,更是胜过其面相。有个别差异,就有测量的必要。有测量就会有数字。数字,常常代表着一个事物或事物某一属性的量。对于人的测量,首先面对的问题就是属性的多样化。因为人与人的差别不只表现在有高有矮、有强有弱、有人跑得快、有人跳得高等身体外貌和体力特点上,也表现在更为抽象的心理能力和人格特点方面。例如有人活泼好动,有人沉静安详,有人勇敢豪放,有人谦逊细心,有人过目不忘,有人思维敏捷,有人精于数理逻辑,有人擅长文学艺术,有人喜欢动手等等。而平常的学科测验,测量的不过是知识和技能的掌握程度,分数越高,掌握程度越好而已。分数确实重要,至少它所代表的那个属性——知识和技能的掌握程度很重要。但不管是多高的分数,它始终只能代表人的众多属性中的一个属性情况而已,而在教育现实中却常常可以看到把分数妖魔化的现象,把"知识传授——考试——评分——升学"异化为教育教学的全部过程。这样,教育就窄化为技术的比拼、方法的演练。

基于上述考虑,我们在学生的学业问题上,追求的是最大化差异和最小化差距。因为人生而平等,从平等说,生而为人,即应"以人看待",没有歧视。但平等不是"相同",不是"一样"。人有智愚之别,世所公认,这种差异使得人的接受力各不相同。教师应该正视这种差异,淡化学生间的差距,实施分类指导。1632年夸美纽斯的《大教学论》提出班级授课制以来,就无可避免地存在着相对于个别教学的缺陷——不利于因材施教和启发式教学,学生容易产生两极分化。我们要求教师奉献爱心,晚自习下班个别辅导,并且辅导时一定要耐心、热心和尽心。而且我们还规定,教师晚上下班答疑辅导、竞赛辅导、双休日辅导,均不向学生收费。

4. 心理上细心疏导

为防止人在生理上的不可逆变化,需要医生的及时救治;而要防止学生精神心理上的不可逆变化,则需由教育者来及时唤醒。教育的目的在于培养健康而活泼的生命、活泼而智慧的头脑、丰富而高贵的灵魂。学生是能动的主体,教育者不是雕塑家,不能按自己的愿望去塑造、去雕琢。

宏志生入学时,主要存在两大问题,一是显性的生活困难,一是隐性的心理封闭。显性的问题解决并不是很难,尤其在杭州这样的沿海发达地区,政府和社会各界都对宏志教育给予了很大的支持,但要解决隐性的心理问题就比较难了,而这些困难中最核心的问题就是人格教育问题。为健全宏志生的人格,我们在办班之初就设立了宏志教育研究中心,开展课题跟踪,研究利用多方资源为宏志生进行"心理按摩"。我们认为,身心比分数重要,精神比物质重要。物质只能暂时帮助宏志生度过眼前的三年时光,内心的充盈和丰富才能让宏志生树立远大的目标,在人生之路上走得更远。

同时,我们还开展了相应的人格研究。研究发现(运用"卡特尔十六种人格因素测验"),宏志班学生和普通班学生相比,在有恒性和乐群性两个人格因素上存在极其显著的差异。有恒性是指崇尚并遵从行为的社会化标准和外在强制性规则的程度。高分者愿意崇尚社会强制性标准和规则,并遵从它们。研究发现,宏志班学生的得分显著高于普通班学生的得分。这与日常的观察相一致。从日常生活中可以发现,宏志班学生比普通班的学生更加刻苦,更加遵守纪律,无论是学习还是参加班级活动都更加认真,表现出更强的责任心和原则性。而乐群性,通俗地讲,就是一个人在集体或团体中的热情度和投入度。分数越高,说明受测者更容易与他人交往,低者说明更喜欢独处。统计分析发现宏志班学生在乐群性方面的得分显著低于普通班学生的得分,说明宏志生在与人交往上不够热情,比较好静,这与平常的观察也是一致的。

类似的研究还有不少。总之,研究发现,宏志班学生身上体现出笃学立志、吃苦耐劳、诚实朴素等优秀品质。但同时,宏志生也有一些不良习性和性格弱点。针对这一情况,我们开展了"'宏志班'学生健康人格教育的实践研究"。研究时首先根据宏志生反映出的人格缺陷及现代人所必须健全的人格要求,把健康人格细化为"自信自强、明诚弘毅、笃学敦爱、感恩奉献"的班级精神,再通过"发展性心理辅导"、"班级集体建设"、"学科教学"、"档案袋评价"等实施途径与方法,把人格教育融入到班级精神之中,并以此作为载体,使人格教育时时贯穿于学生的学习、生活中,在潜移默化中达到教育目的。该研究还获得了中国教育学会论文评比一等奖。

在全校老师的共同努力下,爱与责任逐渐渗透到了教育教学的各个方面,也使学校的精神面貌发生了翻天覆地的变化。2004年11月,《人民教育》杂志以"爱满长河"为题,用一万多字的篇幅介绍了我的办学思想和教师的敬业精神以及关爱学生的生动事迹。2009年,由浙江省政协华光影视公司拍摄、国家广电总局批准发行的电影《爱满长河》,就是以我校宏志生的成长为原型拍摄而成的。并且,在该剧情介绍的封面上写着,"本片根据杭州市长河高级中学陈立群校长的真实事迹改编而成"。经过全校教职员工的无记名投票,确定以"爱与责任"作为学校精神。同时,颁发学校的"爱心奖"、"责任奖"和"育才奖"。

(三) 爱的体验与责任唤醒

爱与责任都有属于精神层面的部分,属于情感范畴,重在实践与体验,而非授受与说教。因为情感关注的并不是客体本身,而是客体与主体之间的关系,而这种关系的生成,离不开实践与体验。在实践中,在人与人、人与周遭世界的广泛交往与接触中,每个学生方能作为一种独立、理性、自为、自由的人格主体,实实在在地感受到他人、社会以及外在世界的真实存在,感受到个体与外在世界的息息相关,并能凭借着自身的理智与激情去选择、思考、判断这种关系。

1. 在自我感悟中唤醒自我责任感

外因必须要通过内因才能发生作用,责任唯有在自愿、自觉的基础上方能得到真正地践行,而自我责任感的唤醒,是一切责任践行的前提。

(1) 提升学生的发展需求

台湾著名教育家贾馥茗女士认为:人生来就有"好逸恶劳"和"避苦求乐"的倾向。人的可塑性可以使一个人趋向上游,也可以使一个人往下堕落。我们在倡导学生由被动学习向主动学习转化过渡的进程中,不放弃任何一个学生,哪怕是看上去再可恶的学生,其内心总有向善的本意。作为教师,我们有这样的责任去发现、去唤醒、去善待、去帮助、去提升他们,让他们因为得到了优质的教育而具有改变的可能,以爱育爱,以爱启智。与此同时,学生每时每刻都在自主地从课堂、校园、社会、家庭的观察、交流、分析、选择中学习,教育者的责任便在于对学生进行正确的引领,从低级需求向高级需求引导,从物质需求向精神需求引导,从个人需求向社会需求引导,催生学生人类和谐、世界大同的人文情怀,激发学生志向高远、躬行践诺的社会责任。

我们主要通过开设宏志大讲堂,请著名校友、大学校长、专家学者、成功人士定期作讲座。用榜样引领、偶像激励的方法激发学生的内驱力。

(2) 培育学生在思想、学习上的自我调控能力

教学并不能自动地导致学习。学生的学习策略很大程度上决定了他们所获得的学习成绩的质量,学生所学的科目是广泛的,所以学生会根据不同的学习内容采用不同的学习策略。学习策略并不是一种被动的,按部就班的学习过程,也不仅仅是学习活动的一个环节,它是一种主动的、超越于一般的学习程序之上,但又紧紧监视与调控学习活动的一套操作系统。倡导学生在学习上自主当家,教师就必须教育学生如何去监控、发

现、分析、调整自己在学习上所存在的问题,把握自己的学习进程,主动、积极、有效地做好和学习相关的事情。

反思乃个体成熟之标志,反思加改变等于成长。要求学生在反思中感悟,每个年级都有来自四个维度(重大纪念日、年级特点、学校精神、三志教育等系列)的统一班会课要求,反思是必备内容。同时我提出一堂成功的班会课的三条标准——有没有与学生切身体验相关联的现场的真实的心灵震撼,激发起内源性动力;有没有创设产生"顿悟"的情景与载体;有没有精神的高峰体验。

(3) 倡导学生自主当家

讨论"假如我出生在一个贫困家庭",并提出三个倡导:

其一,倡导学生在生活上自立自强。父母给的一切,地震、战争都可以拿走,只有自己双脚站立起来的力量、自己双手支撑起来的能力、自己头脑创造出来的财富,才偷不走、抢不走。故每个人都必须自己对自己的前途负责,不要过度依赖父母和家庭,依赖他们的金钱和权势。

其二,倡导父母给孩子花钱记账。美国社会已形成这样一种共识:众多的富豪子弟因为家庭富裕而丧失了通过自身奋斗、实现自身价值的历练机会,使其人生变得苍白而单薄,还常常出现"富不过三代"的现象。因此,现在许多富豪在处理遗产时都会只留给后代一笔创业基金,其余的往往都捐献给慈善机构。目的无非是迫使孩子通过自我奋斗实现自身的价值。与此相比,我们的许多做法就不是很合理。众多的父母都希望能有更多的财富留给孩子,使得我们的一些同学养成了很强的依赖思想,而丧失了自我奋斗的激情和动力。由于没能认识到独立人格的重要性,也就不会去追求自为的生活状态,即自己为自己打算,相反表现出一种被动、应付,而不是主动、积极进取的状态,甚至还出现了许多臭名昭著的"富二代"现象。因此,我们倡导自高中开始的吃、住、用,所有花父母的钱都要记账。通过记账,使学生在一个个具体的数字中、一笔笔不菲的花费中领悟到自己是如何被动地依赖父母、依赖他人。这将有利于学生独立意识的觉醒。

其三，倡导学生思想、学习上的自主当家。从多年的教育实践来看，学生是自主当家模式的，没有一个是考不好的；是老师当家模式的，或许也能考个像样的成绩，但不可能得高分；若是没人当家模式的，则没有一个是考得好的。自主当家，使学生从自在走向自为。

2. 在亲情感动中唤醒家庭责任感

在城市化、网络化的发展过程中，出现了"后喻文化"和"文化反哺"现象，随之而来的是长辈对后辈影响力削弱的问题，实质是上一代对下一代进行正确、有效的教育力量的减弱问题。一代不如一代的社会是没有希望的，下一代在知识、智商上超过上一代是社会进步的表现。但是社会的传承，依靠的不仅仅是知识，还有道德认同、价值判断等等，后者才决定着社会发展的方向。家庭是社会的细胞，是文化传承的第一个、也是最重要的领地。孩子对父母的爱、对父母的理解，以及由此而产生的对家庭的责任，是他们对社会、对人类爱的前提，也是社会责任感养成的前奏。

与出现在众多家庭中父母教育力量减弱的现象不同，宏志生的父母虽然无力承担孩子上高中的费用，但宏志生还是对父母充满着理解、充满着爱。宏志生胡芬娟写给妈妈的一封信真挚感人，获杭州市征文比赛一等奖。不少宏志生平时在校主要吃蔬菜，基本不吃荤菜，或两个人拼吃一份菜，把学校给的生活费省下来补贴家用。"穷人的孩子早当家"，家境的贫困催生了宏志生的责任感。

有鉴于此，学校开展了家史教育。要求高一学生通过与家人的沟通、对家人和亲戚朋友的采访，从曾祖父开始到自己，写一个调查记录，要求高二在此基础上修一个简单的家谱。目的是让学生了解父母、家庭、祖辈，整理家族血脉延续的励志故事，提炼出父辈顽强生存的精神，在爱的揭示与解读中体验爱。同时，结合母亲节、中秋节、重阳节等传统中外节日，适时开展"给母亲写一封信"、"给父母洗一次脚"及每年一次的"孝文化月"等活动。家史教育，使学生怀揣家庭责任，传承优良家风，培养家庭责任感，从唯我走向担当。

在校园内，我们塑起孔子像，并配以"五常六艺"；设立"孝经"墙，并配以"二十四孝图"。学校开展了"人生百道孝为先，长高学子崇孝德"活动，充分挖掘中华民族传统美德的德育内涵，如设立孝敬日，组织开展评选"十佳孝星"活动，有针对性地对学生布置"亲情作业"。大力倡导互敬、互亲、互爱的新时代孝道，培养学生民胞物与、推己及人的情怀，逐步实现道德认知与行为的统一，让"爱心和责任感"更富有沉甸甸的社会意识。

3. 在实践感触中唤醒社会责任感

一个有丰富生活经历的人往往思想比较深刻，看问题比较尖锐，更富有爱心和责任感。反之，生活经历比较平淡，无论是穷的平淡，还是富的平淡，往往思想比较浅薄。而孤陋寡闻者往往不是自卑，就是自大，不是无我，就是唯我。

美国《时代》周刊称："中国城市的独生子女年轻一代是'自我中心'的一代，他们喝星巴克咖啡，沉迷于写网络博客，享受几代人创造的经济奇迹，却很少关心政治，只注重自身既得利益。最不想看到政府通过农村改革的方式为广大穷人谋福利。"我们的学生倘若果真如此，爱与责任的传递便将就此终结。

透视和借鉴发达国家的教育模式，美、英、澳等国家早就要求学生必须做满一定时数的义工，方能毕业。他们的大、中学生甚至放眼全球，跨越国界，远到非洲、亚洲农村支教、帮扶，借此锻炼自我，体验生活，并承担力所能及的社会责任。日本农林水产省、文化科学省和总务省联合发表声明，推出旨在让儿童体验农村生活的"儿童农山渔村交流计划"，全国203万所公立小学将全部纳入这一计划，将有大约120万日本学生到农村体验生活，为期一周。

受此启发，考虑到责任的内化需要"情感的激发"和"意志的强化"，我们在原有的志愿者服务活动和其他公益性社会活动基础上，利用宏志生资源，以"培育宏志精神，提升教育品质，促进城乡和谐"为追求，推出了让学生毅行苦旅的"携手同龄宏志生，走进农村大课堂——共创宏志精神社会实践"活动。

实践活动的基本方案为：凡在长河高中就读的城市学生，三年内，必须有累计三周的时间到农村的宏志生家庭中学农，体验生活。为了使正常的文化课学习不受影响，一般都安排在寒暑假或长假内进行。白天以参与田、地、山间的劳动为主，农闲时，则在安全、方便的条件下，适当组织对当地农村孩子语言学习的辅导；晚上与宏志生一起学习。实践活动还会安排一定的时间考察、了解当地的风土人情，拓展学生的视野。实践完成后，每人都必须在《宏志精神与我》、《三农问题与我》、《和谐社会与我》等系列主题中择一写出生活体会与考察报告。

通过活动，两种具有不同生活背景的群体结对互动，城市学生走出水泥丛林，走出单一的生活方式，走进山村，走进田野，走进大自然，在割稻、掘地、摘茧、砍柴、做饭、洗衣等农村生活中，实实在在地触摸农村。通过调查、访谈和学生的实践报告，学生体会到了农民的辛苦与不易，更深刻地理解了宏志生勤奋刻苦的精神源泉，开阔了视野，历练了意志，认识了国情，加强了同情心和社会责任意识。另一方面，此项活动也激发了宏志生家庭的活力，让他们自豪于宏志生的身份，能勇敢面对外来的目光，有礼有节地待人接物，学会展示自我，介绍家乡，坚定理想。

4. 学生毕业宣誓——谨记爱与责任

毕业宣誓是毕业生在即将毕业之际表达人生信念的庄严仪式，是对未来的期许和郑重的承诺。每一年，我们都非常重视毕业典礼的组织工作，从校长寄语、教师代表发言到学生代表发言以及学生的毕业宣誓等等，都做了精心的安排。以 2010 年的毕业宣誓为例，内容为：我是杭州市长河高级中学 2010 届毕业生，在毕业之际我庄严宣誓：我将谨记母校"关爱、宏志、求真、超越"的校训，立高远志向，扬高昂志气，育高雅志趣。我将谨记"爱和责任"的学校精神，珍爱自我，做对自己负责的人；关爱家庭，做对家庭负责的人；热爱社会，做担当时代责任的人。

（四）爱的创造与责任担当

人的理性，注定了人是孤独的。因为一旦他（她）意识到"我"与他人的不同,也就意味着分离、隔绝、无依无靠等意识的产生,焦虑也就随之而来。故而在任何时代、任何文化中,人类都面临着一个共同的问题,就是要克服分离,超越个人自身的生活而实现与他人的和谐结合。而能够达到这种结合的,唯有真正的爱。因为唯有真正的爱才能保存人的完整个性,没有剥削,没有利用,唯有关心、责任、尊重和了解,而且更为重要的是,爱是一种给予。

爱的本质是给予,通过给予,人能够领略到自己的力量、财富和能力。任何人,只要他还可以给予,他就是一个富有的人,还可以通过给予而体验到生命的升华所带来的欢乐。贫穷的危害,在于超过一定的限度以后,将剥夺一个人给予的资格和能力,容易被堕落乘虚而入。正是从这种意义上讲,"给予"比"得到"更快乐。

真正的爱是那些具有创造性和成熟性格的人的一种能力,是人的内在创造力的表现,是一种在自由自觉中发挥的灵魂的一股力量,它永远不是强制的产物。而且只有那些具有积极的关心以及无私的给予精神的人才具有爱的能力,因为他们摒弃了剥夺他人或聚敛财富的欲望,积极追求被爱人的发展和幸福,"爱的目的是使其对象获得幸福、发展和自由"。真爱必定能接受到某种"回馈"——在"给予"中诞生新的力量,创造新的爱。

1. 学生志愿者服务队

自2001年创办宏志班以来,学校一直得到社会各界的大力支持和无私关爱。为了使学生学会感恩、反哺社会,我们创建了宏志志愿者协会,还出版了《杭州市长河高中宏志志愿者协会章程》。每逢双休日,宏志生就会去敬老院照看老人,为孤寡老人洗头、修剪指甲等等;寒暑假,就会去新华书店,帮助店员整理书架、打扫卫生,为顾客提供服务,或是走上街头,打扫道路周围,擦去乱贴、乱写的广告、标语,清理堆放的垃圾,为周围的居民办一些实事。在宏志生的感染下,许多非宏志生也逐渐加入了这一队伍,该协会也就改名为学生志愿者服务队。

现在,学生志愿者服务队已经变得更加成熟,在自愿的基础上增加了课程化倾向。课程化以后,除了仍以自由组合的方式(每组至少3人)进行社区活动以外,还规定在每项服务活动的实施过程中,都必须填写《长河高中学生社区服务记录表》,必须撰写一些有关活动的经历、收获、感受或体会等内容的文章(每次不少于400字)。每年,学校会发一封给高一新生家长的信,告知社区服务的相关内容,以取得家长的支持。学校每学年安排一次社区服务活动的总结交流会,评选出"优秀志愿者活动小组方案"和"优秀社区服务个案"。

2. 教师志愿者服务队

教师的精神空间决定了教育的空间,教育的魅力取决于教师的人格与精神魅力。在爱的传递与创造方面,长河高中的教师一直走在前面,走得很远,而韩焱、王光明两位老师又是其中的杰出代表。

"如果可以,我一定要力所能及地为人们做些什么。"这是一直萦绕在韩焱老师心头的意愿,这个意愿在2006年得以实现。那年11月,她和其他49位来自祖国各地的志愿者们共赴非洲的埃塞俄比亚,开始为期1年的国际志愿服务工作。

她被分配到阿尔巴门奇医院担任医疗助手,担任翻译、记录工作。阿尔巴门奇虽然有美丽宽阔的湖泊,但蚊虫较多,卫生较差,是疟疾和艾滋病的高发区。阿尔巴门奇医院虽说在当地算是一家主要的医院,但远没有国内县级医院那么先进,大部分手术器械都停留在中国五六十年代的水平。另外,虽然埃塞俄比亚全国的艾滋病感染率比较高,但医护人员的防护措施却仅仅是最基本的,部分防护器材甚至重复使用。有一次,医生们在给一位小男孩做手部截骨手术。当医生用钳子夹掰露出手背的变黑了的骨头时,一些血溅到了她的身上,有一滴还进进了她的眼睛,而当时唯一能做的也就是用自来水清洗一下。工作的危险性可想而知。但就在那样的环境下,韩焱老师克服了晕血症,克服了物质生活不便、精神生活单调、文化习俗不同、环境气候恶劣等等困难,向需要帮助的当地人民奉献爱心,伸出友爱之手,用实际行动诠释着"奉献、友爱、互助、进步"的志愿精神。

王光明老师参加了援疆活动。在2004年2月来到了新疆和田地区二中支教。在那里，王老师一直承担着繁重的教学任务，曾经担任高一两个甲中甲班、高二一个甲中甲班的物理教学工作，一个星期9个教案、13节课，还担任高一年级的备课组长，以及对两位新分配教师的指导工作。在如此繁重的工作之下，王老师还在每个周六开展兴趣小组辅导班，全部免费，而且每个星期还有两个或三个晚上到学校下班辅导。2005年新学期，王老师还担任了高二(1)班的班主任工作，家访、早晚的辅导……他不但完成了学校规定的任务，还自己掏钱给学生买课外资料，完全以一种主人翁的态度为新疆教育事业的发展尽力奉献，而不是以一个看客的身份作壁上观。

"5.12"大地震，既是国家的灾难，也是个体传递爱心、践行责任的时刻。地震后才20多天，省厅要求杭州市派出三名教师赶赴灾区支教，杭州市教育局局长首先就打电话给我，我当即表态全部由我校承担，教师们报名踊跃，并出色地完成了支教任务。与此同时，我校被确定为"四川地震灾区灾后重建教育优质化工程项目"合作学校，并先后接待了三批来自地震灾区学校的领导、教师的参观交流。12月，我与两位教师一起前往地震灾区三所结对学校进行实地考察、指导，并利用晚上时间站着为当地教师作了两个小时的报告。

3. 宏志社团

学生社团是由具有共同志趣的学生自愿组织并相对独立地开展活动的一种团体，是学生自我塑造、自我管理、自我服务的有效形式，既是学校教育的有机组成部分，也是校园文化的重要内容。为了更好地发挥宏志精神的引领作用，我们创建了20多个全校范围的宏志社团，包括宏志爱心社、宏志轩辕文学社、宏志合唱团、宏志精神宣讲团、宏志长跑队、宏志军乐团等等，要求学生在校3年，学会一样乐器，擅长一项运动。学校不但为每个社团指定优秀教师作指导，还每年邀请已经毕业考上大学的宏志生回校现身说法，开出"宏志大讲堂"系列。还定期邀请成功的企业家和人文学者来讲课，希望各类社团既能保持自由、独立的发展，同时又能把宏志精神渗透其中。

4. 爱在传递中创造、延伸

关于爱的本质,人们已经形成一个共识,即爱是给予和奉献。给予最重要的不在于给予物质财富,而是同别人分享他的欢乐、兴趣、知识、幽默和悲伤,即把他身上一切有生命力的东西给予别人。给予不再是施爱者向受爱者单向付出的过程,也不再是在某些强制性道德规范制约下衍生的附属物。给予者是全然自觉地把自己最宝贵的东西,甚至生命奉献出来,去充实丰富他人,使他人得到振奋。这种给予并不是为了赞誉或获取,而是激活他人身上的潜在能量,使他人因为感动和爱的浸染而最终也成为给予者。在施爱者与受爱者双向递转的过程中,爱的双方不再构成"得与失"矛盾的两极,而是彼此融为一体,共同感受"得"的愉悦。

"宏志八姐妹"的7封信,深刻地阐明了这一事实。那是一个"五一"节,宏志班一个女生寝室7个人都回老家了,只留下小芳一人因为严重晕车独自留守。没想到小芳一个人的7天生活并不孤单:每天,她都会接到一个室友的电话,告诉她有一封给她的信,就在她每天生活的某一隅等她寻找。当第二天接到一个室友的电话,找到第二封信时,小芳已经明白,肯定全寝室的同学都给她写了信。这些信,有的在床板下、有的在被子里,有的在墙上的画背后……那是同学们瞒着她在走的前一晚就写好、藏好的,然后再按约定好的日子轮流告诉她。

宏志班的小何,把学校补贴的饭钱省下来,转赠给别的宏志生。首届宏志生大学毕业后还集体资助贵州希望小学。爱,在长河高中的这块沃土上已经得到创造和传递,并逐渐称为一个辐射源,不断地向社会散发和延伸。

爱,就是在别人需要的时候看到自己的责任。这份责任,是社会的需要,是民族的需要,更是每位师生自身践行、完善、发展的需要。我们无法选择自己生活的时代,更不能逃避所处时代赋予的责任。在社会转型时期,在分数、业绩数据、物质追求等充斥视线的时候,教育必须站出来引领社会,教育必须有建立在爱心基础上的高度的社会责任感。正确认识我们所处的社会发展阶段,正确认识教育在社会转型时期的作用,正确处理好内心的坚守和放弃。我们这一代人,甚至几代人,需要有高度的职业精神,要勇于做出自我牺牲,从民族振兴、人类进步的高度尊重这份事业。一个人的力量看起来微不足道,但所有的教师齐心协力,就会形成社会进步的强大动力。

　　让我们用爱心编织一张扶贫帮困的关爱网络;构筑一条植根于儒家传统文化、佑护我们民族生生不息的仁爱之路;奏响我们社会团结进步、共同成长的和谐乐章。

诗性教育:本真、唯美与超然

江苏省苏州第十中学　柳袁照

苏州十中是一所百年名校。她的发展史，就是一部充满诗性教育气息的历史。一个世纪前，时值国运衰败、新学渐兴的清朝末年，一个弱女子王谢长达在中华率先高喊"振华"两个字，在苏州的小巷中创办了振华女子学校，是何等的有勇有志。学校在一开始就提出了"进德修业、面向社会、发展个性、培养能力"的办学主张，迎来了章太炎、蔡元培、胡适、于右任、周诒春、陶行知、叶圣陶、竺可桢、吴贻芳、贝时璋等一批名人。历史上一些重要人物的遇合，常常给人适逢其时的美感；而这些站在历史风头浪尖的人物，他们思想碰撞所产生的火花，注定将指引着整个学校的办学思想与教育主张，绵延整整一个世纪。在这个学校，走进来，走出去了如沈骊英、费孝通、王淑贞、王明贞、杨绛、何泽慧、彭子冈、李政道等学子校友，都是何等英才啊，他们为我们的民族、为我们的国家，乃至为整个人类的文明进步，作出何等的贡献。百年校庆前夕，我们编撰的一部名人讲坛，记载着他们回到学校时所做的演讲，是我们诗性教育的宝贵财富。今天，我们把体现时代意识的"创新精神"扩充入学校人文精神之中，赋予诗性教育以时代的新内涵。

诗性教育不是诗性与教育的一种简单的拼凑，而是一种"教育需要诗性、诗性需要教育"的融合。"诗性教育"不是另外再举一面教育的旗帜，而是素质教育特色化、个性化、校本化的具体实践与实施。

一、"久存的心愿"——我对诗性教育的理解与追求

提出诗性教育的想法，是为素质教育的推行找到一个校本实施的思路和途径。尽管如此，它还是有它自身丰富的文化内涵。

（一）我所理解的"诗性教育"的概念

我认为：诗性，是美好的，又是从心所欲不逾矩的，是一种审美境界，也是一种道德境界，融审美情感与道德情感为一体。它是一种对高尚优美的人格的向往，也是受教育者的情不自禁的追寻。"诗性教育"在某种

程度上,是一种以"浸润"为特征的教育,它让教育成为一种自然的流露和呈现。"诗性教育"作为一个教育理念范畴,有着源远流长的文化根基,又可以提升现代教育的内涵。在以中华文化为底蕴的教育思想体系中,它应该得到凸显和进一步的阐释。所谓"诗性教育",是指对受教育者所进行的旨在树立他们"崇高理想和远大志向"(胡锦涛语),促进其人性境界提升、理想人格塑造以及个人与社会价值实现的教育,其实质是素质教育、其核心是培养具有人文意识的创造、创新精神。这种精神的养成一般通过多种途径,包括广博的文化知识滋养、高雅的文化氛围陶冶、优秀的文化传统熏染和深刻的人生实践体验等。诗性的人,应该是人格健全、和谐发展、创造力旺盛、精神世界丰富的人。胡锦涛在 2010 年 8 月全国教育工作会议上的讲话中说:"教育成效不应只看学生是否能准确填写标准答案,更要看学生的学习能力、实践能力、创新能力,看他们是否掌握了发现问题、解决问题的关键能力,看他们是否具备了高度的社会责任感。"温家宝说得更具体,他说:"德育的核心是帮助学生树立正确的人生观、价值观,确立崇高的人生目标,使学生有高尚的道德情操,成为有责任心、有正义感、有奉献精神的人。智育不是简单灌输知识,而是点燃人心智的火焰,把受教育者内在的潜质开发、启蒙出来,让学生积极主动地去追求新知。体育不仅可以强身健体,而且可以培养人的坚毅勇敢、吃苦耐劳和团结协作精神。美育陶冶人的情操,提高人的审美情趣,激发人对真善美的追求和美好未来的向往。"这些话代表了党和国家的意志,是我们"诗性教育"所必须具备的内涵,我们应当认真贯彻执行。

(二)"诗性教育"内涵的三个层面

1. 人性、伦理的层面

"诗性教育",是以学生、教师、校长的健康、快乐、自由发展为第一位。我们有自己响亮的教育箴言,"以学校的每一天成就每一个师生的本色人生",已经铭刻在校园里,这是解读学校的百年历史之后,面对时代的要求所提出的教育命题。我们需要创造什么样的"学校教育的每一天"? 如何让"每一天"都美好地留在学生的心灵深处、记忆的深处？即让呈现在学生面前的"每一天"，是能够唤醒他们自觉的"求知意识"、"责任意识"、"生命意识"的学校日常的生活和教育场景。而所谓本色人生，包含以下两个方面：第一，必须是诚实、率真、善良、富有同情心与责任感，充满智慧与理性的人生。第二，必须是生态的、个性飞扬的、顺乎自然的学习、工作与生活，是平实的人生，每天都有进步的人生，我们认为这才是人生的至真、至善、至美、至爱的境界。这种境界又能把个人的生命意识与国家民族意识融为一体，使学生富有勇于担当的伟大责任感，成为一个有独立思想、自由精神、博大胸怀的现代公民。

2. 文化的层面

"诗性教育"，是以学生、教师、校长都具有继承和创造优秀文明的文化自觉的态度、情感、行动为前提的。我们被誉为"最中国的学校"，"最中国"是需要有"最中国"的文化特征，需要有精神层面特征的。每一所中国的学校，只要具备了最中国的文化精神特征，都可以成为"最中国"的学校。我认为所谓"最中国的学校"，也就是"最世界的学校"。本土情怀与国际视野是她的两个方面。我曾经反问自己"最中国"的核心价值观是什么？传统的核心价值观是什么？在现代是如何损益的？我想，爱的教育，大爱的教育，还有"先忧后乐"、"匹夫有责"等关心他人、关心社会、社会责任的道德要求，都应该是我们学校教育的起点。追求和谐思想，也就是天人合一的思想。和谐是万物幸福的状态。和谐教育，必须根植于"最中国的学校"之中。教育在于传承与损益。孔子曾提出的"因革损益"的观点，包含着继承（因）、革新（革）、扬弃（损）和创新（益）几层意思。"损益"就是不断增加新的东西，扬弃、减少过时的、个别的、没有普遍意义的东西，任何文化都是在因革损益的过程中发展的。费孝通提出了"文化自觉"的观点："各美其美，美人之美，美美与共，天下大同"，说的是人们要懂得各自欣赏自己创造的美，还要包容地欣赏别人创造的美，这样将自己之美和别人之美融合在一起，以实现理想中的大同美。在英才辈出的校园中，我们吸纳、传承、损益，让教育在润物无声的校园文化中，在文化自觉的不断损益中成为学生、老师终身的幸福。从我们学校走出去的学生,他们无论走到世界的哪个角落,都会因为有了深刻的优秀的民族文化烙印,而始终不会迷失自己。知道自己从哪里来,又到哪里去。

3. 审美的层面

"诗性教育",是以学生、教师、校长都学会了解、敬畏、欣赏和创造"美"为使命的。它的核心就是以仁爱之心,启学生之德。生命之美指向人生,自然之美指向人与自然,艺术之美指向美的创造。借由这三种美,培养健康的审美情趣,锻造精致的情感和丰富的精神世界。我们提出了"以文化自觉成就美之学校"的教育研究课题和学校发展目标。让我们的师生时刻感受到"美"之气息、气势的力量,让我们学校的师生都浸润在"美"之气息中,让师生都能在美中激情地创造。学校应该是最美的世界,而塑造美的学校,起点是塑造共同价值观,唯有如此,学校的生命力才历久弥新。我们营造美的校园,以成就我们的教师成为审美之范导,成就我们的学生成为完全之人物。

(三)"诗性教育"的三个特征

我们具有悠久的历史与文化传统,具有博大精深的思想体系与深厚的人文积淀,我们探讨与实施诗性教育应当不背离这个前提。诗性教育是个具有丰富内涵的范畴,它理应包括"本真、唯美与超然"这三种最基本的特征。我们阐述这三种最基本的特征,是因为从中可以体会到"诗性教育"所应该努力的方向。

1. 本真

本真即本色。本色是真,本色是一种情怀,放眼千帆过尽,收心万水皆平。教育只有遵循人的最真实、最自然的生命本意,去发现和开掘每一个学生生命最绚烂的也是最初的辉煌,让孩子们从此带着满身的阳光与信心,带着对世界真善美的追求,走向人生,不至于在这个纷繁的世界里流离失所。真正美丽的事物,一定包含天然本色的元素,对事物本色的探索过程,正是人类从自然本真中获得丰富体验和至美享受的过程。"本真"蕴涵于我们的日常学校生活之中,我以为这是教育最重要的回归。可以拿原石来比方。原石的特性往往如人的品性,多元而本色,借寓至教育对人,是雕琢并还原。这里所谓"雕琢"绝非拷贝与统一,而是"成就每一个学生的本色人生",还原其特点及个性本身的美感。细节往往能反映事物的本质,因此我们注意校园的每一个细节。为了"尚真",我们力求在学生面前展示一个"全真"的世界,因而我们校园里没有假花假草,一切都是生命的真实呈现,花开花落,都是生命的可珍惜的现象;校园里的那些休闲读书用的桌椅,都是"原石、原桌、原凳",营造一种真实的诗意校园境界。

2. 唯美

我们坚信单调、枯燥、冷漠的校园不能培养出充满爱心的学生,也培养不出富有创造力的学生。可以很自豪地说,我们的学校是一所真正的苏州园林,融入到苏州城市典雅、秀丽、柔美的文化背景之中。她精巧、灵动、含真藏古,融合了园林的四大要素:假山、池水、树木花草、古典建筑,将无限的山水容聚在一个有限的空间里,移步换景,一步一景,每个场景都是一幅比较完美的图画。从有限到无限,能引发无限遐思,能让人细细品味。这种淡定自若融入校园文化,所呈现的就是质朴大气。十中的校园有着清朝江南织造署的底蕴,北宋"花石纲"遗物瑞云峰的古迹,衬托了百年校园厚重的文化品位。我们走进校园,仿佛就像穿越时空隧道,在缓缓地追溯着历史,感受的是一种超越时空的美,在对历史的回顾和回归中,获得一种历久弥新的美的体悟。园林之美与学校之美相融合,就更超越了园林之美的意义。我们校园的一草一木,都赋予了教育的意义,人文之美,更是苏州十中的特点。校园是教育的一部分,一花一石更是办学信念的体现,校园之景都有象征意义。让校舍、小路、石碑都成为学校文化精神的体现,让校园成为鲜活的教学实体,鲜活的教育读本,每一座建筑都有教育的印记,处处呈现一种生命的状态。我们的学校是一所园林,但她更是一所伟大的学校。著名记者彭子冈的儿子、著名戏曲评论家徐城北,把母亲的母校——苏州十中当作自己的"母校",他说:"这所校园的美丽,还是比不上其中人文的美丽。"人们赞美我们的校园为"最中国"的校园,其实,就是赞美我们的校园洋溢着美与爱的气息,最具中国古典之美的魅力。

3. 超然

超然的教育,是"自觉的教育",是自然之真、自然之美的教育。什么叫超然?就是超脱世俗,远貌而高貌。教育,到了需要超然的时候了。当下办教育,确实需要剔除唯功利是求了。世间有大善,教育有大善,对学校来说,这种大善就是需要办教育的人更心静如水,用心去细细谛听和体会教育的天籁之声。当下的学校教育,在时间的沉淀下,需要还原教育的本真、教育之美的本真,如何去还原?就是需要一种超然的态度,就是需要一种超越功利的态度,真正担当起教育的使命、历史的使命、文化的使命。学校"道之不行",心灵浸淫于混沌中而不知其味。作为办学者,作为校长,要有清醒的认识,要能自知自明,要自我寻回主动担当社会责任的意识,找回自觉担当所彰显的一种超然精神。教育是为了帮助学生建立科学的人生观和价值观,需要培养他们面对社会、面对生活、面对人生的超然情怀和态度。只有以超然态度处事,才能为他们建立思想的高贵和纯粹,为他们未来人生的飞翔插上坚强的翅膀。所谓"超然",是纷乱后的冷静,挫折后的坚强,得失后的淡定,错误后的理智,自然本真地求美求善。所谓"超然",就是要让学校教育既洋溢"大气、质朴"的文化气息,又呈现"朴实、平实"的本真气色,同时营造"和谐、向上"的发展气势。在现实的土壤上,历史与未来、教育与文化浑然一体。在文化教育传统中,汲取具有永恒之美的智慧精髓,重塑极具包容性又不失中国风范的当代中国教育的精神和风采,即把自己的教育理想融入到中华民族的教育理想之中,在学校微观的领域内实现我们民族的宏大教育理想。构建诗意的校园、课堂和课程,让师生诗意地过教育的日常生活,诗意地做老师、诗意地做学生。

综上所述,我们肤浅地阐述了"诗性教育"本真、唯美与超然的特征。所谓"特征",就是指可以作为标志的显著特点。反过来说,本真、唯美与超然是"诗性教育"区别于其他教育的本质特点。我们认为,我们所倡导、践行的"诗性教育"的本真就是希望学校教育能成就师生的本色人生;唯美就是希望师生具有高尚情操、审美情趣和创造美的态度与能力;超然就是希望师生能有远大的志向,具有远大的理想与追求。

二、"自觉的行为"——在诗性教育路上的前行

校友费孝通先生在20世纪八十年代就对我们提出了"文化自觉"的要求:生活在一定文化历史圈子的人对其文化有自知之明,并对其发展历程和未来有充分的认识。说得何其好。我们不仅要执著于任重道远的历史文化使命,而且要对圣王之道加以时代的改造,使之薪火相传,不绝如缕,并在此基础上把它转化为直觉的行为,在认知与实践中出真知,这就是教育的至高要求,也是我们必须表现出的对中国文化的高度自信。

我们如何在"诗性教育"的道路上前行呢?我认为诗性的教育早就存在于学校的生活之中,存在于当下的日常学校生活之中。只是过去是零散地、零碎地、不自觉地去做,现在是有意识、有规律、自觉地去做。她不仅仅是愿景,是理想,更是切切实实的教育改革的行动与实践。我们主要从校园、课堂、课程、教师和学生等向度展开,以践行"诗性教育"。

(一)营造诗意的校园

校园是学生成长的环境,也是学生一生的记忆。校园的状况与状态,决定了学生日常的学习生活状况与状态。进入新世纪,学校进入了校园改造的时期。我们敬畏传统,按照"修旧如旧"的原则,把校园改造作为学校文化建设的一个过程;并不断升华学校文化,把校园文化建设作为校本课程来构建,从而锻造了学校文化之魂,塑造学校文化精神:即百年前的"诚朴仁勇"的办学理念经过时间的洗练,已经发展为今日的一种新的校园道德气质,也就是今天我们所倡导的"质朴大气"、"真水无香"、"倾听天籁"的文化精神。我们营造诗意的校园,抓住六个主题词:园林、人文、感

恩、生命、智慧和创造。

1. 园林校园

营造成为园林学校，让校园充满美的气息。我们把整个校园风格融入到苏州城市的主导文化风格之中，按照园林的美学原则，讲求细节。无论站在校园哪一个点上，望出去都是一幅比较完美的图画。"皱、漏、瘦、透"的太湖石，众多曲径通幽的亭台楼阁，庭院深深深几许的校园意境等，都以"和谐美"为追求。校园成为"美的欣赏"、"美的体验"、"美的创造"的理想教育场所。让学校的每一天，成为师生感受自然美、建筑美、情感美、历史美、现实美的每一天。

2. 人文校园

营造成为具有浓郁的人文气息的学校，让校园充溢着书院气、书卷气、书生气。校园的每一堵墙壁、每一个角落，都要说话。一草一木，既是历史，更是文化。比如，把凝聚着百年优秀文化的校史馆拓展到整个校园，让校园成为鲜活的教育读本，成为"文化浸润，情感体验"的理想教育场所，让天人合一、人我和谐、仁义平和、厚德载物这些中华传统文化中的人文精神，能够在学生身上留下烙印。让学校的每一天，成为师生弘扬爱国精神、尚德精神、自强精神、兼容精神、敬业精神、创新精神这百年铸就的精神的每一天。

3. 感恩校园

营造成为充满感恩的气息的学校，让校园洋溢着爱的气息。学校曾有一个传统，每一届学生都要为母校留下纪念物，把她作为师生的精神寄托，现在这个传统又回来了。校园的每一处地方，都留下教育的印记。每一幢楼都有楼名、楼记，都是与名人校友或与学校息息相关的教育资源。在校园创设倾听、宽容、理解、承接、回报、奉献等教育情境，让师生在自己、他人相互尊重中追求生命的意义。校园成为"感恩与爱"教育的理想场所，让学校的每一天，成为师生"感受美好生活，领略人间真爱，勇于责任担当"的每一天。

4. 生命校园

营造成为充溢着浓郁绿色的学校,让校园荡漾着生命气息。泰戈尔说:"教育的目的是应当向人类传送生命的气息。"说得何其好啊,我们要让学生在校园里学会爱自己,爱生活,爱自然,爱生命。在校园仅仅提倡"以人为本"是不够的,还要提倡"以生命为本"。有什么样的生活,才会有什么样的生命质量和价值,我们要让师生在校园中,自然、健康、快乐、有尊严、有梦想地生活。让学校的每一天,成为学生"珍惜生命、热爱生命、提升生命"的每一天。

5. 智慧校园

营造成为充满教育智慧的学校,让校园充盈着智慧的气息。校园的一草一木、一石一砖都能够成为"智慧"的"触发点"。智慧,是思考的力量,是驻在心底的正见,是不断产生感悟的能力。智慧是一个内涵丰富的概念,而在这个校园,师生处处都能感悟到人生的智慧、历史的智慧、民族的智慧。校园成为师生"学会选择、明事明理,大胆想象"的理想教育场所。让学校的每一天,成为师生"发现问题,分析问题、解决问题"的每一天。

6. 创造校园

营造成为具有创造、创新精神的学校,让校园弥漫着创造、创新的气息。陶行知说:"要解放学生的头脑,让他们去想;解放学生的眼睛,让他们去看;解放学生的双手和双脚,让他们去实践;解放学生的时间和空间,让他们去发展。"这是闪动创造、创新火花的教育思想。"苟日新,又日新,日日新"。校园要成为保护师生对世界的好奇,对科学的敬畏,对探索的兴趣的理想场所。让学校的每一天,成为师生"品鉴人类文明、感受创新快乐、提升创造素养"的每一天。

(二) 构建诗性的课程文化

学校的人文传统与优势,提供了构建诗性的课程文化的较高平台,我们的理念是:在构建诗性的课程文化中,要强调课程在人的全面发展中的价值取向;强调科学与人文并举的课程文化观;强调回归人的生命与生活的课程生态观;强调课程的均衡化设计与民主化的课程政策等等。对构建诗性的课程文化的本质理解,是做好这项工作的前提。课程文化,作为学校核心文化之一,它的构建对推动师生教与学的快乐幸福生活起着促进作用,构建诗性的课程文化过程,也是师生享受学习乐趣、体会成功喜悦、感悟生命价值的过程。

1. 确立"诗性教育"的校本课程文化观

我们正在建设一种自在的、自主的、自觉的"诗性教育"的校本课程文化。"诗性教育"的校本课程文化观,是一种科学与人文相结合的课程文化观。课程目标的制定首先考虑学生的需求,体现学生的个体差异性。遵循的是"时代性、基础性和选择性"原则,追求课程内容与社会进步、科技发展、学生经验的紧密联系,关注学生的生活体验,满足学生理智、情感、审美、道德生活的需要,以促进学生良好心理品质的形成、健康审美情趣和生活方式的养成。

2. 把"校园"转化为校本课程

我们从"园林校园、人文校园、感恩校园、生命校园、智慧校园、创造校园"等方面来实践和诠释我们师生日常的校园生活。与此相应的,在校本课程进一步开发和梳理方面,我们逐步形成了环境类、人文类、感恩类、智慧类、生命类、创造类等校本系列课程。

把一些零碎的、分散的校本课程整合成系统的诗性校本课程。分别制定课程目标、课程方案。如,我们把生命校园转化为"珍惜生命、热爱生命、提升生命"三个生命教育模块。又如,我们把"感恩校园"转化为"感恩活动课程",分"感受美好生活,珍惜当下拥有"、"领略人间真爱,感悟生命真谛"、"传承优秀文化,勇于责任担当"三个课程模块。在"感受美好生活,珍惜当下拥有"模块下,举行"惜缘:凝聚新班级系列"、"大学之道:印象十中系列"、"真情速递:感谢师恩系列"。在"领略人间真爱,感悟生命真谛"模块下,举行"爱的叮咛:教师篇、家长篇、社会篇、校友篇系列"、"爱的奉献、大爱无疆:爱心义卖,爱心捐赠系列"、"共同渡过:成立学习共同体、拓展青春风采系列"、"心连心:我的父亲、母亲主题班会系列"。在"传承优秀文化,勇于责任担当"模块下,举行"走进校史,凝眸大家风范:以史为鉴,感恩历史系列"、"校友接力:聆听师长毕业赠言,毕业生纪念物捐赠系列"等。又如,我们把"创造校园"转化为"创造类校本课程,即综合实践课程",分"品鉴人类文明,培养创新意识;思索创新方式,体验创新过程;感受创新快乐,激发创造热情;实践创造能力,提升创造素养"四个模块。在"品鉴人类文明,培养创新意识"模块下,有"走进博物馆、图书馆、科技馆","昆曲、评弹、京剧进校园"等系列活动。还曾举行:"品鉴经典"——学生中外经典乐曲演奏、"阅人文经典、读科学精髓"阅读节。在"思索创新方式,体验创新过程"模块下,有"读万卷书,行万里路"设计、百字校规设计、班服与校服设计等系列活动。在"感受创新快乐,激发创新热情"模块下,有争创以杰出校友名字命名班级活动,如我们进行"李政道"班、"何泽慧"班、"王明贞"班等创建活动。我们还成立刺绣学生社团,开辟"涂鸦墙"等。在"实践创造能力,提升创造素养"模块下:有设计创造校园"美"一天的系列活动。开展校园科技周,创造日,组织科技创新大赛,创新每一天,创造每一天,等等。

3. 让本土文化回归课堂

本土情怀,是一个人所必须具备的情怀,语文、历史、政治这些学科担当着责任,作为吴文化本土文化气息浓厚的学校,理当让优秀的吴地文化精神回归语文课堂。如,我们让"吴地的文化精神——先忧后乐、匹夫有责等"回归语文课堂。我们先后开发和开设了一些区域文化课程,如:以人文为本的校本选修课程,我们围绕织造府旧址、瑞云峰及校园碑文等建筑、古迹,构建了包括制造署及清朝的织造府功能的研究、曹雪芹的生平研究、太湖石赏析、苏州园林的造园艺术、校园碑文选读等校本选修课程;围绕校史的发掘、校友的成就、历届校董和著名学者来我校讲学及讲演的资料,开设了从百年十中的教育历程看近代中国的教育发展、费孝通文集选读、杨绛文集选读、百年流响等课程。开发、构建以科学精神为主体的校本课程体系,建立了探究实验室,利用物化生探究实验室开设的物理、化学微型研究课程,开展了水质调查及治理、植物克隆研究等等。

4. 将吴地文化精髓编入校本教材

如编写成《校园碑文选读》校本读物。我们的校园是一座园林,更是一所伟大的学校。校园之景都有象征意义,弥散着浓郁的文化气息。我校充分挖掘语文教学资源,让十中历史上的校董、著名校友从档案室、校史馆走进校园的每一个角落,走进学生日常的生活学习中,浸润熏染每一位学生。又如,编写成《文学苏州》校本读物。苏州十中是一所人文积淀很深的学校,在办学的一百年历史中,语文老师中,著名的文学家、作家,不乏其人,如苏雪林、叶圣陶、张羽等,从我们校园走出去的学生中,著名的文学家、作家、新闻记者,同样不乏其人,如杨绛、费孝通、彭子冈,现代的知名作家中还有范小天、朱文颖等,他们都是能在苏州文学史上占有一席之地的人。通过编写《文学苏州》,把苏州文学史中的一些有影响力的人,以及他们的诗文作品,较系统地引进课堂,引进学生的校园生活,让学生读一读,想一想,这样既能弘扬地方文化,又能切实地将语文学习与生活、与环境结合起来。在统一要求与地方差异性的融合中,张扬学生的语文个性,对提高学生的语文综合素质大有裨益。

《文学苏州》是一本典型的校本教材,也是一门典型的校本课程。《文学苏州》体现了"本土化演绎"的要素,每一章节都有思考题、探究题,根据学生的年龄特点,有计划、有目的、有意识地进行"开放",不封闭,确保语文教材和社会的和谐同步。以此为中介,可以组织学生交流,让单个的信息汇成"宽带网",使"学校语文"、"生活语文"、"社会语文"和"历史语文"融为一体,构建一种切实有效的"大语文观"的语文学习环境。爱家乡、眷恋故土,是千百年来世世代代的人们共同具有的一种心理特征。对乡土,总是有着一种特殊的情感。我们的指导思想就是通过这门课程的开设,使我们的学生对自己家乡古往今来的文学历史格外偏爱,做一个永远深情地爱着自己家乡的人。

5. 开设"诗性教育"的校本课程,构建诗性的课程文化,创设时间和空间组织学生开展综合实践活动

我们突出学生在学习中的情感体验和审美能力的提升,提倡在教学

过程中创设各种学习情境和人际交流的情境,让学生体会到各种课程的"美丽"和"美好",激发师生相应的情感与审美体验。"浸润"与"体验",是我们的特点。所谓"情感"是心理反应;所谓"审美"则是认知能力。情感有是非之别,审美也有高下之分。学生的情感世界需要尊重、关爱、引导、矫正。学生的审美能力应该培养、锻炼、实践、提升。审美能力形成的过程应该是建立正确的情感的过程,二者相辅相承。

我们在诗性校本课程领域内建立自己的校本管理体系。比如,我们建立民主与多元的课程评价方案,形成了《苏州十中高中学生学业评价管理办法》、《研究性学习课程管理办法及评价方案》、《社区服务与社会实践活动的管理办法及评价方案》、《学生综合素质评价方案》等四个校本管理办法。

(三) 建构闪烁道德光彩的审美课堂

实施新课程以来,课堂问题还是没有彻底解决的,常常是"考试领导课堂"。对学生来说,除了在课堂上获得知识之外,还有许多重要的东西要学习,例如创造力,进取心,合作能力、适应能力和学习能力的锻炼与培养等。除知识之外,许多是不能被考试检测的。因而,现在的课堂,必须改造。我们提出建构闪烁道德光彩的审美课堂,包括两个层面:一是构建基于当前考试制度下的有效课堂;二是基于理想诗性教育的有效课堂。我们认为基于诗性教育的有效课堂:道德的、审美的;直抵达人心的;有思维品质的;本真的又充满理想的;愉悦的又是深刻的。反思我们当前的课堂,存在以下四种类型或模式:原始课堂、功利课堂、道德课堂和审美课堂。

1. 原始课堂

原始课堂指低效的、杂乱的课堂。课堂思维、思路与过程是随意的,教学目标模糊或完不成教学目标,学生疲倦、困惑、茫然,没有主动性、积极性,情绪沮丧,态度消极,思维停滞。

2. 功利课堂

功利课堂指教学目的明确，开门见山的课堂。课堂的设计、安排，包括教学的手段、方法等等，指向性十分清晰。它是瞄准考试的。学案、教案完整而完备，预习、上课、作业、复习、考试，有步骤、有效率、有效益。这类课堂受到校长、家长和社会的肯定和推崇，在重点中学中，这类课堂占主导地位。也正是这类课堂，支撑起了学校的高升学率和高声誉。学生在课堂上，上的是"有轨电车"，一切都按照老师的设计和布置去做。学生的思维是被动的、单向的、线型的。课堂状态平静、紧张、严肃。

功利的课堂已经超越了原始的课堂，甚至可以认为是一种理性的课堂。但是，我们认为，它本质上仍然是非人性的课堂。为此，我们努力把它转化为道德的课堂、审美的课堂，说到底，就是要创建更人性的课堂。

3. 道德课堂

道德课堂是合乎道德要求的课堂。课堂教学，尊重学生的身心发展规律、认知规律。尊重学生，一切为了学生的发展。注意学习的习惯、行为的习惯与学业成绩的统一，把课堂与课外结合起来，把课堂生活与社会生活融为一体。

4. 审美课堂

审美课堂是从必然王国走向自由王国的课堂，达到了我国传统文化所说的"天人合一"的境界。教师在一种回归自然，返璞归真的状态下上课，学生们不知不觉地进入了"学习"的状态，进入了"化境"去探求知识、发现真理。教师的"教"和学生的"学"，都已经"内化"了。是"教"对考试有用的东西，还是对生活有用的东西？是"学"对考试有用的东西，还是对生活有用的东西？这些问题，在这种课堂上已经不是问题。课堂自然呈现着、洋溢着自由的气息、生命的气息、创造的气息。

构建"诗性教育"的课堂文化。"诗性教育"的课堂文化是诗性教育文化的一个重要组成部分，这一点我们的老师已经达成共识。建构所谓"诗性教育"的课堂文化，我们认为，就是通过教师的教育智慧，汲取民族的、世界的优秀文化教育传统的养料，创建、激发富有生命的、呈现道德光彩的、具有审美意义的有效的课堂,从而形成一种对生命的理解、关怀与尊重;本真、自然、回归常态、开放、自由、和谐,以提升教师和学生生命质量的课堂文化。这种课堂文化,是能够充分激活学生,甚至教师自身的情感、思维,以及认知状态的文化。

对此,我们已经进行了初步尝试与探索。学校的每一个学科,以及许多老师都在研究、探索、建构合乎自己学科特点、合乎自己学校学科教学实际的"诗性"的课堂。语文特级老师徐思源老师带领语文学科组探讨讨论式课堂教学,课堂上学生几个人一组,各组围成一圈,团团坐着上课,老师被称为"平等的首席"。这项探索,就是在尝试创新教学模式。"讨论"是课堂小组活动的一个重要形式,把学生放到小组中与他人共同学习,互相交流,学到的知识能力,会多于从教师那里得来的知识能力。"讨论式"的意义在于:让每一个孩子能充分表达出自己的理解、看法和观点。苏州振华中学原与苏州十中为一个学校,现在初高中各自独立,但结为办学联盟,共同研究、探讨教学改革。振华中学语文特级老师周颖校长正在尝试"浸润式语文教学模式",他探讨"浸润"的几个特点:共生,教师和学生对文本的深度感悟和研读;共情,能够感受、理解他人的情感;高峰体验,完全融入其中,丧失其他不相关知觉的心理状态。这是一种对美、对真的"浸润与共鸣"。现在的语文课堂,有些已经沦落成"流水线"车间,功利充斥着课堂。把学生作为"容器",拼命地往里面装"知识"。语文教学必须返璞归真,让课堂充满审美愉悦。用语文教学中的美的因素去教育学生,以培养他们健康高尚的审美情趣;陶冶他们的道德情操;提高他们感受美、鉴赏美、创造美的能力。语文的道德审美课堂,是一种理想的课堂。语文课堂,一般有四种境界:遭受,"一川碎石大如斗,随风满地石乱走";忍受,"此情无计可消除,才下眉头,却上心头";感受,"忽如一夜春风来,千树万树梨花开";享受,"悠然心会,妙处难与君说"。显然,后两种境界,是我们向往和追求的境界。周颖倡导的"浸润式"课堂,以及振华中学语文学科带头人张红英老师践行的"共鸣式"语文课堂,显然都属于后两种范畴。

特级数学教师吴锷带领数学学科组正在探讨数学的"活力课堂"。他们提炼出活力课堂的七个特征：有疑问、有沉思、有猜想、有想象、有争议、有惊讶、有笑声。数学学科带头人、振华中学副校长徐寅倩老师正与同伴探讨"激活、重组、纳入"的课堂教学模式，他们认为合乎"道德与审美"要求的"诗性课堂"有三个环节：首先要激活，激活学生的思维与情感；二是重组，课堂要能够重组知识体系，举一反三，新知识要能够与原来的知识相沟通、融合；三是纳入，课堂要带"科学性"，又要有"创造性"，把新知识、能力纳入到开放、创造的知识、能力体系之中。无论是数学的"活力课堂"，还是数学的"激活、重组、纳入"的课堂教学模式，都是"激情教学"。师生在课堂上的"诗性"追求，经历着从静态的理念浸润，到动态的体验感悟，再到卓越的精神追求。

（四）教师简单而幸福的校园生活

"诗性教育"需要有诗性的老师。温家宝在 2010 年 8 月的全国教育工作会议上要求教师要有"人格魅力和学识魅力"；要求教师"具备广博的知识和广泛的兴趣，具备深厚的专业功底和独特的教学艺术，具有出色的教学效果和对教育教学的深入研究"。怎样做到有魅力呢？温家宝说："更要注重未来教师气质的培养，最重要的是文化熏陶。"我们认为，这也是诗性教师所具备的素质与素养。记得冯友兰曾在一篇回忆文章中写道："每每走过蔡元培先生身旁，他即使不说一句话，也有如沐春风之感。"这位北大学子的感言，让那年参观蔡元培故居的我也感同身受，处在蔡元培故居，就如同蔡先生亲切地站在我们身边。一名教师的身体力行，早已胜过了千言万语。老子《道德经》开卷便说："道可道，非常道；名可名，非常名。"这说的就是伦理哲学中的无言之美，类比来看，就是教师素质和气质所蕴含、所散发出来的是一种"时雨春风"。学校在 2007～2008 年间为几位特级教师举行了教学实践研讨会。特级教师甘愿作"一只被解剖的麻雀"，接受本市及省内外数百名同行和专家的检阅及点评，而学校的中青年教师也在观摩特级老师的教育教学工作、领略名师的风采、倾听专家教授的点评中实现了对自身教学的再认识。开辟"名师工作室",结成优势群体,实施教师成材计划,中国象棋中的"小兵"、"小卒"的威力,在我们学校显现了。

1. 教师坚持与学生平等的理念

我们的学校校园处处体现师生平等的理念。校长走近教师,教师走近学生,是我们的常态。这种理念渗透在每一个物质层面和精神层面的细节之中。比如,所有对教师开放的地方,都对学生开放。不会有专为教师建造的场馆,如食堂、洗手间等。学校北门东西两幢楼,一幢以蔡元培先生的名字命名,一幢以彭子冈的名字命名。一个是老师,一个是学生,这两幢楼从此成为"师生平等"的文化象征符号,蕴含着"以师生为本"的教育理念。振华校园里,有一条百米的长廊,百年来所有的教职员工,在世的、去世的、在校的、调走的,无论职位高低,他们的名字都镌刻在这个长廊中。教师,是"传道"者,但更是"行道"者;学生也不仅仅是"学道"者,更是"受道"者。我们认为,"诗性教育"应该体现人类诸关系之中最为特殊、也最为别致的一种关系——师生关系的平等、亲近和典雅。在"诗性教育"下,重建师生关系,是十分重要的。我们提倡"让学生推着老师走"。在整个教育教学过程中,在某个环节、某个方面,"让学生推着老师走,哪怕一瞬",也意味着教育境界的"陡然"提升。亚里士多德说,"我爱我师,但我更爱真理"。我们语文学科组的师生讨论式教学;作文教学的教师"下水作文",师生相互批阅、评点,可以看作是"师生平等"理念下的具体教学改革实践。

2. 教师在发展学生中发展自己

去年暑期,学校举行教育教学研讨会,年轻教师吴海燕走上讲坛,发表了这样的观点:"诗性教育要求每位教育者了解学生的价值,并且持有一份以心为圃的情怀;诗性教育要求每位教育者创造良好习惯形成的环境,并把教育贯穿生命始终;诗性教育要求每位教育者关注每一个个体,并把可持续的钥匙交到每一个学生的手上。"外语学科组组长徐红在交流学科建设、教师专业发展时说:"把自身发展作为一种自觉的行动;把发展学生作为自己的日常行动;通过不断发展自己来促进学生的不断发展。"学校的老师们都把自己的发展与学生的发展紧密地联系在一起。他们认为只有这样方能担负起最普通的守望,才会把学生的终身发展视为自己的终生事业。年轻语文教师张慧琪,寻找着校园里的本色与诗意,她站在讲坛上说:"我的同事金泓老师,他的博客名字就叫'诗意地栖居在大地上',他热爱教育,热血满腔;喜欢写作,发表颇丰。喜欢登上舞台展示自我:主播、主持、歌唱、朗诵,每一样他都沉浸其中,乐在其中。他用业余时间,带学生游园林、走平江、听昆曲、看世博;放学后与学生交流,从不吝啬时间。他是一个充满赤子情怀的人,是一个充满爱心的人。也就是在这样的环境里,我们彼此相互影响、相互感染,演绎出属于教师的本色而又多彩的人生。"

3. 不"圈养"教师,给他们自由、创造的空间

沈骊英、杨绛都曾是振华中学的学生,后来又是振华中学的先生,最后"出走",沈骊英成为"麦子女圣"、杨绛成为文学大师。从前辈身上我们得到启示:不要把我们的教师"圈养"在校园内,不要束缚他们,而是要允许他们走出校园,允许他们进出自如,成就大事业,这样的学校才是一所真正意义上的伟大学校。近几年来,学校的教师出版了近30多本图书,有退休教师、有在职教师。作为一所伟大的学校,眼光就不能太狭窄。如对语文教师,就不能局限于鼓励他们写教学论文,研究教材教法,他们可以去创作,写小说、写散文、写剧本、写诗歌。我们经常这样问自己:政治老师为什么不能成为一个哲学家、政治家?地理老师为什么不能成为一个旅行家?数学老师为什么不能把自己的触角伸向数学无垠的领域?为什么走不出叶圣陶、苏雪林、张羽这样的老师?现在,教育界十分强调教师的专业发展、校长的专业发展,强调得多了,会不会专注于教师、校长"技术层面"上的发展,而疏忽了人文素养?人的内心深处都有诗的情结、创造的情结,只是常年被忙忙碌碌所压抑,我们的老师不能碌碌无为,必须在自己的生命中闪现理性与诗性的灵光。学校从2002年10月开始,坚持每周出刊一期《文摘快递》,是原生态的,聚集教师的声音。如今8年

过去了,它成了历史的回响,里面蕴藏着丰富的世界。我们把它编撰合集正式出版,书名为《成长的足迹》。我们的老师为此感到自豪,因为我们正在书写我们自己的历史,而在这过程中,老师们也在不断地反思自我、完善自我。文化管理是最高层次的管理,诗性的学校管理,把教师当作人,当作有自尊、精神独立的人,这是核心。我们创设文化管理的氛围,实现扁平化管理,采取网络化管理模式。铁路"动车组"的成功运行,颠覆了"火车跑得快,全靠车头带"的观念。学校管理也一样,如同动车组的设计理念,需要激活每一个工作节点的积极性、创造性和责任意识。我一直认为,对于校长,不在乎他具体做了什么,而在乎他所作的一切是否营造了催人向上的文化气息。

4. 把教师的幸福融入学生的快乐之中

我们的老师把"真水无香"看作是工作的境界。"真水无香"是东方文化所独有的一种意蕴,滋养生命的水,视之无色,嗅之无香,然而却源远流长,蕴含生命的真意。带有真水无香这种品格的老师,自当看透功名利禄,远离世事纷繁,不染粉华,修美于内。"做一个简单幸福的人",是我们老师的人生追求。年轻的物理老师孙耀在教师大会上发言:"校长在他的《诗性教育》中这样说道,他希望学生在离开学校的时候能带走三件礼物:本真、唯美和超然。每个老师都有自己的特点,有的老师智慧,有的热情,有的严谨……,那就我自己而言,在与学生长期的相处之后,我希望他们能带走什么呢?我希望他们带走正直、乐观和淡定。这是我追求的幸福梦想。"振华中学的陈燕老师在去年暑期教育教学研讨会上,幸福地讲了一个"假冒的爸爸"的故事:"即将中考返校的最后一天,我终于说出了一个不能说的秘密'你们获得过的最好的成绩是年级第二'。对于一个曾经是年级倒数第一的班级,这样的秘密陪伴学生自信应考,给予了他们无限力量。由于我要参加中考阅卷的原因,后两天不能送考。我就到复印店做了一张'振华初三(5)班加油'的牌子,并用50元雇用了一个农民做小时工,让他在第二天中考考前的考场外,站了整整一个小时。于是,在第二天的6月19日的《姑苏晚报》上就出现了'应景中考'和'父亲节'的文字,很巧当天正是父亲节,报道中写道:'一位感人的送考父亲为了给考场里的孩子鼓劲儿,举了一块"振华初三(5)班加油"的牌子站在考场的门口。'"我真希望这个"假爸爸"的秘密,永远不要拆穿,让真爸爸的形象永远留在孩子们的心底。今年9月10日,是第二十六个教师节,在早晨全校的升旗仪式上,教师代表艾水高作了《一位普通教师的幸福生活》的国旗下讲话,令每一个师生动容。他说:"我校2007届毕业生是我最难忘的一届学生,今天在场的南京师范大学到我们学校实习的老师中就有两位是我的学生。这是我作为班主任老师时的学生,在三年的朝夕相处中,我与他们建立了深厚的师生情谊。2006年秋天惠冰焰等3位班团委骨干提前考入新加坡南洋理工大学和新加坡国立大学。离开时,心中一万个不舍,但是我依然非常幸福。何怡晨同学在大学获得国家奖学金并光荣加入中国共产党,第一时间电话通知我的时候,我的幸福感甚至超过了她的父亲。归靖慷同学获得世界大学生数学建模比赛一等奖的喜报张贴在我们校园的时候,我甚至像一个小孩一样向周围老师骄傲地宣布:这是我的学生! 2008年12月31日迎新活动中,当时的高三(6)班同学在振华堂齐声呐喊'艾老师,我们爱你',呐喊声盖过了当时所有班级的同学,让我激动地从红地毯走上主席台接受他们的献花,当时我激动得'话也讲不清楚'。今年年初,我因病住院。居然有同学拿着武侠小说到医院来看望我,让我感觉体贴入微;有不少同学在我病床前哭得湿润、微红的眼睛也让我终生不敢相忘。但是,最让我感动的是那段时间同学们和班团委成员的自我管理和班级管理。那时我班各方面的管理都更加到位,这种自发自觉的行为能让任何一个老师铭刻在心! 同学们,感恩老师,并不需要为我们去做惊天动地的大事,它表现在日常生活中的点点滴滴。"多好啊,这就是"诗性"的老师、"诗性教育"所需要的老师,而艾水高则是我们学校教师队伍中普通又杰出的一员。

(五) 以诗心化育学生

"诗性教育成就诗性人生"、"追求春风化雨、润物无声的教育境界,塑造本真而诗意的学生"、"建立风范——培养仆人式领袖气质"等等,都是我们老师提出的教育信念和培养愿景。我们每年都会举行"五月诗会"和"十月诗会",开展诗歌征文、诗歌朗诵会,每年出两本师生"诗集"。这个时代是不要"诗"的时代,教育更是排斥诗的时代。每年的高考作文题,无论是全国卷,还是各地地方卷,总要提出"除诗歌之外任何体裁都可"的要求说明。高考不得写诗,谁还会在日常的校园生活中让学生孕育诗的情怀去写诗呢?这是中华"诗国"的悲哀。以诗心化育学生,我们聚焦"日常",把目光聚焦在日常,是想让我们的学生每天都有一个诗意的校园生活体验,让学生成为有"诗心"的人。在一个充溢诗性、诗意的校园,我们的学生,在日常生活中呈现出一种怎样的精神状态呢?下面提供一些案例:

案例一:"曙光行动,与太阳同行"

为了这一天,同学们准备了8个月。去年九月,新高一的同学进校不久,学校就提出了明年春天徒步30公里的行走计划。同学、老师、家长都行动起来了,几乎每个同学每天都要行走1个小时,一些同学由原来每天都是坐着汽车让爸爸妈妈接送到学校,改成了每天步行,有些同学也不再骑自行车、电动车,而改成每天步行。还有些家庭,爸爸妈妈在休息日、节假日,或者晚上的休闲时间,陪着孩子行走。4月24日,从清晨5点到下午2点半,由学校东操场出发,实际徒步32公里,抵达东太湖,历时9个半小时。600多名学生完成了90后的"新长征"。那天凌晨,当曙光在东方微微展露的时候,我站在了队伍前列,当我呼吁"灵魂要栖息在健康、强健的身体上,一个健康、强健的身体才能栖息一颗高贵的灵魂"并举起发令枪、扣动扳机的时候,我感到已经完全沐浴在清晨的阳光之中了。同学们走过古城、走过石湖成为一道风景,行人都会注目,都会停下脚步。那么久了,学校、社会都习惯了孩子们春游、秋游坐上汽车,而且是空调车、豪华车,成为学生的富贵游,或者逍遥游。现在我们返璞归真,回到教育的原点,那种久违的徒步旅行,竟引起社会和媒体的格外关注。

我对记者说：一个人的全部所有无非是"灵与肉"二字,现在的学校教育往往正缺少这两样,我们开展"与阳光同行"活动,不仅仅是一次远足活动,也不仅仅停留在锻炼意志的层面上。我认为这是办学理念的一次升华,是对教育本质的一次重大的回归。我与同学们始终走在一起。队伍的最后面是两辆大客车,随时随地让那些有需要的同学上车补给、休息,或者以车代步。只要参与,不在于路途长短。只要同学们尽了自己所能,就是最好的。整个行程,只有数十位同学上车。有些同学上了车,坐了一会儿,等到体力恢复以后,又下车走在队伍中了。事前,学校只有一个要求,徒步30公里。整个的活动方案,都由学生自己设计。16个班级,16个方案,曾用了5个小时,让600多个同学坐在学校报告厅,逐一交流,那真是一次社会综合实验活动的展示。每个班级都不止一次地实地探察,什么地方可以补水,什么地方可以坐下休息,什么地方可以解手方便,什么地方要特别注意安全,哪一条路最有利行走,都一一作了考虑,在会上进行解说。同学们以这个活动为契机,真正走出了校门,走向了广阔的天地,把书读活了。最后的行程是最为艰苦的,有几个男生已经背满了包,周边女生的包包都在他们的肩上了。走在我身边的一些女生,几乎是互相搀扶着,倚靠着走路。我对她们说:"上车吧,不要勉强。"她们的回答让我感动:"校长,我们都走了20公里了,都走了25公里了,现在让我们上车,前面的路不是白走了么？我们即使爬也要爬到最后。"离终点仅有800米了,17个旗手,竟然同时离开队伍,冲上前去,争相冲向目的地。那些陪着女儿、儿子的父母亲则激动地走到所有孩子们的前面,说:"今天走完30公里路程,不是我们在陪儿女,而是儿女们陪着我们,一天的行程,浓缩了人生。"说得多好啊,在30公里的徒步行程中,我们的同学成长了,他们在阳光下在汗水中感悟他们走过的每一步。我相信,同学们在三年的高中生涯中,会忘记许多人和事,会忘记许多做过的题目,会忘记许多高兴与不高兴的事情。但是,这件事一定会烙在每一个同学的心底。那是他们的骄傲,他们曾经从古城苏州十中的东操场,一步一步走到东太湖,那也是他们一生的荣耀,他们曾与太阳同行,把自己成长的经历重重地写在辽阔的故土上。半年以后,在一次学校德育研讨会上,我又听到一个行走中的故事:一位名叫倪梦娜的女生,经历了治疗视网膜脱落手术后,在几乎没有视力的情况下,含泪拒绝上车休息,坚持走完全程。

案例二:总务主任主动要求国旗下讲话

两年前的一天,总务主任来到我的办公室,要求由他来作下周的国旗下讲话。接着他就讲述了上星期发生的事情。那是期中考试的第一天,上午的考试结束后,一位高一女生来到他的办公室,要借一把老虎钳。总务主任就问:要老虎钳干什么?女生只说有用处。主任心里想:可能是她的自行车坏了,需要维修吧,可是她这么一位弱小女生,不知道能不能修得好。他把老虎钳借给了她,并找了一个借口跟着她,想去看看她到底要老虎钳干什么?如果真是修理自行车也好帮帮她。总务主任跟着她来到了红楼西门外。原来,是这个女生发现了一棵树上绑着一根铁丝,这根铁丝看上去已经在树上好多年了,因生锈而变得黑黑的外表和本就黑黑的树皮混在,很难分辨出来,加上时间久远,铁丝已经深深地勒进了树皮。如果再不及时把这根铁丝除掉,这棵树最终逃不了死亡的命运。就这么简单的一件事,让总务主任感动。他就在下一周的升旗仪式上,作了《我们是"最中国"的学校里"最中国"的学生》讲话,讲述了什么是"生命的气息"、什么是"以生命为本"。总务主任最后在讲话中继续发问道:什么样的学生才是十中的学生?什么样的学生才是真正优秀的学生?什么样的学生才是"最中国"的学生?我想,这就是。

案例三:校长第一次使用否决权

2009年12月31日下午,按惯例,全校师生到东操场举行迎新长跑。高一、高二、高三为三个组要各自评出一、二、三等奖。高一师生格外突出,十六个班级个个展示风采。评选结果出来了,一一颁奖。组织者原本没有安排我讲话,但我不假思索,站到台上,对全场的师生说:"作为校长我讲几句话,我申请使用我到十中之后8年来的第一次否决权,你们在迎新长跑上的表现让我很感动,每一个班级都是最优秀的,每一个同学都是最优秀的。刚才的评选结果不公平。我现在宣布:刚才公布的评选结果无效,所有班级都是一等奖!"一片沉寂,紧接着是一片经久不息的掌声。活动结束了,各班回到教室举行迎新联欢。我先去了原本就获得一等奖的高一六班,我问他们:"所有班级都是一等奖了,你们有没有不高兴啊?"同学们齐声说:"没意见"。只是要我即兴给他们表演一个节目,我唱了一首歌,还是那首《隐形的翅膀》,大家都知道我是最不会唱歌的人,听到我走调跑调的歌,同学更高兴了。然后,我又到了原本三等奖,现在被我评选为"一等奖"的高一七班。同学们很开心,不停对我说"谢谢校长"、"谢谢校长",我看到他们笑得真幸福,原本挂在脸上的沮丧、失落一扫而光。我让他们给我唱了一首歌。两个月以后,中国教育报记者到学校采访,提到了这件事情。下面是同学们对记者说的话:"其实,一次比赛中的荣誉,一瞬间,几个小时,顶多十几天,也就忘了。但是,校长这样的做法反而会让我们很长时间都不忘记,甚至会记住一辈子。这是校长另一种方式的教育、另一个角度的鼓励。"高一七班的墙上虽然贴上了一等奖的奖状,但是,班主任和同学们一致决定把那个三等奖奖状也要回来,也同时贴在了墙壁上。他们暗暗发誓明年一定要争回一个"真正的"一等奖。多好啊,我们的同学真正懂得什么是荣誉,什么是感恩,什么是自强了。

案例四:劳动委员石威风和班长胡眏

这是2010年高三毕业典礼上,我在校长演讲中讲的两个案例,我说:9班的同学永远会记得曾经的班级劳动委员石威风,他工作任劳任怨、无私奉献。每次放学后,他都会留下来和值日生一起将凳子翻在课桌上,仔细的他还会将粘在凳子腿上的头发等杂物用扫帚拂去。高二时,由于学籍关系,他转学回安徽,虽然离开了这个集体,但他始终把自己看做是9班的一分子,毕业前夕,他还特地返回母校和同学们一起拍了毕业照。7班的同学会永远记得那位胖胖的、总是乐呵呵的班长胡眆。每当7班组织什么节目,她一定会身先士卒,永远跑在第一个。印象最深的是,高二年级的篮球联赛,作为全女生班,7班无法参加比赛,她主动向年级部请缨,联合班上的舞蹈骨干一起,组织7班女生排练舞蹈,为整个篮球联赛增添了一抹亮丽的风景。石威风和胡眆同学只是2010届学生的一个缩影,他们的朴实踏实,自信乐观,正是2010届学生的真实写照,正是学校校训"诚"、"朴"二字的写照,正是学校"真水无香"文化精神的写照。

案例五:一个坐在走道里,久久不愿离去的女孩

去年暑假学校召开教育教学研讨会时,我转述了包惟华老师班上的一个故事。包老师所在的班级是一个普通班,一年以后许多方面都走到了年级的前列。他们从入学的第一天起,就开展零迟到活动。但他们班级的零迟到记录有一天却被一个女生打破了。当天中午,她走到教室前面,向全体同学深深地鞠躬、深深地道歉,当同学们用热烈的掌声回应她时,所有的同学和老师都知道她再也不会迟到了。在接下来的两个月里,就是这个女生几乎每天都提早20分钟到校,再也没有迟到。到学年结束的时候,就是这个女生,在最后一天,上完课、做完所有的事情后,留下来打扫教室。默默做完这一切,她仍然不离去,仍然不愿离去。那是她曾经上课读书的地方,有过太多的幸福快乐与烦恼苦闷的记忆,那也是她和她的同学储藏信念、理想的家。包老师走了过去,对这个女同学说:"回家吧,时间不早了。"而她答道:"老师,就要分班了,我将离开这个教室、离开这个班级了,我还要在这里多呆一会。"交流会上包老师动情地说:"我想多少年后,我都不会忘记,红楼二楼走道里,坐在地上久久不愿离去的这个女

孩。教育不是说教,老师的教诲、同伴的影响,春风化雨,已进入这女生的心灵深处。""每个人的行为对集体都具有意义",这句话的含义,这个女生将会比任何同学都要领悟得深,如何处理个人与集体,责任与义务的关系对她来说已经不是问题。

案例六:一次关于"本色人生"的班会讨论

我坚信学校是培养本色人生的地方。2010届9班的同学,在看完中央电视台主持人王志采访方永刚的节目后,就"本色人生"召开了一次班会讨论。同学们发表了如下见解:"本色人生的核心是责任与使命,面对挫折和困难,要不退缩,不退却,勇于承担责任";"方永刚的一句话让我印象特别深刻,'癌症像一面镜子',从这面镜子中,照射出的是他积极乐观、无所畏惧的精神";"我们的体会是:做一个快乐的人,乐观豁达地面对生活。为了充满希望的明天不懈创造";"面朝大海,春暖花开";"前瞻人生路,快慰寸光阴";"常怀感恩之心,积极做人做事";"助人者自助"。这是一次常态下的班会活动,可以反映同学们的真实世界,反映他们的人生观、价值观。我为同学们高兴,显然,他们成长了。他们从不同的角度,看到了自己感触最深的一点,看到了"坚持",看到了"真诚",看到了"感恩"、"诚实"、"率真"、"善良"、"富有的同情心与责任感"这些"本色人生"的真实之处。我把班会活动的场面,看作是一次同学精神世界真实呈现的"盛大"场面。

案例七:十中校友中山大学一位在校生的感悟

暑期结束,开学时,信息中心的陈主任告诉我,三年前毕业的孔伟给他发了一篇随笔。该生现在中山大学,他走过了世界上的几个地方,在远离故土的时候,都没有忘记中学的母校。下面是孔伟文中的一段话,让我感动,他说:"我在十中的三年,不敢说是韬光养晦,但绝对是'养气'的一段日子,校训'质朴大气,真水无香,倾听天籁',我从来不敢忘记。突然间一阵感慨,'振华'给我的,不仅仅是高中的一个老校名,也是一种可以作为鞭策的东西。生命中有些你常常会表面不在乎的'宏图大志',从来都是在某种时候激励你的,那些突如其来的热泪盈眶,很多都是在感激这些。我保证我走出十中的时候没有被熏陶成一个'质朴大气,真水无香,倾听天籁'的人,但我把这句校训带走了。我离开的时候是我们学校的百年校庆,很多老人回来了,我有上台送花,看到他们泪流满面,后来,我懂了。"读到这里,我清楚地明白,十中的精神已经成为了烙印,将永远得烙在他的身上。

学校诗性的生活,是存在于校园日常之中的。我们要培养诗性的学生,诗性的学生是感性和理性完美统一的人。现代社会的发展,过分张扬了科学和理性的力量,个性化的生活在加快消失,假如我们的学校教育,把师生身上的"诗人"唤醒,并激发起来,那就是诗性的教育功德无量的成效了。我们把责任、生命同求知放在一个共同的教育平台,沉淀敏感、摆脱喧嚣与浮躁,充满情感又融入理性思维,凝练人生的品质和内涵,让学生品性的长进和知识的摄取并行不悖。

三、"星星的降临"——诗性教育未来道路的思考与探索

"诗性教育"虽然可以在古今的文化教育史上找到源头。但是,在当下社会经济以及教育的背景下,如何在理论与实践两个层面推进还是一个新课题。许多问题还等待我们认真探索。

(一)"诗性教育"应该有它自己的特质和理想

王俭教授就诗性教育作了认真的研究,撰写了《诗意地穿行于"两端"》的研究文章,发表在《中国教育报》上。对我们今后进一步践行诗性教育在理论提供了帮助、指导。王俭教授认为:"'诗性'内涵极其丰富,但是我们大体能从其哲学内在的本体,以及思维方式和外在的表达方式来

把握其要义。(1)作为表达的'诗性',它是针对词汇、言语、句法等外部形态而来表达诗意的,属于文体学层面的。此时,诗性更多的是指其情感性或者文学性。(2)作为思维的'诗性'。这主要是相对演绎等理性方式思维而言的非理性思维方式。'诗性智慧'在认识论的意义上就是原始人的思维方式。这里,诗性更多的是指在思维过程中强调形象、想象、直觉与整体。(3)作为本体的'诗性'。这是从本体论上来认识'诗性'的,认为'诗性智慧'是人类原始时代所共有的智慧,诗性是人性的一种境界。如海德格尔提出'诗意地栖居':人类诗意地生活在大地上,他们以审慎的思想关切他们的家政。在这里,'诗性'被认为是世界的本体。'诗性教育'中的'诗性',已不再仅仅是原始意义上的'无理性与非理性的随意性'。'诗性教育'中的'诗性',是我们在继承原始诗性合理性的基础上,重新赋予它新的内涵,也即规定了诗性的方向性。"这是至今对"诗性教育"所作的比较完整、全面的论述。我们认为,"诗性教育"应该有它自己的特质和理想,似不存在穿行的中立态度。"诗性教育",它应该是诗性智慧在学校现场的再发现和再创造。它也不是素质教育的姊妹,应该是素质教育的校本化理解和实践。

(二)"诗性教育"不应囿于诗性

"诗性教育"是形象的、审美的教育,是感性的、审美的。十中的校园给了它生动、美丽的形象表达。但是,我们也要清楚地知道,教育首先是科学,所以理性应该是它的根,学校传承人类知识是本质和本职,并无过失。而过失在于人类的知识没有提高国民的素质,这是学校应该思考的。我想"诗性教育"就是很好的一个路径,因为它能够体现智慧和创造,它是实现理性的人性本质能接受的手段。我们认为"诗性教育"不应囿于诗性,它是理性与诗性的统一。"诗性教育",只是希望弥合现代文明所导致的感性和理性的分裂,而不是要独树"诗性"自己的一帜。我们校长要有个性化的办学思想体系,而要形成个性化的办学思想体系,就需要理性,就需要我们锤炼自己的办学理念。

(三)"诗性教育"不仅仅是愿景,它就存在于我们的日常教育之中

我们认为"诗性教育"可以在人类历史上找到渊源。当代教育虽然有十分功利的一面,但教育的"诗性"在我们的学校,还是存在的。尽管可能是不自觉的、分散的,但是可以成为"燎原"之火。"诗性教育"就存在于我们的日常教育生活、学校教育之中。不仅仅是愿景,而是我们已经起步的自觉教育行为。我们的老师不能有一种"浪漫"、"孤独"的感觉,要充满信心,坚定信念。

(四)"诗性教育"是面向未来的教育,但它必须从优秀的传统中汲取养分

我曾经提出一个观点:未来将面向优秀的传统。"诗性教育"既为了师生当下的幸福,更为了孩子未来的幸福和价值实现,而这种"教育"的根基在传统之中,要找到属于自己的文化血脉。践行"诗性教育"的人,是以"诗性思维"存在的人,满怀诗意地教书育人、办学。在一个新的发展起点上,教育、校长、教师,不妨都静下来,换一种思考的姿态,倾听历史的回音和未来的渴望。

2009年10月,教育部中学校长培训中心在华东师大举办了《走向教育家校长论坛》。我在会上作了一个发言,其中朗读了自己的一首小诗:

> 沉默的话语,微风似的,微颤在心上/看不见的手正抚摸着永恒/静静地低语/峭壁上的人坐了一会儿,又走了过去/是的,这是一个生命的真相/太阳的一个裸孩子/站在黑暗当中的一个渡口/把灯安放在自己的背上,让走在后面的人/追逐那深思的岑寂

——《太阳的一个裸孩子》

我还是愿意,把这首小诗作为我本文的结束语。学校应该是最真、最美、最善的地方。尽管有时现实很功利,但校园应该洋溢着"诗的气息",因为学校是裸露孩子们灵魂的场所。我不认为自己是一个诗人,我本质

上是一个学校教育工作者,在我没有来到十中之前,我几乎没有认真写过诗。从几年前开始,我写诗了。我不是想做一个诗人,"诗人"的头衔不重要,我是想让自己多一点"诗人的气息",让我们的学生尽可能的"诗意地栖息"。是学校的西花园、是我们的文化历史、是我们师生每一天呈现的"本色人生",孕育了我的诗情——教育的诗情。我们都是一个把灯安在背上的人,在黑夜中探寻,用灯照亮孩子们。

百年坚守

江苏省锡山高级中学 唐江澎

百年大计,教育为本。

这是写在《国家中长期教育改革和发展规划纲要》开篇位置上的第一句话。这句话我们太熟悉了,熟悉到当我们的目光又一次触及其上时,竟疏远了应有的那份激动和冲动!这恐怕不是简单的熟视"疲劳",可怕的问题在于,我们对其传达的教育终极价值与意义是否也多少有些无动于衷?是否已将其从我们当下的教育实践中推出,推向遥遥无期的未来?应该明确,如果我们不是从教育的目的出发,而是仅从教育的需要出发;不是从教育的终极价值出发,而是从教育的手段价值与条件价值出发,那么,我们又怎能在对百年大计的关注中,走向真正意义的教育呢?

一、"百年坚守"的价值与意义

我非常欣赏德国哲学家费希特在《人的使命》中讲的一种思考习惯:"凡我所见到的,我都亲手触摸过;凡我所触摸过的,我都分析过。"只有在这样的触摸与分析当中彻底把握意义以后,心才安定下来。好吧,就让我们慢慢地触摸它,从教育的终极价值上去探讨"百年"与"教育"的意义。

在中国文化的通常话语形式当中,"百年"是历经悠长岁月而指向遥远未来的时间概念,是与人的生命过程相伴随、相关联的美好语词,也是包含着历史纵深和思维延展的一种思考方式。让人感慨的是,在汉语为数不多的几个固定搭配的语词形式当中,竟有两个与我们从事的伟大事业相关。沿着时间的河流而上,这种表述一直可以追溯至邈远的春秋战国时代。《管子·上篇·权修》里说:"一年之计,莫如树谷;十年之计,莫如树木;终身之计,莫如树人。"也许是这些话语的分量足以使人震撼于"树人"的伟力了,以至于接下来同样震撼人心的精彩语段,竟被遮蔽而淡出了人们的视线。有必要让我们的视线再次触及这些论述,再次感受"树人"伟力的震撼!《管子》接着说:"一树一获者,谷也;一树十获者,木也;一树百获者,人也。我苟种之,如神用之,举事如神,唯王之门。"

这些话语,承载着中华民族的认识智慧与厚重文化,历经千载绵延而来,走到了我们的面前,带给我们一种谋划教育的眼量,一种思考教育的角度,一种认识教育价值的历史尺度,一种判断教育功效的时间标准,一派大气,视域宏阔!所以我感觉到,论教育必须有百年的眼量。有了这样的一种认识,我们才可能使我们看待教育的眼光和视域有一种历史的纵深感和全局的广阔性。胡锦涛总书记说,"教育是今天,更是明天",就是要求从历史的纵深上观照教育;"教育是国计也是民生",就是要求我们从全局的视野上谋划教育。正所谓"兴教当以百年计,育人当为百年谋"!如果没有这样的眼量和气魄,我们怎么谈教育都会被约束,都会被窄化。如果说中国当今教育还有许多饱受诟病的地方,积弊之由大概多是以眼前之虑替代了百年大计,用稻粱之谋遮蔽了生命之树,急功近利的倾向让本来雍容大度的教育变得短视、浮躁而猥琐。

这里还想重点探讨一下"坚守"的意义与价值。是否可以有这样的概括:坚守和牵拉是人类精神与行为中一个永恒的命题。古希腊神话当中,奥德赛为了抵制海妖歌声诱惑而捆缚于桅杆之上,我想那心灵的苦斗就是坚守与牵拉的煎熬。《孟子》里讲,"鱼我所欲也,熊掌亦我所欲也,二者不可得兼",如何取舍?这也是坚守与牵拉之间的选择。孟子以"鱼与熊掌"之喻告诉人们:在"生"与"义"二者同欲又不可得兼时,应义无反顾地选择坚守,"舍生而取义者也"。这样的"义利"观是中华民族的一种精神操守。其实,今天我们谈论教育时,一点儿也不轻松,也面临着许多牵拉。我们每天都面对着现实环境、现实问题,怎么保持坚守?又怎么避免牵拉?这是真实发生在我们心底的较量、博弈与抉择,而这种抉择的高下也正可能决定了我们教育人的精神操守。

当下中国高中教育的主要问题,在《国家中长期教育发展和改革规划纲要》里概括为两点:一是实际存在的"应试教育倾向";二是"素质教育推进困难"。对这两点稍加分析,我们可以发现教育的尴尬境况:一方面,应该有明确的方向——指向于人的全面发展的素质教育;另一方面,这样的方向又受到应试教育的牵拉,有了另一种"倾向"。我是教语文的,比较喜欢琢磨玩味,品咂之下,体味出了深一层的问题。大家也许感到"倾向"就是轻微的偏差,其实不然。《现代汉语词典》里解释得明明白白:倾向者,发展之趋势也。"倾向"不是偏差,"倾向"就是另一种发展"方向"!一方面有成全人这样一个素质教育的方向,另一方面又事实存在着朝向功利的发展趋势。常识也告诉我们,航船如偏舵于"倾向",便不会航行于正道,有了"倾向"便只会偏了"方向"。南辕北辙虽是极端的反例,但即使是"东南辙"也同样不是"南辕"所向。这样的现实应该引起足够的重视!事实上,对高中教育现实走向的基本判断,也是我们讨论教育问题的基础话语平台。——我们需要在真实而准确地判断教育现实的基础上,去探寻教育改革的前程,从而明晰我们的思想,提出我们的主张。

虽然总能听到这样的宣称,某所学校已然全面实施了素质教育,乘风破浪,成就卓荦;但若去实地考察,就会发现很可能只是局部的拨正,仍缺少实质性的变革。虽然在众多花样翻新的改革中,总能看到一些赏心悦目的"包装",但拆穿外在的醒目标签后,往往惊人地发现内里的货色却名不副实。暂不对这些现象逐一细细甄别,之所以提出来,也只是希望这样的伪饰不至于搅扰了我们对教育现实的基本判断,让我们在一片莺歌燕舞的欢呼中,错以为真正的教育原来如此轻而易举,积习的改变原来如此易如反掌。

两年前,山东省出台"素质教育新政",疾呼把休息还给学生,把健康还给学生,把欢乐还给学生,铁腕治乱,重典处罚,齐鲁整肃;我们江苏省也出台了"五严"规定,严格规定课程计划、作息时间,严禁加班加点、加重学生课业负担,严禁炒作状元、升学率,并明察暗访,处罚通报。我们在赞叹教育行政部门的胆识、魄力与果敢之余,又不禁生发出无奈、愧怍甚至悲凉的浩叹:一个行业禁令的底线反映着这个行业整体的文明水准!作为成全人的教育,就应该高度关注学生的健康与快乐而不应该用眼前利益损害长远发展,就应该忠实执行体现着国家意志的课程方案而不应随意损益,这本是校长基本的职业伦理与办学的底线要求,何至于竟成为教育行政部门三令五申、严加查处的条例呢?百年以后,当后人重新打开这段历史的时候,如果看到教育行政部门当年的规定与禁令,将会怎样震惊于我们当下教育的残酷和野蛮啊!看来,现今牵拉的力量确确实实是太过强大了,这个问题不解决,我们教育永远走不到应该坚守的路径上去。

身处现实教育环境中的我们,常听人们讲"不能没有理想,又不能过于理想化","失去高考成绩,就失去了今天;只有高考成绩,就失去了明天",似乎左右两难,正处在"心有方向、行有倾向"的尴尬境地之中,处在教育理想与教育现实的纠结之中。总体而言,对"方向"的认同与把握还未彻底转化为对教育底线的确认与坚守,对"倾向"的摆脱与反拨还缺少足够的勇气胆识与理性的自觉。

有了上面的澄清,可否同意这样的判断?教育生长人、成全人的本质要求与应试教育倾向朝向功利主义的牵拉,是当前高中阶段教育仍旧面临的主要矛盾,也是教育还不完全适应社会发展要求与人民群众接受良好教育愿望的根源所在。同时,还应该看到,我们正处在一个转型的时代,时代的特征注定了矛盾冲突的张力在所难免。况且改变教育现实不是一朝一夕的事,也不是一个口号、一套理论就可以迅速奏效;或者立于理想的境地,招展一面旗帜,就可以导引人们走出困境。因此,产生于现实困惑之中的种种摆脱困境的思考与作为,也许才最具有现实意义,也才有可能是我们奉献给时代的最有价值的教育思想。

但是,怎样才能真正使我们坚守的教育哲学践履于行?怎样才能保障日常的教育行为摆脱牵拉而不至于偏移坚守?依照我的经验,大约有这么三条:第一,追问本质,我们坚守的教育信念究竟是什么?第二,拷问自我,我们内隐的价值取向究竟是什么?第三,设定"代蒙",我们坚守的底线究竟是什么?

先谈第一个问题:追问本质,想清楚我们坚守的教育信念。

认识陈玉琨老师已然岁月悠悠了,但面聆謦欬、坐沐春风却是在最近一段时间。每次叨教贤达总有许多感悟,但最重要的收获却是一种思想方法——"追问",这是老师给我们最大的财富。陈老师不是一个直接给你思想的哲人,而是一个启发你,甚至迫使你不断思想的导师(抑或"导思"),让你在思想的过程中锤炼思想。怎么思想呢?就是不断追问,追问我们坚守的教育信念到底是什么？

搞了这么多年教育，教育的终极价值与目的究竟是什么？教育就是生长，是促进人发展的社会活动，这是教育的本质。《论语》里说："我欲仁，斯仁至矣！"又说："能近取譬，可谓仁之方已。"孔子的话很有意思，所谓"求仁得仁"，要追求"仁"就能得到"仁"；但还必须解决一个问题，即路径问题，有求"仁"之"欲"还要有近"仁"之"方"。按孔子的说法，如果能够从身边最切近的事例出发，大概可以找到接近仁的一种途径。我们常说孔子的学说"仰之弥高，钻之弥坚"，但回过头来看，忽然发现"瞻之在前"，他讲的道理就在我们身边。我想教育问题也是如此，只要能从身边找到切近的途径，我们大约也可以直抵教育的本质。

如何坚守教育的本质与终极价值？这些年我一直用两句话提醒自己："假如是我的孩子""假如我是孩子"。也引导我们老师们沿着这样的假设去对待学生、思考教育。现在，一些老师把这两句话写在办公室的墙壁上。我想，这两句话肯定不是教育的至理名言，老师们之所以认可，也许只是因为它提供了超越功利、坚守本真的一种教育思路。

是啊，其实教育的本质原本就这样简单明白！"假如是我的孩子"，这孩子应不是无所指的虚拟，也不是泛化的假定，而是具体实在的对象，就在你的学校里，就在你的班级里，就是活生生的这一个。他有优点也有缺点，他让你高兴也让你忧愁，你为他付出了许多却也许还没有收获预期的满意。怎么看待他？怎么教育他？你就想，假如他就是你的孩子，那么，在他生命成长过程中，你最关注的会是什么？你会牺牲孩子的健康、品德而只关注孩子的学业成绩吗？你会罔顾孩子的心理感受而一次次地公示他未必出色的成绩吗？你会因为他考取了顶级名校就与之合影并悬置于华庭，否则就冷落旁置吗？沿着这样的思路，我们还可以追问许多，追问之下，也许真可以让我们透过教育行为去明确教育的坚守。

还有一条，"假如我是孩子"。这就要求我们设身处地、换位思考，站立于孩子的处境、角度，去关注教育对象的感受与体验、意愿与需求，而不是用简单的"为了学生"的善良动机与美好愿望去遮蔽和替代学生的想法与诉求。举一个这几天发生的事例,这件事也许不能很好说明我的观点,但至少可以让大家感受关注学生视角的重要。本学期开始时,按照"赋予每一个教育环节以教育的意义与价值"的要求,我们设计了学校体育与健康节的开幕式方案,颇具创意。先让56个班级各选一个民族,然后在研究性学习课程里进行专题研究、项目设计。从9月1日开始,每个班的学生就自选课题,分组研究。有的研究民族区域、自然条件,有的研究文化习俗,有的研究民族语言、图腾、服饰、艺术等等,还有的专门设计在行进中如何展示民族特征,应该选择何种音乐等等。各个班级在10月中旬都完成了研究任务,展示了成果。许多同学说,他一下子了解了十几个原来闻所未闻的少数民族,熟悉了他们的风俗习惯,更让人感到欣喜的是,同学们的文化理解力与民族平等和谐观得到了增强。前天,开幕式时,他们打着自己的班旗,且行且舞,创意迭出,最后身着56个民族服装的班级护旗手簇拥着国旗,举行庄严的升旗仪式。说实话,那一刻我发自心底的感动甚至超过了观看奥运会的开幕式!说句题外话,这是一种综合性的、研究性的学习,也是一种体验式的、有意义的学习,学生在此过程中获得的生命成长,包括了知识与能力、过程与方法、情感态度价值观的全面发展,这种发展绽放在孩子们的笑脸上,实现在孩子们的整个生命中,完全不是用简单的纸笔测验方式可以估量、可以测评得出的!由此我想,如果我们今天的教育能把记忆、再现的学习时间再压缩30%,那么,学生还给未来的将是100%的创造。好,接回话题再说吧。前几天,看过一些班级演练的老师都说受到了强烈的震撼,建议把开幕式推后两天,让今天光临会议的来自全国各地的数百名校长共同观看、共襄盛典,我欣然应允。但转念又想,如果我是一个孩子,我会怎么看向后移两天的这件事?他们期待了那么久,准备了那么久,会乐于接受延期的决定吗?更重要的是,他们是否会觉得几个月的准备其实都是为了一次校长的盛会?努力与付出是否都是为了学校与校长的声誉与面子?这样是否会使我们很纯粹的教育活动掺杂了一些异样的色彩?最后,我们还是决定如期召开。我想,如果在教育的每一个细节都尝试从孩子的角度去观察、思考,也许会更接近教育的本质。

再谈第二个问题:拷问自我,澄清我们内隐的价值取向。

大家都知道,雅典戴尔菲阿波罗神殿上镌刻着两行字:"认识你自己,做事不过度。"实际上"认识你自己"是人类思想的起点,也是人类的永恒难题。德国哲学家恩斯特·卡西尔在《人论》中专门谈过这个话题,他说:"从人类意识的最初萌芽开始,我们就能发现一种内省的生活伴随并补充着那种外向的观察。人类文化越往前发展,这种内省的特征就越加显著。"因此,"认识自我不再被看作为一种单纯的理论兴趣。它不再是好奇心的对象或猜想,而被宣称为人的基本职责"。在宗教思想家那里,"认识你自己"这句格言甚至"都被看作为一个无上命令,一个终极的道德和宗教法则"。需要说明的是,"认识你自己",在哲学的意义上,是对"人是什么"命题探求的最高目标,实际上并不容易实现。引用上述观点,仅在强调,通过内向自省、自我诘问、外向观察,我们或许可以逐步认识真正的自我,逐步发现真正隐于内心的教育思想。

为什么要探讨内隐的教育思想?存在主义哲学家认为,存在是选择成为自己的可能性。怀特海也说,一个人如果选择做真正的自己,那他就必须选择袒露真诚。陈玉琨先生对教育家教育思想的形成,也提出了一个基本要求,那就是"言行一致"。这些提法,都值得我们去深入思考。

我想,一个校长要形成自己的教育思想,起码的前提也许就是坦露自我而不是遮蔽真诚。我们或许提不出多少更新的见解,但我相信,这种自我省察与解剖的真实与深入,一定会不断澄清我们内隐的价值追求,也一定会昭示应有的研究价值。陈玉琨先生所提的"言行一致",还可以作深一层的分析。言说的主张和内隐的思想很多时候是一致的,不必然呈现分离的状态。但在一定的时期内,言说的主张,常常表明着我们的理性追求,是应然状态的,是我们的教育理想所向;而内隐的思想,则是实然状态的,常常从取舍择定、利弊权衡的行为中显现出来。言说的主张,多表明一个人的认识水平;内隐的思想,则体现着他真正的教育哲学。对教育行为产生实质影响的,不一定是言说的主张,但必定是内隐的思想。而澄清内隐思想的全部意义,就在于把这种思想明晰化、放大化,进而在与言说主张的比对中,发现两者可能存在的差异与矛盾,进而认识真实的思想,走出思想误区,实现言说与内隐的统一,选择成为真正的自己。

祖露真诚,认识自我并不是容易的事。丹麦哲学家克尔凯郭尔说人生有三个阶段:在感性阶段,我们还没有多少思考;到伦理阶段,发展着人的理性,要求我们思考过去、现在和未来,思考目的、价值和手段;但我们必须确立更高的原则,超越这一阶段进入宗教阶段,学会在哲学的层面明辨教育的价值次序,用终极价值引领工具价值,用目的价值规定手段价值,实现合目的性与合规律性的统一,达到虔诚、执着、宁静的"彻悟"境界。

前几天,听杭州二中叶翠微校长的演讲,颇有共鸣,以为这样的牵拉依旧普遍存在。杭州二中有位优秀的学生,遵从他的发展意向学校会失去竞赛摘金的光芒,动员他为校争光又违逆学生意志,叶校长同样面临社会评价的压力,但他感动于学生对生命科学的执着,签字放弃参赛。我想,那一刻叶校长心头虽有一丝搅扰,但他的教育价值观还是让他选择了学生发展第一的次序,于是走出了纠结,走向了宁静。反观许多生源优势已经"羡煞人也"的名校,依旧花样百出、孜孜以求、四处"掐尖",把搜罗英才"尽入吾彀"作为人生大事,把考取几所名校的人数作为至上追求,较之于叶校长的选择,其价值所向、境界高下已不辩自明。

实际上,就我而言,很多时候仍处在"牵拉"苦斗之中,如朱自清所言,"心里颇不宁静"。举个真实的例子。前几年,有位学生被"感动中国"人物华益慰大夫的事迹深深感动,立志成为悬壶济世的名医,老师们依据他的学业成绩,为他量身设计了先参加生物竞赛获奖取得保送资格,然后进入一流大学医学专业的发展路径,师生艰苦努力,一切终遂人愿。由此拉动我校的生物竞赛成绩也异军突起,不断刷新纪录,先是十几人,后来是二十几人、三十几人夺取省竞赛一等奖,位次直线飙升,从寂然无闻到名列全省前茅。其他学科的竞赛成绩也大幅提升,强势发展,一时声誉鹊起,扬眉吐气。看那情形,若再发起一场冲刺,我们的有些学科就可以位居省内第一了！就在信心倍增、欢欣鼓舞的时刻,我们却感到似乎正在被一种异样的力量牵拉着,它使我们追求的价值次序在悄然中发生着微妙的变化。我们不得不冷静下来追问:搞竞赛的全部目的真那么纯粹,都是为了促进学生的终身发展吗？我们内隐的价值取向,究竟是以学生为本还是以学校为本？我们更看重的是用竞赛去成全学生的发展,还是用学生的成绩来成就学校的声名？追问之下,我们有了行为抉择的理性:竞赛要刹车减速,要真正回归到为学生发展服务的轨道上。换句话说,就是孩子真有兴趣、真有需求,就为之提供课程服务,而不能为了学校的名次全力追求。这样,学校的名次可能落后了,但我们离真正意义的教育肯定更近了。有时,坚守实在不是太容易的事情,需要几分大气和淡定,但关键的一点,还是要澄清我们的价值取向。

第三个问题,设定"代蒙",明确我们坚守的良知底线。

也许大家都看过雅克·路易·大卫的名画《苏格拉底之死》,画面上的苏格拉底一手指天,一手接过了毒药,从容赴死。苏格拉底获刑的罪名是不敬神灵,这实在是天大的冤诬！苏格拉底常说,从年轻的时候开始,当他要去做一件不该做的事情时,内心里就会出现一个声音,对他说"不"。这个总能向他示警的声音就是"代蒙"(Daimon),是"神灵"。苏格拉底栩栩如生地描绘,使人误以为他背弃对"雅典之神"的信仰,触犯了天条。其实,向苏格拉底示警的"代蒙"绝不是天国的神灵,而是他内心的良知,是良知的召唤！当他的行为违背了神圣的信仰、高贵的道德与一贯的追求时,内心的良知就会示警:不,不能这样做！好一个感人的坚守的故事啊！我想,要坚守我们的教育理想,每个教育人的心里都应该有我们的"代蒙",都应该有良知的底线,而且良知要常常在心底向我们发出声音:不,不能这样做！

大家知道,爱是教育的起点,是教师的职业伦理。为了弘扬我们学校"大爱大智"的教风,对学生"大爱无疆",我们就设定了底线:第一,不势利,不能因学生家庭背景的不同而对他们区别对待。我常跟老师说,如果教师的眼里有金钱和权势,那么是否意味着自己的孩子该受白眼呢？第二,不功利,不能因孩子成绩的高下而对他们冷暖有别。搞了几十年教育,应该明白人的发展并不单靠成绩一项,不能用一时的分数来估量他们无限广阔的发展前景。那些成绩虽差却未受歧视的孩子往往终生对教师心存感念。第三,要大度,大度才能为活泼泼的个性生命成长营造自由的空间。第四,要宽容,不要动辄将孩子的缺点错误上升到道德层面训责惩戒,没有问题也许就不是孩子。这就是我们所设定的底线。

印度哲学家阿洛宾多在《神圣人生引论》里说,只要人类在离自己远端的知识还没有得到解放时,征服自身消极的习性就不能停止。正是从这个意义上说,我才认为应该设定"代蒙",让良知时时召唤我们去征服消极的习性,坚守教育的底线。我讲一个故事,这是我校经典的教育案例。汶川"5.12"大地震发生后,有师生发起在5月15日举行烛光祭奠仪式,表达哀思。当时上级还没有要求,又是高考在即,是否让高三学生在紧张的复习中放下书本,用上两小时去参加悼念活动?意见不很一致。在讨论中,我说,如果不让高三学生参加,那就是用一个具体鲜活的事实告诉孩子,在任何天灾人祸、国难当头面前,个人的功利需求永远高于一切!这种做法实际上就是在价值观上误导学生的反教育行为,这不仅是对孩子们的犯罪,也是对人类的犯罪!我想,如果教育还不能够做到把孩子教好向善的话,应坚守的底线起码是不能把孩子教坏向恶。

还有一点,对于坚守也至关重要。四年前,参加教育部全国课程改革样本校长研修班。有校长引用一句歌词"要说爱你不容易",表明对推进课程改革、实施素质教育的态度,引发了不少共鸣。这样的状况,很值得探讨。实际上"爱你"是基本的情感取向、价值判断,表明了我们理性的教育主张,我们的坚守。每一个关心民族未来又清醒地认识了教育现状的人,不能不对素质教育与课程改革萌生爱意、寄予热望。问题是"爱你不容易"!"不容易"是现实状况,是客观事实。当满怀教育理想走入现实的时候,似乎处处感受着无力回天的无奈,爱意交织着无奈便有了这一声感慨。值得警觉的是,也许就在这一声浩叹中,我们的坚守开始松动,以至于溃决。看来,还必须拿出智慧,将爱意表达在我们的教育实践当中,将

"坚守"进行到底。

综上所述,我认为,坚守体现着教育理想的虔诚,教育追求的执着,要求我们有清晰的认识,不模糊;有坚定的意志,不摇摆;有智慧的选择,不走样。因此,"百年坚守",就是要以百年的眼量,不断追问教育的本质与终极价值,并将"成全人"确立为坚定不移的教育追求、教育信条,确立为坚守的方向;同时,面对现实,不断省察自我的价值取向与办学行为,尽力摆脱功利的牵拉。拿出我们的智慧与定力,让教育离人近些,再近些!离功利远些,再远些!

二、"百年坚守"思想的形成与呈现

对于我来说,"百年"还有另一层文化意涵。让我倍感幸福的是,我供职的锡山高中,从清末肇造已有百载春秋。大约是从20世纪90年代后期开始,因为工作的需要,我开始接触锡山高中数百万字的历史资料、数千幅的蜡黄照片。青灯夜读,又在老校舍那样的文化氛围之中,真是难得的精神享受。

在历史的阅读、对话、悟思中,我最真切的感受是,作为百年老校的校长,恐怕对历史要心存敬畏,尤其对20世纪二三十年代那段大师辈出的教育史要心存景仰;要安静下来,打开尘封的档案,捧起泛黄的卷帙,努力去成为学校历史的忠实读者,在阅读中触摸历史,感悟历史,慢慢地接近历史的高度;那种总想横空出世、不屑前人的虚妄,只能将自己降到历史的谷底。陈玉琨先生曾有一个绝妙的比喻,说是借用计算机语言,"忽视传统"就是一个"归零"的过程,同时也就是"零起点"的过程。我想,一个校长对本校教育历史的阅读史,就是他的教育精神成长史,办学思想凝练史;读悟百年,当你对缅邈的历史了然于心时,办学思想自然呼之欲出。

何以这样说呢?一所学校有了百年的历史,悠长的时光如漫溢的流水,会为其沉淀堆叠出厚重的文化层。将这样的文化层慢慢地揭开,尽管历史的影像漫漶模糊,还是依稀可辨教育的旧迹,隐约可闻教育的故事。

远逝的一切作为,历经岁月的淘涤,拂去喧嚣,留下的会是最朴素的真理,是让人静心明目办教育的常识。而常识的伟力,在于其背后有着任何力量都无法撼动的强大后援——人的发展规律。因此,校史的阅读不是要校长去了解熟悉史料、研核史实,而是要提升史识、锤炼思想。这样说来,百年历史是丰厚的财富,也是极好的教育研究视角。透过百年去阅读教育,应该更容易穿透教育的本质,应该更容易明确什么是百年的坚守。

还有一点感受是,历史其实就是主观和客观的统一。或许人们以为,历史只是往事的叙说,只指向过去。的确,当蜡黄的历史静静沉睡于尘封的角落时,她只能记忆往昔的岁月,只会承载昨日的云烟。但是,当今天的我们走入历史,"伫中区以玄览,颐情志于典坟",并以我们的视角去对话历史、择取历史、解读历史时,教育历史的内涵就被我们的主观投射所激活,历史的叙说因而具有了今天的语境。从这个意义上说,历史的叙说也就是今天的叙说,也是我们表述当下教育思考的一种话语方式。正因为如此,西方的历史学家才强调,"历史就是现代史"。

这些年,我一直在做这样的事情,首先是对话历史、悟思历史,然后慢慢地锤炼隐含于纷繁史料中的教育思想,进而把它确立为我们今天的办学思想,并努力用这样的思想照亮每一个教育细节。因此,这样的思想用什么样的名称来称说并不重要,重要的是它必须成为我们省锡中人今天坚守的教育信念和价值取向,成为我们学校发展的精神财富和实践智慧,并在引领与辐射中充分彰显其价值与力量。

三、"百年坚守"的基本主张与实践探索

前面已经谈过,"百年坚守"的教育主张,就是要坚守教育的本质方向与终极价值,尽力摆脱功利的牵拉,拿出智慧与定力,让教育离人近些,再近些!离功利远些,再远些!具体而言,还必须回答:我们有什么样的教育哲学观?什么样的课程观?什么样的评价观?什么样的学校精神与价值观?如果说前者回答的是培育什么人的问题,那么,后三者回答的则是

怎样培育人的问题。放在今天的语境下,也就是回答坚守什么和怎样坚守的问题。

(一) 教育哲学观:把"人的成全"作为教育的至上追求

何为教育?教育应有怎样的追求?应该培养怎样的人?这是任何一个教育人都不可回避的基本问题。对这些问题的回答,体现着一所学校的教育哲学,表明了最基本的教育主张与观点,也直接决定着一所学校的教育走向。

在我校历史上的匡村中学时期,学校的创办者匡仲谋校主就立下"养成健全人格、发扬个人才能"的训育主旨,明确了教育的目标所向——"人的成全";其后,据《匡氏文存》刊载,他又进一步明确:"升入高中时,则以自由研究,发展个性,培育实用人才为主旨。"所谓"主旨",就是顶层设计、上位思想,是从哲学层面对学校教育目的与终极价值追求的回答,概括起来就是八个字——"健全人格,发展个性"。在匡村中学时代还以主旨统摄,以原则、标准、方法列目,建构出了富有个性的、指向于"人的成全"的教育哲学体系。

对话历史,让我尤为感佩的是匡村学校颁订的"十大训育标准":"锻炼健康强壮之体魄,陶冶言行一致之美德,涵养至公廉洁之节操,激发舍身为国之精神,鼓励服从团体之主张,训练谦恭温和之体貌,养成灵敏精密之头脑,练习增加生产之技能,培养节俭耐苦之习惯,增进活泼愉快之态度。""十大训育标准"从身心与道德、操守与价值、精神与气质、思维方式与实践能力、生活习惯与人生态度等方面细化了学校的人才规格与培养目标,使"健全人格,发展个性"的主旨呈现出更为明晰的展开式,也使匡村中学教育对"人"的刻画更为立体而丰满,套用今天的话语方式来描述,就是"成全"和谐而全面发展的人。

"十大训育标准"是我无数次悟读的教育经典,每过一段时间我就会与老师们分享一下我的新体会、新感受,今天也是如此。曾有老师开玩笑,说"十大训育标准"好是好,就是不容易记住。我想,记不住的关键是还没有悟明白,不只是没有理清训育标准的内部逻辑关系,更重要的是,还没有真正把"培养什么样的人"这个问题想清楚。想清楚了,也就能说准确了。"十大训育标准"的第一条是"锻炼健康强壮之体魄",强调教育应该以"身心为先"。第二到第六条是对人的品行要求,十条里占了五条,50%的比例是道德要求,涉及"诚"、"公"、"义"、"群"、"礼"等基本德目,强调人的发展必须以"品行为本"。第七、八两条讲的是能力,一是思维能力,一是实践能力,也就是今天所讲的学会思考、学会动手,以"能力为重"。第九条讲养成两种习惯,节俭的习惯,耐苦的习惯,这也是我们大家认同的"习惯为基"。最后说人应以怎样的生命状态来成长,强调生命幸福。不用审美的方式便不能培养出具有审美情趣的人,一个发展过程不愉悦的孩子,结果必然是不幸福的。因此,活泼愉悦的态度在生命成长过程中既是目的又是手段。有一次我给学生讲十大训育标准,也说了难以记住的事,孩子们说,我们搞一个学生版本:"身体棒棒的,品德好好的,能力强强的,脸色阳光的。"似乎少了"习惯"一条,但也算是得其大端了。真能做到这一点,哪怕这样的儿歌能真正成为孩子的追求,我们的教育坚守也就真正走入学生心灵了。按照"十大训育标准"的内在逻辑顺序来概括,匡村中学教育目标应该坚持"身心为先、品行为本、能力为重、习惯为基、愉悦发展",目标所向的教育旨在成全"体魄强健、品行高尚、智慧创造、持俭耐苦、阳光乐观"的新人。

比照教育部颁布《普通高中课程方案(实验)》可以发现,匡村中学的教育目标与"课程方案"提出的培养目标整体相合:比如,都强调"形成正确的世界观、人生观、价值观",都强调"国家意识"、"社会公德"、"传统美德"与"社会责任感",都强调"学习能力"与"实践能力";有的表述方式也近乎相同,例如《高中课程方案》提出,培养的学生应"具有强健的体魄、顽强的意志,形成积极健康的生活方式和审美情趣"、"具有团队精神"等等。这实在不是一种巧合!历经百年,而教育目标大体吻合,更让我们确信:作为成全人的教育具有着跨越时代的永恒追求,这些追求应该成为我们百年的教育坚守!

许多时候,面对"十大训育标准"独坐殚思,开始了与匡校主的遥远对话,也开始了我对教育的深远追问。想望之中,凝视着校主睿智的双眸,将追问一个个抛出,最后终能有所感悟,而这一个个感悟又一次次澄清了我的教育迷思,给我以坚守的信念。

比如,我们的学校教育哲学为何要坚守"身心为先"?

我知道,校主所处的是我国积弱积贫的时代,"东亚病夫"的帽子挥之不去,而立志以教育救国的校主,自会将身心的强健摆在教育的第一要务。在匡村中学保存的数千张照片中,我找到了健儿合影所举锦旗上绣着的"积健为雄"、"强国先声"8个字,算是找到了校主教育主张的本意。其实,在那个时代,以"体育"来"鼓民力",通过"血气体力之强"来"强国"是较为普遍的主张。当年南开中学的校长张伯苓也认为,强国必先强种,强种必先强身。

但是,我的追问正因此而起。在现今的时代背景下,我们的教育难道就不需要以"身心为先"了吗?如果仅从重要性的角度来讨论,应以"德育为首"还是以"体育为先"?可能会陷于无谓的纷争。若换个角度,从教育担负的使命上考量,从人的生命发展上判断,似乎就可以直抵问题的本质:在人的生命成长中,身心的发育应是排在第一序列的;人要成为人,首先需要生命的茁壮,并不断呵护生命的成长。哲学家周国平在一次演讲中指出,与生命相应的教育应是体育,可惜语焉不详。生命的宝贵,在于每人只有一次,从珍爱生命的角度关照体育,体育应该致力养成良好的健身习惯,以使人能够终身承担起爱护、照料生命的责任。

有了这样追问之下的澄清,就有了从"教育成全人"这一本质上对体育的坚守:学校体育是为了成全生命的茁壮,应置于教育的首位。其基本指向不是为了挑战"更高、更强、更快"的生命极限,也不是为了锦标桂冠的荣耀,而是为了增强体育意识与健身能力,养成健康的生活方式和良好的健身习惯,从而承担起终身照料自我生命的责任。学校一切教育活动的开展,都不能以妨害人的生命健康为前提和代价。

因此,高中体育课程的名称和主要教育内容就应该是"体育与健康",

而不只是体育。我校教学采用的主要组织形式是基于健身兴趣自主选择的专项选修,而不是技能模块的必修;活跃于校园的运动组织是"体育俱乐部",而不再是"体训队";选修专项的孩子们出去比赛拿了名次让人高兴,但我更高兴的孩子们喜欢玩儿也更会玩儿。更倍感欣喜的是,省级教育主管部门每年从高校新生中抽测的体能状况,我校毕业的学生总能位列前茅。

我的追问沿着"十大训育标准"的内在逻辑一层层展开,一层层深入:

我在追问,学校教育为何要坚守"品行为本"?道德对于人格健全、人生优秀与人的幸福究竟有怎样的价值?我们的德育怎样才能引领人走向精神高贵,而不是滑向心灵卑俗?精神高贵的起点在哪里?

我在追问,为什么要强调"能力为重"?我们的教学是否真正发展着人的智慧?在今天的教育环境中,又应通过怎样的课程载体来提升那些未必显现于纸笔考试却又不可或缺的能力?

我在追问,教育民主对人的成全有怎样的价值?生命的成长又怎样实现"愉悦发展"?情感的丰盈对人的成全又具有怎样的意义?

我们知道"成全人"说到底是为了"健全人格,发展个性",为了人的健全与优秀,是为了人生命的茁壮、精神的高贵、智慧的卓越、情感的丰盈。"体魄强健、品行高尚、智慧创造、持俭耐苦、阳光乐观",学校百年教育哲学之中的每一条,我都在不断追问中澄清认识,也都在认识深化的基础上确立为坚守的信条。事实上,有教育哲学个性的学校才能成全出有个性的师生。现在我们不仅已把"十大训育标准"镌刻于墙,也不仅要求我们广大师生铭记于心,更重要的是要切切实实地将我们坚守的教育哲学践履于行,落实在日常的教育行为中。

(二)课程观:让课程载体指向"人的成全"

课程是实现学校教育哲学的基本载体,没有与教育哲学相应的课程,所有的教育主张都只是一种宣示,而无法成为教育的坚守。同时,课程开发的水平是衡量一所学校教育水平的重要标志,也是学校教育质量的根本保障。匡村中学时代的课程水准让我震撼、艳羡不已,理科选用了国际一流水准的原版教材,教学过程实现了浸没式英语教学,水平达到了与国际接轨的地步。有什么样的课程就有什么样的人才,校友是学校教育的名片,也是判断一所学校教育影响力的重要依据,我校的那些院士、名家,大多从匡村中学时代走出,其显赫的成就不能不归因于那个时代课程的滋养!

探究匡村时代的课程,最主要的方向应是探索归纳课程的设计思想。有什么样的课程是重要的,但更重要的是怎样设计与规划学校的课程。由此获得的智慧、经验与技术,可以指向课程领导力与课程开发水平的提升,也可以指向实现教育哲学途径的探寻,更可能使"成全人"的教育坚守变为现实。

对话、悟思匡村中学时代的课程建设,感触最深的是所有的课程都呈辐辏格局向心于学校的教育哲学。那种清晰的指向,一下子让"成全人"的教育坚守变得坚定不移。这是教育理性的显现,也是教育思想成熟的标志!

仍旧以"十大训育标准"为例,第一条就是"锻炼健康强壮之体魄"。在匡村中学数千张蜡黄的老照片当中,超过三分之一的是体育方面的照片,交替地翻看这些照片,丰富的体育课程的影像变得栩栩如生、可感可触:田径类的,球类的,都有。而20世纪30年代便有女足;体操,学生在操场上叠起的罗汉竟有三层之高;学校的管理架构之中专设"体育科";课程评价也极为科学,"体育成绩考察规程"明确:"考察方法计分下列四种:一、各项运动出席数;二、体育正课教员评判分数;三、标准运动测验分数;四、体格检查评判分数",而"体育正课教员评判给分,以学生平日出席运动时之精神姿势、纪律兴味等为标准"。且严格规定"不足六十分者为丁等","一学年中两学期体育成绩均在丁等者不得升级或毕业"。老校友所捐赠的校史文物"体育成绩报告单"显示,评价的确按"运动技能"、"出席考勤"、"体育精神(又分为精神、纪律、态度、行为四小项)"、"体育常识"、"卫生习惯"五项赋分。这是八九十年前的教育啊!这才是真正的"成全人"的体育！其基本的课程目标维度，不就是我们在今天新课程改革的时候大力倡导的"知识与能力"、"方法与过程"、"情感、态度、价值观"吗？难怪国内一位著名的课程专家，在这张"报告单"前伫立良久、感慨良久了！他说，当下我们的学校不知有几所能给出这样一份体育成绩报告单，并且对体育成绩的评价作出如何合理的安排。我想，给一个分数是容易的，但这不算是教师的本事，也不显现教师的专业，教师的专业性在于能使这个分数有科学的依据和教育的解释；而校长的能力在于能够设计出赋予这种分数的教育框架。这样看来，我们需要师法先贤的实在太多了！

现在有一个非常流行的研究方法是口述历史的研究，百年校庆时，我专门访问了一批那个年代毕业的校友，想要探究当年的教育思想究竟是挂在墙上的，存于纸里的，还是体现于学子身上的。在回答"当年的课程中您印象最深的是哪一门"时，那些白发飘逸而精神矍铄的耄耋长者，竟然异口同声地回答：体育课。这一位百岁老人，是我国现代工业酿酒之父，你看他须发皆白，齿牙完坚，说起话来声如洪钟，他的回答是"篮球"。这一位白发飘逸的长者，至今仍活跃于世界的医学界，她印象最深的课是晃板。她说这是在晃动的物体上快速地行走以练习平衡力，说她到现在在火车上行走仍然如履平地。这就是教育，这就是教育的痕迹！在当年的课程消费者口述历史的直接印证中，我们不能不感佩于匡村中学课程的深远价值了，也禁不住要再次向开发这些课程的前贤表达深深的敬意！

不仅体育课程如此，其他课程也是依照政府颁行的课程标准，依据自身教育哲学与学校实际实施"课程剪裁"，使普适性的课程尽可能地切合本校的教育需求。为落实"高中以自由研究，发展个性为主"的教育主旨，学校专设"研究科"课程，以工商研究、农桑研究、社情研究三大类别来落实教育目标，当年学子撰写的研究报告至今依旧留存在学校历史文档之中。实在难耐历数家珍的冲动，时间所囿，暂且打住。

但这一份弥足珍贵的课程史料，却无论如何要全文展示。这是一份"匡校各科教材选用标准"，曾让我无数次感动得泪流满面、欷歔不已，它触发了我对教育本质的深层思考，也引发了我对教育现实的批判拷问。

> 本校各科教材，其来源分两种：一是采用课本，一是教师自编。其选材标准如下：
>
> (1) 适合儿童生活环境的。
>
> (2) 适合儿童生活需要的。
>
> (3) 适合儿童经验的。
>
> (4) 适合儿童心理的。
>
> (5) 能增加儿童学习兴趣的。
>
> (6) 能陶冶儿童良善德性的。
>
> (7) 能引导儿童身体力行的。
>
> (8) 能启发儿童科学思想的。
>
> (9) 能培养儿童爱国观念的。
>
> (10) 能激励儿童民族精神的。
>
> (11) 多反复练习机会的。
>
> (12) 与各科有联络性的。

我知道，之所以引发强烈的情感共鸣，是因为内心深处的教育良知在目遇这些文字的瞬间被深深地刺痛了！我常想，让今天的教育人去选择教材，我们的目光可能一下子掠过前十条标准，心下真正关注可能只是"多反复练习机会"。我的眼前常幻化出一幅痛心的画面，前面的十条被一个粗大红笔逐一叉掉了、删除了，而被叉删的每一条中都写着"儿童"，都写着蒙台梭利和杜威所强调的那种儿童的"人格价值"及"儿童期生活的内在品质"，红色的笔迹直如漫漶的血色简直让人艰于呼吸！我多次将这份史料展示给我校的老师，我说：让我们闭上眼睛，从第11条往前想，多想到一条，你的眼里就多了一个"人"，能想全十条，你的教育视野就写满了"人"，而真正的教育就从此发生了！

细细品读、悟思"匡校各科教材选用标准"，发现12条标准之中，前4

条的表述以"适合"领起,侧重强调课程教材对"儿童"生命成长的适切性;接下来第 5 至 10 条的表述以"能"开头,侧重强调课程教材对"儿童"成长的引领性;最后两条才是知识性的要求。这样的逻辑顺序,显然经过精心推敲,使课程的每一处细部,都被教育哲学照亮!而对我们课程思想的启迪,却绝不限于一种精致的细密,而是醍醐灌顶后的顿悟。

学校课程设计的基本取向,应该是为每个孩子的充分发展提供优质的多样的教育服务。其基本原则应是:

适合生长。按照一般的说法,课程是提供给学生的学习机会。

卢梭提出,教育即生长,生长就是目的,在生长之外别无目的。我们可以说,课程就是提供给学生的生长机会,而适切性应该成为课程设计的重要追求。

多样选择。适合于"人的成全"的课程,应该坚守"以人为本"的理念,充分尊重人生命发展的差异性。没有课程的多样化,就没有个性的丰富性;没有可供选择的课程,就没有个性生长的空间;统一的、标准的课程,势必损害人的生命尊严。我们应尽全力,让走班选课成为"成全人"的基本课程形式。

辐辏格局。现代课程之父泰勒提出的课程原理,强调课程应该关注"达到怎样的教育目标"、"怎样实现这些目标"以及"怎样确定这些目标正在实现"等基本问题,其核心就是要让课程规划、实施、评价的每个环节都指向于学校对教育哲学的追求。

匡村中学的课程开发水准真正称得上国内领先、国际一流,也真正无愧历史名校的称号,为我们今天的课程建设树起了历史的标高。从 20 世纪 90 年代中期开始,长达 15 年的时间内,我们在借鉴历史和国际经验中,逐步探索校本课程中国化建设的路径,并逐步完善了校本课程开发的基本流程、操作规范与管理举措,这些经验也在全国产生了一定影响。

15 年的实践与悟思,我颇有感触。实际上,课程的门类与数量并不必然地体现课程建设的质量与水平,如果对丰富性的追求缺少了课程目标的统摄,数量众多的"课程超市"很可能只会是一地鸡毛的课程"杂货摊"。历史的经验告诉我们,课程是实现教育追求的重要载体,在学校课程的开发中,最应关注的是努力让所有课程都被教育哲学照亮。因此,精心设计与科学规划应该是课程建设的关键所在,而开发流程的程序性规范,又是保障丰富的课程门类都指向学校教育追求,从而形成辐辏形态课程体系的基本技术手段。从这个意义上说,掌握了规划校本课程的技术路径,就可能保障教育追求的实现。我们的做法是:

第一,明晰学校教育哲学,确立规划校本课程的指导理念。我们从"十大训育标准"中抽取出历经百年磨砺而始终不变的教育追求,又吸纳时代精神,反复推敲,最大限度地谋求校内、校外不同群体的共识,最终确定了当下学校的教育哲学:体貌谦恭,学养厚重,襟怀旷达,志趣高远。

第二,评估学生课程需求,把握规划校本课程的前提依据。为构建新的校本课程框架,我们系统地对学生的课程需求进行调查。结果,学生最关注的领域是:创新能力,63.1%;特长爱好,59.5%;学会交往,59.0%;生活技能,57.3%;耐挫心理素质,40.2%;团队领导,37.9%。我们在构建新的校本课程框架时做出相应的回应。

这里,还想坦陈我的教训,评估学生需求要切切防止"过分自信"。15年中,两度系统评估学生的课程需求之前,我和专家都曾作过预测,结果都相去甚远。在我校,临近百年校庆时,我想开发一门让学生走进校史的校本课程,结果这门课排在了学生需求的最后一位;在一处游人如织的地方,我也询问过学生对学校水乡特色文化课程的态度,不料生长于斯的学生对小桥流水没有多大的兴趣。这些现象进一步提醒我们,规划时绝不可以省略评估学生需求的环节。拍脑袋想出的特色课程,并以行政方式强力推进,不但漠视学生需求,而且会把校本课程引入形象工程的泥潭。课程开发,决不能忘了学生!

第三,把握地方课程期待,关注规划校本课程的现实背景。校本课程对地方社会经济文化发展的回应,是从社会发展对人的素质要求的角度来体现的,不是东北的学校就开二人转,南国的学校就吹紫竹调那么简单。我校所在的无锡地区,2009年的人均GDP超过一万美金,大约是全国平均水平的三倍,社会、经济发展的总体水平接近中等发达国家水平,一大批较高收入的中产阶层基本形成,人们的教育观念悄然转变。历经艰苦创业殷实富足起来的家长们,更多地关注学生的素质教养、志趣品位、视野能力。在这样的经济、文化背景下,我们的校本课程设置就应该尽量满足当地社会的殷殷期待,把他们的需求作为校本课程规划基础的重要参照。

第四,立足客观条件,不断优化校本课程的支持系统。我校虽处发达地区,但不具有都市之内左近高校的资源优势,需要不断开发、整合资源,不断丰富课程形态。我校许多精品校本课程的开发都是基于影视、媒体资源,尤其是网络资源。我们还走出去与中国人民大学合作共建"江南国学教育实验基地",探索国学教育进入高中选修课程的途径,人大领导全力支持,国学大师倾力扶植,众多学者多次莅临我校研讨课程、研发教材、开坛讲课。为了给学生看世界打开一扇扇门窗,我们请来了耶鲁、哈佛、剑桥、新南威尔士等世界一流名校的教授走入学校,开发大学先修课程,并与校外机构联手开发"国际一流高校人才标准与培养模式"课程,使我校学生的生涯规划从此具有了国际视野。

在此基础上,我们完成了新的校本课程规划方案,明确了新的课程目标(学会交往,提升团队领导素养;体验探究,增强创新精神;尝试选择,开展生涯规划;热爱生活,发展健康的闲暇爱好;认同自我,具有坚毅的心理品质),建构了包括限选类(创业设计、团队领导、合唱、演说、形体、国学基础等6门课程,限选3个学分)、任选类(心理教育、生活技能、特长爱好、科技前沿、社会纵横、大学先修课程等6类课程,任选至少3个学分)的新课程框架,并据此制订《省锡中校本课程开发指南》。

通过课程载体实现"成全人"的教育追求,在当前普通高中实施的三级架构课程体系内,我们的选择是"国家课程"与"校本课程"整体建设、功能互补,最大限度实现教育目标。对国家课程,以"忠诚"为基本取向,致力于提高课程有效实施的水平。这些年来,我主持开展的"基于课程标准的教学目标分解研究"、"促进学习的课堂评价研究"、"研究性学习课程常态化实施研究"等项目,都围绕这一指向展开,力求把体现着国家意志的对"人"的发展的目标要求,忠实而有效地体现于我们的课程之中。这些研究也引起了学界与同行的广泛关注,教育部《基础教育课程》杂志自2009年3月起连续跟踪介绍研究进展,研究性学习的成果也获得江苏省基础教育教学成果特等奖、教育部优秀课程资源最高奖。对校本课程,则以"创生"为基本取向,努力发挥其转变学习方式、发展学生个性等方面的独特课程功能。这方面的研究成果也获得教育部首届基础教育课程改革与教学研究成果一等奖、二等奖。

我们在15年来的校本课程开发实践当中,一方面回望历史,在与匡中的对话中汲取课程智慧;一方面了解世界,在借鉴国际课程经验中探索中国化的课程开发路径。最大的收获,是能够从教育追求的层面把握课程的价值、组织课程的开发,课程意识不断增强,课程领导力得以提升,对教育本质的认识也进一步深化。

追求人的生命成长的课程,必须尊重学生开发课程的主体地位。校本课程从理念到实施,强调的是从课程集权走向权力分享,学生只有深度参与课程建设才能真正享有课程民主。实践中,我们致力于探索一种让学生参与其中的课程开发机制,从而使学生真正从课程的消费者变成了课程的开发者。原来,我们仅仅尊重了学生的课程选择权,让他们从学校给定的"课程菜单"中"点菜",今天我们更多地尝试转向让学生配料"做菜",尊重学生的参与权。例如,以前我们也对学生的课程需求进行评估,但这种需求仅是作为建构校本课程框架的基础,只能体现于课程大类。前些年,我发现一位青年老师尝试将《课程纲要》交由学生讨论,学生提出了许多合理的建议。于是修订制度,不但要让学生参与课程框架建设,还应该深度参与到校本课程开发的各个环节中,对课程的内容、教学方法、课程学习评价等提出自己的主张,由师生共同完成《课程纲要》的拟订。新一轮开发的"团队领导"课程,分为3大板块,其中9课时"社团领导实践"板块内容,从社团的组织形态到社团活动的具体内容,从目标设定到方案论证、组织实施,包括课程成果展示与经验交流,全部由学生自主完成,学生在自主组织与协调中实现了对领导力、责任心的培养。"红盾维权"就是"团队领导"课程里的"明星"社团,学生们主动与工商行政管理部门合作,开展"红盾行·维权进校园"活动,此举成为中国消费者协会树立的典型。

追求人的生命成长的课程,必须突出从亲历中获得经验的学习方式。有研究指出,人的知识可以分为事实性知识、经验性知识、程序性知识。事实性知识更多的是静态知识,它的掌握用接受式学习相对而言效率比较高。但事实性知识既不是知识的全部,也未必是最重要的知识,更无法直接提升能力与智慧。经验性知识与能力、感悟直接相关,可能难以言传,却可以实际地转化为人的智慧。经验性知识的获得更多依靠亲历、实践、体验。相对而言,校本课程比较容易实现学习方式的根本转变,应迥异于学术类课程的教学方式,大力倡导体验式、实践式、探究式等多种学习方式,强调让学生在亲历中充分感受学习的价值与快乐,真切领悟探究、合作的方法,实现生命的愉悦发展。问卷调查、市场分析、商业法规研究,这是"创业设计课程"的一个板块,通过体验,学生感受到了创业的艰辛和幸福,锻炼了创业品质,学生深度参与开发所形成的《课程纲要》还被选入《校本课程开发:高中案例》一书。在"合唱"课中,学生用人体最美的乐器——"歌喉"来感受美、体验美、表现美,真情体验之中,有72.4%的学生认为放声体验"提高了自己的演唱水平",63.9%的学生认为"增加了自己的合作意识",有37.4%的学生认为"增强了自己的审美能力"。"演说俱乐部"则在固定的时间为学生提供表现的舞台,敢不敢上台表现,考验着演说者的自信;能否赢得掌声,则评判着演说者的水准;表现者的神态、语气、肢体语言、演说的内容都因"表现"的不同获得相应的评价。

追求人的生命成长的课程,必须实现课程管理朝向服务成长的转变。让学生自主选择课程,是管理上的一种转变,更是教育文化的转型。选择,就使得教育与课程俯下身来为学生的发展服务;选择而非适从,学生实际掌控了对自己负责的权利;说到底,选择是教育民主的体现。大的管理原则如此,即使在一些细小的环节上,我们也强调服务成长。生活技能类校本课程"美食每刻",深受学生追捧,但每节课原材料的购置成了难题,我们就让学校食堂仓库提供"课程材料超市"服务。

追求人的生命成长的课程,必须以课程评价方式的改进来激励成长。校本课程强调以体验、实践、活动等方式来学习,学生学业成就难以用纸笔测验,于是我们积极探索表现性评价方式,设计多样的评价方案,在展示学生校本课程学业成就的同时激励学生的后续学习。例如,"陶艺"课程,以作品展示为主要评价方式,学校专门为学生设立了一个小型的陶艺作品展览馆,展示学生作品,教师则设计陶艺作品的评分规则来帮助学生开展作品评价;"心理剧表演"在每年艺术节期间有心理剧专场演出;"无线电测控"等课程则运用项目设计和实物制作;"拓展训练"运用设计表现任务等方式进行评价。

(三)评价观:走向"为了成长"的评价

记不清是在哪一个夜晚,我的目光落在了一张发黄的老照片上,一个布衣少年伫立其中,面上的表情腼腆而自信。照片的上方有一行小字"一年以上不缺课者"。顺着这样的线索翻下去,又看到了"操行特别优秀者"或"服务特别勤勉者"或"寄宿生特别整洁者"或"学业特别勤勉者"等等照片。以自身的经验,三四十年前,在乡村的学校读书能有一张黑白的合影照片,已经激动不已了;何况这是在八九十年以前,何况还是学校用以表彰的单人全身照片。我想,那个孩子该是怎样的幸福而又备受激励啊!

我的思绪在时空中穿行。翻检史料得以印证,当时的校园远在僻远的水乡,校主专门从城里请来摄影师,给在操行、学业、卫生、服务等各方面表现突出的学生摄影留念。想象一下,拍照的过程该是多么庄严、隆重的褒奖啊!我甚至试着转换到今天,大约相当我们用何种形式去褒奖一个"不缺课"的学生呢?更让我感慨的是,虽然对今天的校长而言,拍张照片已经是如此便捷了,而我们又什么时候将镜头对准了一个"不缺课"的学生呢?我们可能专为学生拍过照片,但许多时候,镜头里的主人大概是考入名校的学生,或者是揽金夺银的高手。事实上,校长把镜头对准什么样的学生,他的教育追求便聚焦在那里了。教育原本就是如此精细,需要我们用心将每一个教育细节都指向人的生命成长。

翻下去,又发现了一份《匡村中学学生奖惩条例》:

第四章(部分资料)

第十一条、学生有合于下列各项之一或数项者,概用言语奖励:一、注意礼节者;二、节用耐劳者;三、态度常积极而愉快者;四、勇于改过者;五、拾到金钱及贵重物品能交出待领者;六、衣履被褥特别整洁者;七、相当于右列各项之其他善行。

第十二条、学生有合于下列各项之一或数项者给以奖状:一、各科成绩在乙等以上,总评列入甲等者;二、操行善良者;三、学业勤勉者;四、服务勤勉者;五、各种竞赛会或成绩优良者;六、相当于右列各项之或一其他善行。

第十三条、学生有合于下列各项之一或数项者摄影以留纪念:一、学业特别优良者;二、操行特别善良者;三、运动成绩特优者;四、服务特别勤勉者;五、一学年不缺课,不迟到早退者;六、各种竞赛会成绩特良者;七、相当于右列各项之其他善行。

这样的阅读与对话中,三个有关评价的关键词跃然而出:庄严、多样、期许。同时,我深深认识到:真正的教育应该是不断激励的过程,不可能在指责、贬斥让人感到失望、甚至无望的境地中产生。每个人身上都有值得肯定、值得赞许的闪光点,教育就是要发现闪光点并不断扩大人性的光亮,让受教育者在积极期许、充分激励的阳光照耀下,生命温暖而舒展,在体验成功中走向更大的成功。多一种标准,就多一个人才;多一点激励,就多一分希望。

最先想到的是变革开学典礼,要铺上红地毯,搭起领奖台,让每一个获奖的孩子走上去接受庄严而隆重的表彰。这绝非心血来潮的刻意求新,而是承继百年文化精神的具体行动。红地毯的铺设仅仅是一种尝试,我们要不断探索发现激发学生生命成长的教育形式,让更多的学生体验奋斗之后成长的喜悦,让更多学生身上的亮点在肯定与鼓励中闪烁光彩。

一方面盛典表彰,一方面要力求评价形式庄严化。教育内容总要以教育形式为附丽,形式的随意必然导致教育效果的减损。致力营造隆重、庄严的盛典氛围,就是要让仪式本身真正成为教育的过程,充分发挥激励的作用;缺少震撼人心的现场感受,缺少对庄严隆重的深刻体验,激励评价便淡化了刻骨铭心的记忆,弱化了催人奋进的力量。

现代奥林匹克运动之父,也是伟大教育家的顾拜旦,在论述奥林匹克精神的时候指出,运动员获胜的"感觉"与"乐趣",如果只"保留在运动员内心深处,在某种程度上只是自得其乐";但如果有了庄严的仪式,"当这种愉悦为阳光所萦绕,为音乐所振奋,为带圆柱门廊的体育馆所珍藏时,该是何等情景呢?"顾拜旦所推崇的正是超越竞技精神的那种荣誉感,那种在庄严的仪式中感受的崇高荣誉。

在开学典礼上,我们为学生铺上红地毯,搭起领奖台;我们请出学校优秀教师、职员、工友代表、社会各界人士、家长代表,身着正装,胸佩红花,担任颁奖嘉宾;我们邀请地方教育行政领导和学生家长观礼;我们为每一位获奖学生精心准备精美而寓意深刻的奖杯、奖品,在奖杯上镌刻激励的话语……"红地毯"、"领奖台",已成为我校一道独特的教育风景,体现着我们对教育与评价的理解与追求!

另一方面丰富内容,追求评价主体多元化、评价标准多样化。每个人的生命是如此独特,每个人的生命发展是如此不同,生动的生命状况不可能仅用一种标准来衡定;单一的评价标准,只会遏抑个性的活泼生长,使缤纷的生命色彩单调成纯然一色;同时,不同的视角会有不同的发现、不同的评价,我们不能垄断评价的权力,而使美好的呈现失去丰富的路径。

几年来,感慨于匡村中学的老照片,感动于开学典礼的红地毯,我们的评价文化在师生、家长、校友、社会人士的认同中不断丰富,让人感动:一位家长致函给我,叙述了一个个感人的故事,提出要给他的孩子颁发

"关爱父母奖",并建议学校加强孝道伦理的教育,于是有了父母推荐提名的奖项;一位企业界人士,父子两代都是校友,现在是我校"体育运动"的铁杆粉丝,每年学校运动会他都会停下工作、前来观战,学生外出比赛他一定驱车助阵,他还专门设立了"蓝天健体奖",奖励运动健将;一位商界人士,痛感市场经济中的诚信缺失,又非常尊崇我校训育标准所倡导的"诚"、"廉"、"义"、"群"、"礼"的高尚品行,特设"吴坚光大品行奖";一位退休老师,倾其所有设立"鞠瘁奖",受其感召,全校所有老师每天一元,常年设立"365 鞠瘁爱心基金";还有两位企业家校友,每人出资 1000 万元设立奖励基金,支持学校这一"最有价值的举措",他们的慷慨与无私让我们的教育梦想变成感人的现实。

最感人的奖杯是这个"高高翘起的大拇指",这是让我们许许多多的家长激动不已的奖。这个奖是专门颁发给借读学生的。经过几年的努力,他们的学业水平有了很大幅度的提高,我们就颁给他"学业进步奖",告诉他们,人生可能有一次挫折,但是经过三年的努力,你们已经证明自己是最棒、最优秀的,希望你们永远记住,要做最优秀的自己。一个单身的母亲曾经给我说:"这个奖杯拿回家之后,就是再搬十次家,我们都要把它放在最显眼的位置,因为其中存满了我们母子两人三年奋斗的最温暖的记忆,不但可以激励他的现在,还可以激励他一生。"

除传统的评价途径与标准外,学生可以自行申报,也可以联名举荐。第一次改革的 2006 年,2400 多名学生中,有 1349 名学生踏上红地毯,其中 11 项为学生自荐奖;班主任老师可以单独提名,学科老师可以举荐,学校的职员、工友都可以推荐提名。除了品行优秀、学业突出的学生,更多的获奖者得到的是"乐于助人奖"、"善于合作奖"、"关心集体奖"、"特长爱好奖"等等。我在 2006 学年秋学期开学典礼的即席演讲中告诉学生:"在求学阶段登上省锡中的领奖台,应该是你的奋斗目标,是你追求的梦想。作为一校之长,我能够做的就是明年我会把红地毯铺得更长,把领奖台搭得更大。我的梦想,是让所有的学生都走上红地毯、领奖台,去体验奋斗后成功的喜悦。"

几年来，我也努力兑现着自己的承诺——将红地毯铺设得更长，将领奖台搭建得更大，让更多的孩子在赞许、激励中走向成功。今年我又设立了"校长特别提名奖"，把"爱心群体奖"颁给了一群坚持在周日走进孤寡老人颐养院的孩子们。他们陪老人聊天，慰藉老人的精神寂寞，承担对老人精神赡养的社会责任，老人盼着他们像是期待子女的归巢，颐养院因他们的到来有了节日般的欢乐。有一个孩子，在周国平先生来校讲座时，抢抓难得的机会，针对周先生《爱情的容量》中阐发的对女性的观点，提出了高品质的问题，展示了一个中学生的学养与风采，我将"最善提问奖"颁发给她。我还向一个男孩颁发了"自主发展奖"。这位男生中考失利，为了实现到省锡中求学这一梦想，冒着酷暑高温，每天独自倒几次公交车，从太湖边赶来学校。当我从外地培训回到学校时，有老师告诉我，他已经在办公室门口等我好多天了，目的就是要亲手交给我一封长长的求学信。老师们被他谋求发展的自主意识与执着精神感动了，学校也破例收下了他。设立这三项奖，我旨在倡导这样的教育观念，对于人的成长而言，仁慈仁爱的本性、独立思考的品质、自主发展的能力应该是多么重要！

更重要的是转变评价范式，走向"为了成长"的评价。学校更多的教育评价行为发生在课堂与教学的过程中，评价的范式应该从"对于成长"的评价，转向"为了成长"的评价，从单一的对发展状况的认证、评定转向多方位获取、诊断发展的证据与信息，从而服务、促进人的成长。

当今的教育评价，特别是学生学业成就的评价发生着重大变化，"对学习的评价"虽依然受到关注，但"为了学习的评价"却逐渐成为主流，人们对良好评价的认识有了改变：评价应关注学生多方面的成就，评价应对学习产生有益的影响，应让学生参与到评价之中等等。

近年来，我校致力于"促进学习的课堂评价"研究，也使评价行为发生了显著的改变：首先，使评价建立在课程标准的基础上。各个学科都系统进行了从课程标准分解教学目标、确立评价标准的研究，使评价的目标、内容和判定评价结果的标准都基于国家课程标准。其次，使评价的目的指向促进学生的学习。评价不再是简单地根据分数对学生进行比较,而在于发现学生在目标达成过程中的差距,从而调整教学或者向学生反馈信息,促使学生进行自我导向的、反思性的、独立的学习。第三,使评价方式更为多样。教师在教学中会根据不同的评价目标和内容,选择相适应的评价方式;一些教育专业评价术语也成了老师们交流称说的话语,诸如量表、评分规则、评价证据、表现性任务等等。

我想,转变了评价观念并掌握了先进评价技术的老师们,如果能在每个教学环节都将评价指向于"促进学习"、"为了发展",那种激励的力量才比老照片、红地毯来得更强、更大,也更为有效。

(四)文化精神与价值观:用学校文化精神濡染人、成全人

以前到过省锡中的人,总会对匡园旧舍赞叹不已。那是飘散着桂花香味的庭院,踏着青砖上的苔藓,倚着漆色斑剥的廊柱,你的思绪会悠荡在岁月的深处,眼前甚至会幻化出童子吟咏的图景。那是一个太有书卷气息、教育味道的院落,省锡中所有的沧桑都刻在那里,一所百年老校的底蕴全厚积在那里。我喜欢在匡园独坐,喜欢那远离尘嚣的宁静;也喜欢翻检蜡黄的卷帙,得以从此拜谒先贤,聆听那充满智慧的教育启迪。

2005年,我们的学校搬迁了。新的校园在几十公里以外,是大手笔的营造,敞阔、大气、豪华、漂亮,我常从国外同行的眼里读出他们的惊讶与赞叹,我清楚,这样的硬件水平放在任何一个国家都堪称一流了。但是,那时的新校园看不出一丝百年老校的影子,人们不免担心:当一切都变得崭新,校园是否会因此而失去历史的记忆?远离故园,学校的文化血脉是否会因此而阻断?异地新建,百年文化的厚重是否会因此而浅薄?

也就是那个时候,校长的接力棒传到我手中。面对一个全新的校园,我想,如何才能传承百年的历史文化,让新的校园同样拥有厚重的文化底蕴呢?最初的思路沿着物态文化的层面展开,计划仿造几处匡园的建筑,让人们从具体可感的物态上触摸历史文化。这一思路很快被否定,因为物态毕竟处在文化结构的浅层,最多只能营造一种环境氛围,而文化的传承是深层次的精神继承,应该向典章文化,向课程文化,向行为文化,向精神文化层面掘进。

幸运的是,前人留下了数百万字的历史文献,校友捐赠了一大批珍贵的实物资料,百年的历史给学校堆叠了厚实的文化层。但是,这样的文化遗存,假如永远函封于蜡黄的史册,或者闭锁于偶尔打开的校史馆中,邈远的教育故事又怎能给今人以生动的启发?文化的传承又依凭什么样的载体来实现呢?

苦苦思索中,一个全新的想法闪现了,让我激动不已。打开百年的历史,在新校园,在师生活动集中的区域,利用廊道的墙壁,办一个敞开式的校史博物馆,让师生日日行走在百年的文化场中,让历史的传承有现实的依托,让文化精神的濡染成为教育的常态。如果要自我评价这些校长工作中最有价值的事,就是这一举措。我们努力把尘封的历史打开了,激活了,可以无愧地面对这所学校足以让人敬仰的文化传统,并使文化传承走向了精神濡染的境界。

当然,学校文化传承不会如此轻易完成,等待我们的将是漫长岁月中的化育、熏陶与濡染,但基本指向应是"核心价值"的坚守、"学校精神"的锤炼和"发展愿景"的感召。这里,重点谈谈文化核心与发展愿景。

1. 坚守"核心价值",濡染学生的中国品格

学校文化的"核心价值",借用肖川先生的观点,是指全校师生需要共同守护的原则、规范和价值观,常常体现于学校的"校训"之中,更体现于师生的思想行为之中。

2007年,学校百年校庆的时候,校友捐赠了蒋维乔先生题写的当年匡村中学的"校训"真迹:"诚敏",以及另一份弥足珍贵的史料——徐仲嘉先生撰文的《校训释义》。这些史料的发现使学校教育哲学的表述更为完整,而且从做人与做事的角度提出了"学生知所遵循"的基本原则,"立身有诚实之美德,做事有敏捷之习惯"。

校训释义

　　校训者,昭示学校训练之旨,俾学生知所遵循也。我校校训,曰诚曰敏。夫真实不欺之谓诚,择善践行之谓敏。故去伪存诚,省身克己,不可有一事之不诚,不可有一念之不诚。若欺诈为怀,是人欲徇而天理忘,恐日流於卑下矣。《大学》谓"正心诚意",《中庸》谓"不诚无物",《孟子》谓"反身而诚",可知先圣先贤无不兢兢焉,以诚垂训于天下万世也!不自暇逸之谓敏,不敢怠荒之谓敏。孔子曰:"我非生而知之者,好古敏以求之者也。"朱注:"敏,速也,谓汲汲也。"昔大禹惜寸阴,陶侃惜分阴,可知先圣先贤又无不兢兢焉以敏垂训于万世也!旨矣哉!我校之以诚敏为校训也,盖欲勉为良善之学生非诚敏不可,欲不为顽劣之学生尤非诚敏不可。况吾国共和改造已十有一稔於兹矣,而国民程度不失之肆意妄为,即失之因循坐误。长此以往,何堪设想!今我校以"诚敏"为校训,使立身有诚实之美德,作事有敏捷之习惯。我校同学受此良善之教化,应如何拳拳服膺,互相劝勉,勿蹈机械变诈之习,勿为苟安旦夕之计,以救国于一发千钧之危,庶不负本校校训之宗旨也!

　　悟读"校训"与"十大训育标准",发现流淌其中的是中华传统文化的核心精神。以"诚"而言,校训讲"诚",十大训育标准也将"陶冶言行一致之美德"列为五条德目之首,这充分体现着尊崇"诚为天道"的文化传统。孟子说:"诚者天之道,思诚者人之道。"人言行一致、重诺守信的美德正是在师法天道"四时不忒"的诚信。其余各条训育标准,涵盖"公"、"义"、"廉"、"群"、"礼",也都能在儒家文化的四维八德中察其源之所自。每年开学第一天,我会带着全体师生诵读"诚敏"校训。今年诵读的时候,我刚领读完第一句,下面孩子们的声音便琅琅而起直到结尾。许多孩子都背诵过了,我更期望他们用整个生命来践行校训。

　　坚守学校文化的"核心价值",根本意义在于坚守民族文化的主体价值,用蕴含于文化经典之内的为人处世、齐家治国的世界观、人生观、价值观来滋养学生的人文精神,濡染学生的健全人格,把传统文化所倡导的知礼明分、诚信仁爱、重义轻利、自强不息和朝闻道夕死可矣精神,变成我们今天学子崇仰坚信并身体力行的准则,从而为学生的精神发育打下坚实的文化底子。以北大楼宇烈教授的说法,就是要根植于中国传统文化之中,用中华文明打造出的一种特有品质——中国品格。

这样的坚守,要求我们把教育内容扩展到国学领域,形成国学特色课程。我们提出,省锡中的语文课不能把大好的时光消耗于无边的题海与无聊的讲解中,应该让学生读读《论语》、《孟子》,念念《大学》、《中庸》,系统接受中华文化根源性典籍的熏染,而且要谨记当年朱自清先生的教导:"经典训练的价值不在实用,而在文化。"在必修课程中,对高中语文一到五册教材内容重新整合,加入"国学专题",确保每学期有18课时用于"国学"教学;在选修课中,加大覆盖经史子集的国学模块的教学分量和力度;在校本课程框架里,采用讲座的形式,开发国学基础课程;在研究性学习课程中,引导学生自主选择国学专题,深入研究。

与此同时,以"礼乐"教化为本源,分解德育母题,强化体验教育,弘扬中华民族的传统美德。通过系统设计,使每周的晨会、班会,以及志愿者活动、社区活动等,都能围绕德育母题精心组织、有效展开。

我深知"覆杯水于坳堂之上,则芥为之舟,置杯则膠",以省锡中现有的水平,还无力独担如此大任,所以必须引入汪洋之水,载大舟扬帆起航。我校与中国人民大学国学院联手创建"国学教育研究实验基地",合作的重要任务就是要研究国学进入基础教育体系的路径与载体。经过实验,拟联手编写国学基本教程,使博大精深的国学精粹以普及化、浓缩版的形式走入当代中学生的心灵世界,成为他们生命成长的精神乳泉。

2. 展望愿景,用民主的土壤成全人

无论怎样,教育者的眼里都应该写满"人"字。细想来,对人的关注,也一直是我教育理解的基点。二十年前,在《靠近人,走入情感》的论文中,我曾写过一段意气风发的文字:"学生不是纯白的画纸,可任我们涂抹意中的图式;不是无餍的容器,可以蓄纳存贮不属于他们的思想;不是教师手下的橡皮泥,可以揉捏出个人所好的形状;不是园丁剪下的梅枝,可曲就自以为美的韵致。他们是人,是人,是活生生的人。"这样的隐喻,至少目前仍可以用来表达我的教育观,只不过现在会选择更直白的方式:学生是成长着的生命体,教育的全部功能在于成全人。

但是,要真正成长"人性",还需要成长人的土壤。而适合人成长的最肥沃的土壤,莫过于教育民主。缺失了教育民主,就流失了人性的土壤,又如何栽种、成长人格健全之树？因此,为着人的成全,我们规划了这样的愿景:走向教育民主,建设民主的、学习型的现代学校。

教育民主的视野里,学校应该是成就人的服务机构。一所学校,应该多一些服务意识,多一些服务品种,少一些霸气与专横。人的禀赋智能是多元的,发展的途径也应该是多样的。衡定我们教育水平高下的指标,首先应该是为学生发展提供的服务的多样性与适切度。教育民主的走向,要求我们改变这样的教育:横起高高的门槛,严格剔选只适合我们教育的学生;只给出固定的套餐,吃吧,本店从来只提供这品种单一的菜式;甚至会在南天门上高悬几张勇士的画像,来示范、来号令,冲锋吧,自古华山一条道,你们别无选择! 现状转变为理想,实在不是容易的事。但我们起码要意识到问题的存在,朝向理想的前方迈一步。比如,首先要为进入我们校园的那些学生尽可能多提供几种教育服务。听人大附中刘彭芝校长讲教育故事,总感到七色阳光灿烂温暖,百花千卉自由成长。有一顽童,怎么教也不思学业,刘校长的选择是给他一个人单开一个班,量身设计课程。教育的结果并没有出现功夫不负有心人的奇迹,孩子还那样,毕业了。刘校长说,我们尽到责任了。这是刘彭芝所有教育故事中最感动我的一个,也是体现教育服务生长最生动的例证。我在想,当我们的教育俯下身来服务生长的时候,学生的发展才能获得人的尊严。

高中新课程方案遭人诟病的地方之一,据说是因为有太多的自主选择性学习内容,以及由此产生的走班制教学。推进之难,举国之内至今也仅有数所学校在尝试,而人们也更喜欢用高考来判其成败。但是,我们有没有评估过选择性学习对人的自主精神以及独立人格养成的深远影响与重大价值！课程的选择性是学校教育民主的重要内容。没有选择，就不会对自己负责，受影响的不止是学习主动性的减弱，还会跌破责任的底线；没有选择，就没有差异性与多样化，单一的发展样式势必损害人的生命尊严；没有选择，就不会生成自主精神，掌控未来的一代人若群体性缺失自主精神，恐怕影响的就不止是整个民族的创造活力了！高中新课改是要从课程集权走向课程分权，将教师学生从课程的消费者变为课程的创生者，这本身就是教育民主的变革。我们应该尊重改革的取向与价值，把握改革的要义与方向，大力推进选课走班，把选择权、自主权、发展权更多地还给学生。

变革教学方式，说到底是变革师生关系；教学方式的选择，从根本上说取决于教师的文化心态。专制的课堂，教师多具王者气概，拥有话语霸权，目中无人，"一言堂"是常态，"唯一性"是标准，对话是明知故问的考量，讨论是早有定论的游戏。民主的课堂，应该是开放的、平等对话式的。教师应该消除权力主义，排斥强制手段，承认并尊重学生发展的差异性；教师应该是学生发展的伙伴，以"人—人"模式构建师生关系，以真诚的自我形象走入学生情感，以平等的角色服务学生发展。民主的课堂，不仅仅营造着宽松和谐的心理氛围，"和易以思"，保护了个性的发展，更紧要的是播撒民主的种子，在孩子的心田里生长民主意识。

走向教育民主，必须建立符合民主精神的法制体系，这是基础，是前提，也是保障。现在常听人们讲，校长要从传统管理者变为现代领导者，要从行政管理走向文化引领，要化刚性管理为柔性管理，这些都很有道理，但如果没有体制的转变，校长角色不可能有质的变化。也常听人们赞叹一个好校长就是一所好学校，总感到还是明君盛世的老套思维，为什么我们总想把一所学校发展的希望寄托于一个校长的德行与水平呢？为什么有党的领导，有法律法规，一群道德修养与知识水准都堪称优秀的人就不能做主来决定学校发展的大计呢？根本的出路，是要建立现代学校制度，用机制与体制的力量来规约校长的权力，实现依法治校、民主管理。

中央教科所李继星教授有一段透辟的话,值得我们深思:"学校民主,既是一种学校治理结构、学校管理方式,也是校内和与学校有关的各人群的一种生活方式,还是一种平等的信念与观念;是一种既能体现个人尊严与组织尊严,也能体现个人价值与组织价值的道德问题。"

十余年来,我在对话百年中悟思教育,因为百年而有了教育的坚守;这些天以来,我们在追问教育中确立信念,为了百年更应有教育的坚守。但我也知道,如果不能从对明天的眺望中来坚守今天,那么,失在今天也必将误了明天!的确,现实中的我们还时时受着牵拉,有困惑,有茫然,但为了明天,为了百年,还必须有坚守。在许多场合,我都曾引用过一首诗,表达我的心志。这次本来作罢,但昨天柳袁照校长的激情诗意却点燃了我的盎然诗兴。我也想本真一回,拿出语文教师的本色来;也想超然一回,暂时忘却这个庄严的学术场合;也想唯美一回,用艺术的方式朗诵徐敬亚写的《既然》。这首诗写了一种人生的际遇与追求,就像我们这些人,身处在大海当中,四顾茫然,"前不见岸,后也远离了岸";但我们确有自己的事业与追求,"脚下踏着波澜,又注定终身恋着波澜";现实没有给我们留下多少选择的空间,"能托起安眠的礁石,已沉入海底";远远望去,对岸遥遥,"隔一海苍天"。诗人慷慨明志,豪情万丈,"把一生交给海,交给前方的航线"。最后,我也豪情万丈地宣言:

既然,离对岸尚远,隔一海苍天。那么,便把一生交给海吧,交给前方的航线!